JN293127

園芸「コツ」の科学

植物栽培の「なぜ」がわかる

上田善弘

岐阜県立
国際園芸アカデミー前学長

講談社

はじめに　～なぜ水やりの習得に三年もかかるのか

どのような分野でも昔から言い伝えられている秘伝のようなものがあり、園芸の世界にも植物を育てる際の秘訣があります。アマチュアの園芸家から植木職人、農家まで見渡してみると、理屈抜きで、「こうすればよい」「こうしなければならない」というものがあり、それを「コツ」といいます。

ところが、その方法が「なぜいいのか」「なぜ悪いのか」「その理由や科学的根拠はどうなのか」と問われると、困ってしまうことが多々あるかと思います。

たとえば、「水やり三年」といわれますが、なぜ簡単な水やりという作業を習得するのに、三年もかかるのか不思議だとは思いませんか？

園芸の修業に行くと、園主は見習いには水やりを絶対に任せません。植物を育てるもっとも基本となる作業が、それほどまでに大切で難しい作業なのです。さまざまな理由がありますが、答えは82ページをご覧ください。

本書では、このような園芸のコツのさまざまな作業を解明してみたいと思います。

〝園芸の達人〟とは、こうした初心者がわからないコツが、皮膚感覚でわかっている人たちです。これら「コツのなぜ」を解明することで、植物が育つ仕組みと作業の意味が理解できれば、作業がより楽しくなり、どんな人でも〝園芸の達人〟になれるのです。

本書は、これら「園芸のコツのなぜ」を、イラストや写真などを用いながらわかりやすく一冊にまとめた「庭師の知恵袋」です。

この本の執筆に当たっては、なぜ私なのだろうか、ほかにもっと適した執筆者がいるのではないか、と思いながら書き進めてきました。私の専門分野から外れる部分もあり、長年、園芸に携わってきた感覚から始め、あらためて勉強し直したところもあります。一年以上の作業のなか、編集の方々に叱咤激励されながら、なんとかできあがりました。座右の書としていつまでもご愛読いただきたく思っております。

二〇一三年一一月

上田善弘

園芸「コツ」の科学　目次

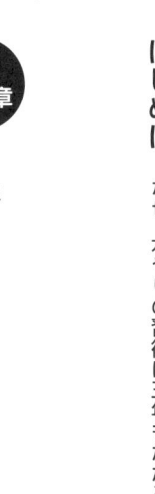

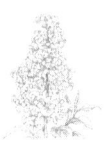

Ⅶ章 病害虫 155

Ⅷ章 園芸トラブルなど 175

おもな用語解説 187

Column

各項目タイトルの下のアイコンは、その項目が、草花＝草花、樹木＝樹木に関連していることを表しています。

I 章

土づくり

植物と上手につきあうには、まず、植物のことをよく知ることが大切。
土は植物を育むベッドであり、家でもあります。
育てたい植物に合った用土を使うと、すくすくと大きくなり、
すてきな花や実を結んでくれるでしょう。

植物がよく育つ土とは、どんな土ですか

草花 樹木

これがコツ！

根が呼吸できる適度な隙間と乾湿があり、必要な養分を保持している『団粒構造』の土にします。

土の役割は、「①植物体を支え、②根が気持ちよく伸長でき、③植物が順調に生育し、④開花、結実できる養水分を植物体に供給すること」にあります。

そのためには、土の中に根が呼吸できる適度な空気（酸素）がある必要があります。**根がいつも水につかっている状態ではなく、乾湿があり、必要な養分を保持している土が理想です。**

とても大切なことなのですが、**多くの方は、植物の根が呼吸をしているという事実を、ご存じないのではないでしょうか。**

根は、表面の細胞（表皮細胞）から土壌の隙間にある酸素を直接取り込んでいるのです。ところが、根が冠水した場合、土壌の隙間が水で満たされ、根の表面全体が水と直接、接することになります。この状態では、水に溶解している酸素を吸収することはできますが、根の表面に接する水の酸素濃度はすぐに低下します。

長期間水浸しになると、根は窒息状態になります。これが長く続くと「根腐れ」になり、根が傷んで黒ずみ、枯死します。根の窒息を防ぐためには、空気を保持し、空気が通り抜ける空間が必要なのです。空間があると水が通り抜けることができ、水浸しになることもありません。

また、常に液肥や追肥で供給されなくても、土の中にはちゃんと植物に必要な多量要素と微量要素が保持されていて、養分が流れ去らない構造になっていることが大事です。

ところが、土の粒子が細かすぎると土の間の空間が少なくなってしまいます。**そのため、土の粒子はある程度大きくなくてはなりません。後の項目で取り上げるような団子のような構造＝団粒になっていることが理想です。**団粒だと、土の粒子と粒子の間にちょうどよい隙間ができ、根はその隙間で呼吸をしながら気

持ちよく伸長することができます。水も滞留することなく、自然に下に抜けていきます。したがって、根が窒息することもありません。

また、団粒の一つ一つの粒子の中や表面には、肥料成分を保ち、引きつける力があります。表面には常にさまざまな養分がついていて、植物は必要なときにそれらを吸収することができます。表面の養分が足りなくなると、団粒の中から供給されます。**団粒には多くの肥料成分を蓄える力もあるからです。**土が養分を保持できる能力のことを「塩基置換容量」といい、保肥力が高い土は、この容量が多くなります。また、「塩基置換容量」は、土の種類によって異なり、団粒構造の土は、この容量が多いのです。**同時に団粒には水分を保持する力（保水性）**もあり、急激に乾くこともなく、ほどよく植物に水分を供給することもできます。

つまり、**土の中に根が呼吸できる適度な隙間と乾湿があり、必要な養分を保持している土が、植物がよく育つ理想の土です。**このような土だと、植物は本当にすくすくと育つことができるのです。

植物が育ちやすい団粒構造の土

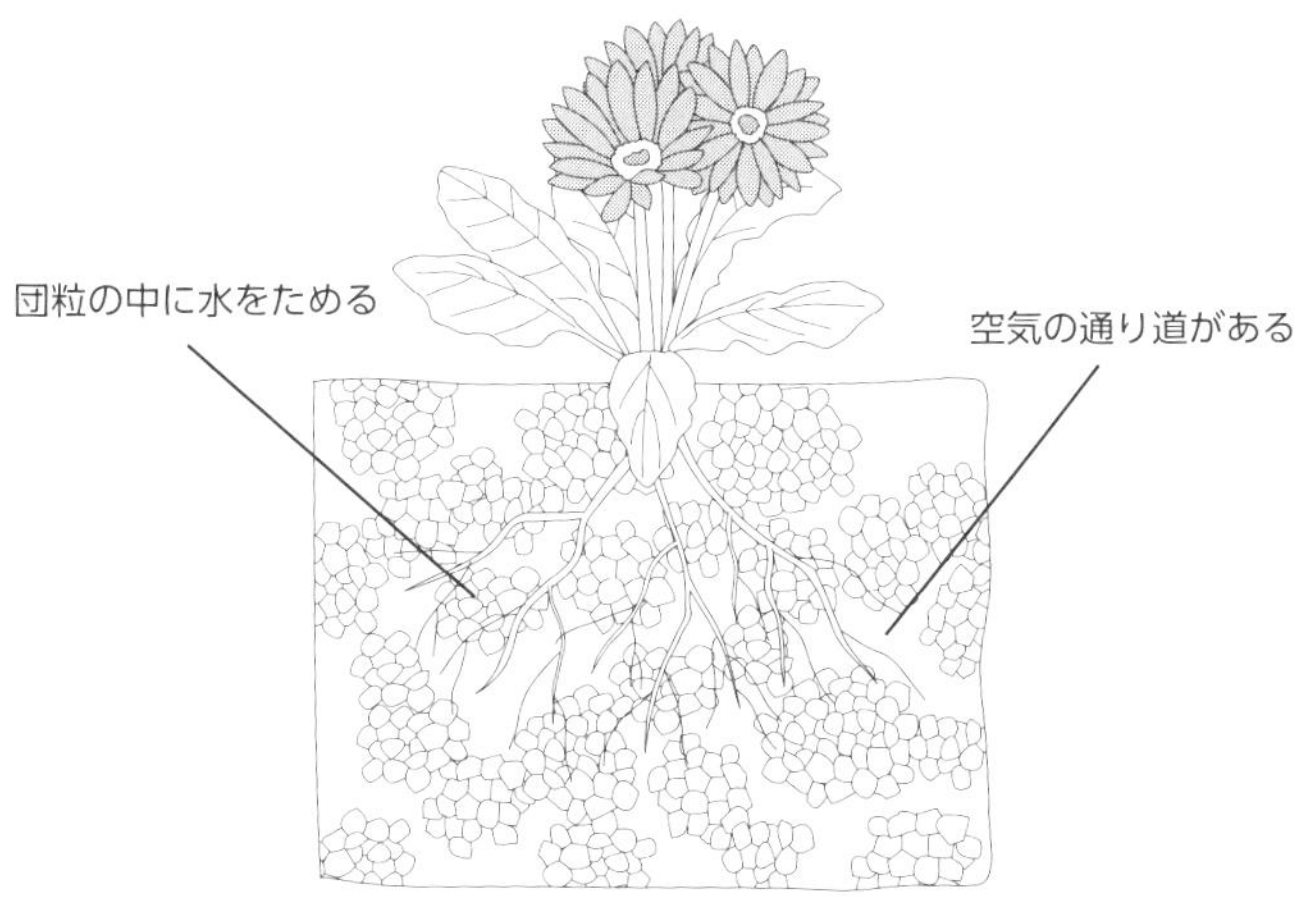

なぜ団粒構造の土が植物によいのですか

草花 樹木

これがコツ！ 「通気性」「排水性」「保水性」「保肥性」の4条件を満たすと、根が健やかに伸長します。

土の構造をよく見ると、土の粒子、水分、空気の入る空間の3つの相（固相、液相、気相）からなっています。植物は根でも呼吸をしていますので、根が空気に触れなければなりません。

土の団粒構造とは、小さな土の粒子が集まり固まって、団子のような構造になったものをいいます（図参照）。

このような団粒構造の土では、粒子と粒子の間にほどよい空気の隙間ができます。これが根の呼吸に必要な空気になるのです。

さらにこの団粒内やその表面には、多くの養分を保持することも可能です。団粒構造になるには、小さな土の粒子どうしを結びつける（接着する）糊《のり》の役目をするものが必要になってきます。この接着剤の役割を担うのが、腐葉土や堆肥などの有機物です。ほどよい空間のある、いわゆるふかふかとして根にやさしい土をつくるには、植物の残がいをもとにした有機物を土に混ぜるか、またはすき込む必要があります。

ここで用いる有機物は、完熟した堆肥や腐葉土であることが大切です。完熟していないものだと逆に土から養分を奪ってしまいます。当然、生ごみのままではダメです。

有機物は土の中の有用な微生物の働きを活性化し、微生物相を豊かにします。また、豊かな微生物相は有害な微生物の活動を抑えることもでき、病気から植物を守ることもできます。さらに、有機物は誤って濃い肥料を施した場合などには緩衝作用として働き、肥料の高濃度障害を抑える効果もあります。

このような構造が、理想的な土の条件である、「通気性」「排水性」「保水性」「保肥性」の4条件を満たすことになり、その中で根はいきいきと伸長し、勢いのある植物の生育となるのです。

団粒構造のできていくようす

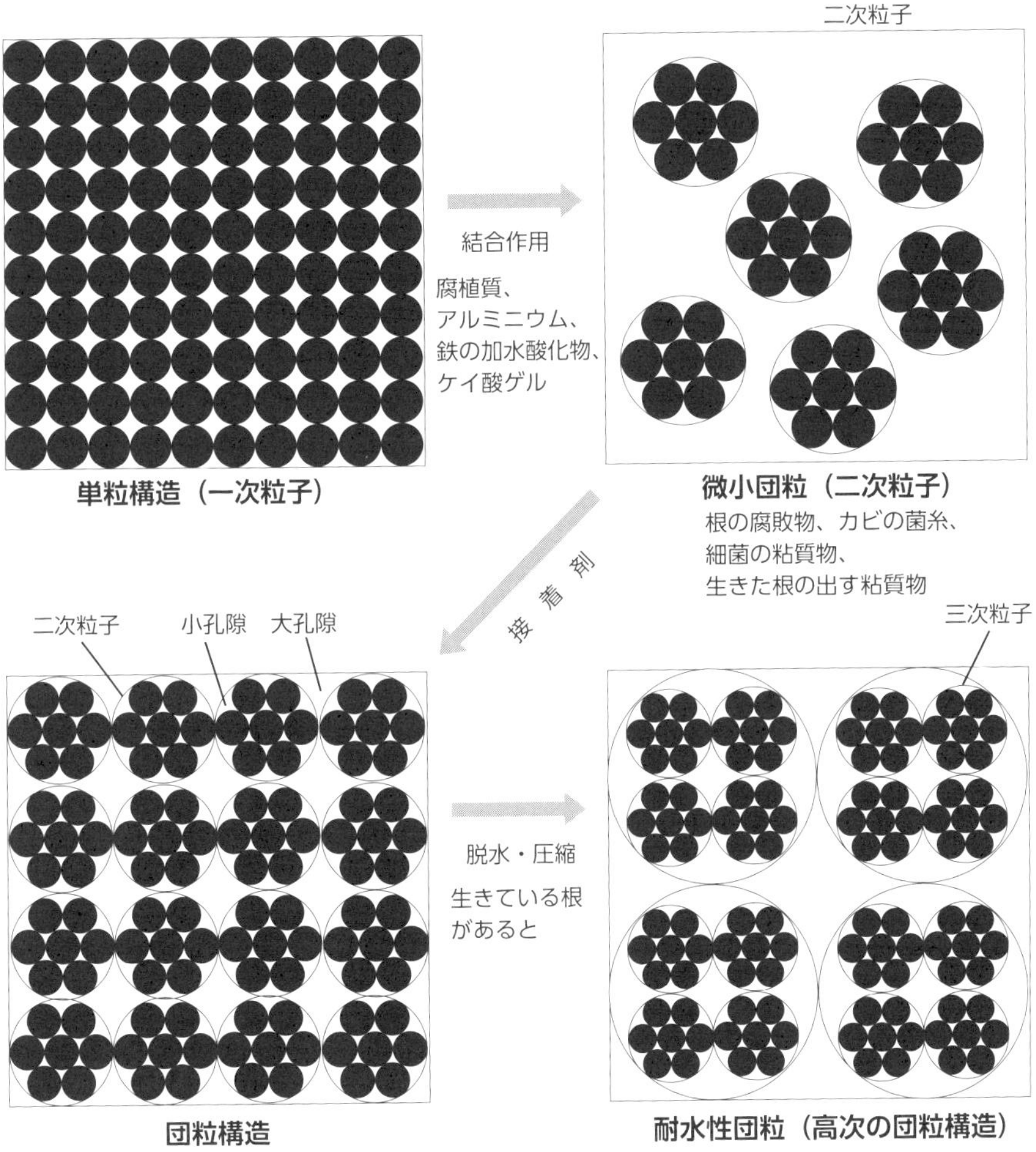

どうして土を耕すのですか

草花

樹木

これがコツ！

土に空気を入れて微生物を活性化させるために耕します。

植物を長期間にわたり栽培すると、土の団粒構造（10ページ参照）が壊れてきます。そこで、前の植物栽培（前作）が終わり、次の作付けが始まる前に、土の再生を行わなければなりません。

土の再生のためには、まず土起こしをします。**土の下の層に空気を送り込むために、下層の土を表層に、表層の土を下層に（天地返し）というようにして、土を耕します。そうすることで土は生き返ってきます。**

空気が送り込まれると窒息状態になっていた微生物も活発に活動し始めます。そこに新たな堆肥や腐葉土のような有機物が入ると、それらの有機物を微生物が分解し始め、植物の生育に適した土ができ上がっていきます。

このような土の耕起は、作付けの前後だけでなく、植物を栽培している途中でも、植栽されている場所の周辺の硬くなった土をときどき耕したいものです（＝中耕）。そうすることにより、新たな根の広がる土をふやすことが可能になります。

つまり、**土に新たな空気を入れて活性化させるために、定期的に耕す必要があるのです。**

花壇の天地返しの手順とやり方

ある程度の広さの花壇などで天地返しをする場合は、一定面積の区画に仕切って、効率よく土を入れ替える。また、このときに腐葉土や堆肥、苦土石灰などを適量加えて混ぜておくと、よりよい土づくりができる。

Column

天地返しで土が生き返る

このひと手間で畑や庭がよみがえる、代表的な〝技あり!〟の耕し方が「天地返し」です。

草花 樹木

土の耕し方にはいろいろありますが、畑のような農地では、**作物を栽培する前後のなにも作付けしない期間に土を休ませ、土を再生するために「天地返し」という土起こしを行います。言葉のとおり、天(表層)の土を地(下層)に、地の土を天になるようにします。**

農業機械のないころの水田農家は、鋤《すき》という道具を用い、土を掘り上げて空気を土の下層に入れるとともに、掘り上げた土をブロック状に土の表面においていました。

同じように、畑ではスコップを用いて下層の土を表層に、表層の土を下層になるように掘り返します。このようにして**天地返しをした畑は作付けのない期間、土を空気にさらします。**

そうすることにより、上層表面や土層中にある雑草のこぼれダネを下層にもっていくことになるので、次作の雑草を減らすことができます。また、表層を下層の土の病害虫の少ない清潔な土に入れ替えることができます。**土が一定期間、空気にさらされることにより、空気を豊富に含んだ通気性、排水性のよい土に生まれ変わらせることが可能になります。**

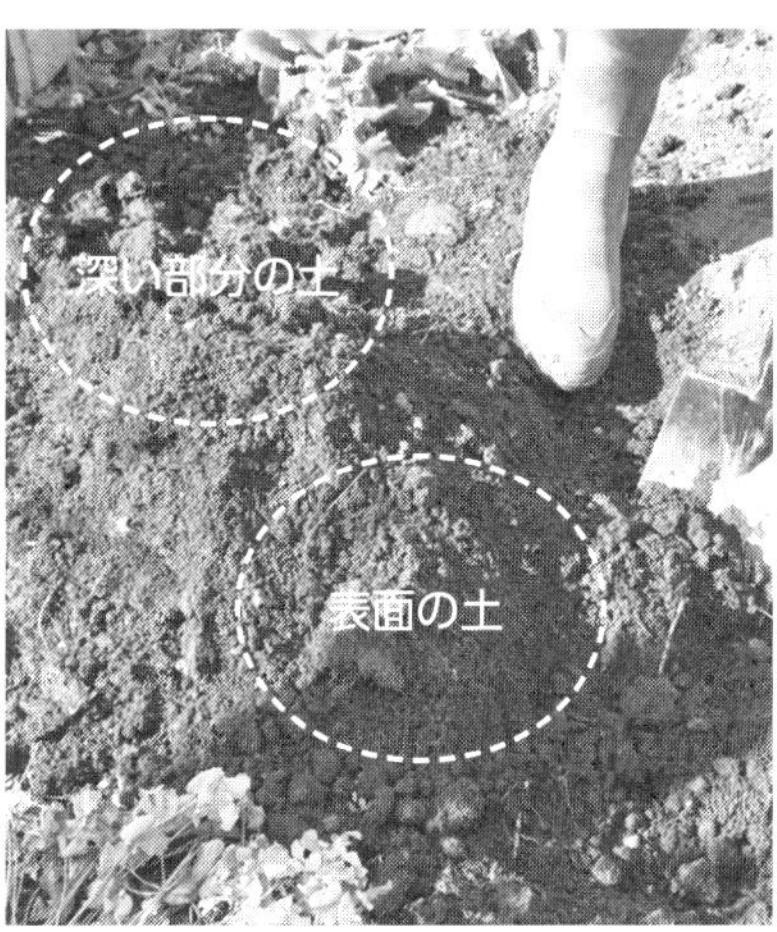

花壇や畑では、おもに冬の厳冬期に天地返しを行う。浅い部分の土と深い部分の土は、掘り上げて別々の場所におく。

なぜ庭土を改良せずに、苗を植えてはいけないのですか

草花 樹木

これがコツ！

なにもしないで、そのまま植物を庭に植えると、育たないで枯れることがあります。

庭にある植物を一定期間栽培し、その植物（作物）を収穫したり花が咲き枯れたあとは、新しい次の植物を植えるためにあいた場所の土を改良してやりましょう。

そうすることで、新たに植えられた植物は健全に育ち、美しい花を咲かせてくれるものです。

土を改良しないでそのままの土に新たな植物を植えた場合、前に植えられていた植物の影響（悪い影響）が引き継がれることがよくあります。

つまり、**前に植えられていた植物がもっていた病害虫がそのまま土に生き残っていたり、前作の植物が土から養分を使ってしまい、土に養分が欠けているために、土の改良が必要なのです。**

いわゆる、いや地や連作障害といわれる、前作の影響で次の作物がよくできなくなる理由の一つが、病害虫や養分欠乏が原因であることが多いのです。

同じ作物を栽培し続けると、その作物の養分要求性が同じですので、特定の養分だけが極端に欠けることになります。

また、同じ作物を栽培していると、前作に生き残っていた病害虫は当然、同じ作物が栽培されているので、好みの植物ということになります。そのため、いや地や連作障害では、近縁でない植物（異なる科の植物など）を栽培し、前作の悪い影響を取り除きます。

さらに前作が休耕していたり、新たな造成地である場合には、土が硬く締まり、土の酸度も花や野菜を植えるのに適していない場合があります。石灰を散布して酸度を調整したり、堆肥や腐葉土などの有機物を入れ、土をはじめからつくり込まなければなりません。

砂質土壌では、水はけはよくても肥料分が流れやすく、肥料を何回も施さなければなりません。逆に粘土質の土壌では、保肥性（肥料もち）はよくても水はけがよくないものです。このままでは、植物はよく育ちません。

このように新たな植物を植える場合は、前の植物により疲弊している土を改良してから、植えつけたいものです。

連作障害によって発生しやすい病害虫（トマトの例）

＊茎に表れる症状
青枯病---土中の細菌が根から侵入して導管を詰まらせ、急に緑色のまま枯れる。
＊葉に表れる症状
半身萎ちょう病---土中の細菌が根から侵入し、葉が縮れて黄変し、枯死する。
＊根に表れる症状
ネコブセンチュウ---根に小さな虫が寄生し、大小のコブがたくさんできる。

なぜ毎年、石灰を土に施すのですか

草花　樹木

これがコツ！　育てたい植物に適したpHに用土を整えると、よく育ちます。

土には、酸性であるのかアルカリ性であるのかという特徴があります。これはpH（水素イオン指数）で表され、0～14の値で表示します。中心の7が中性、7より低い場合が酸性、7よりも高い場合がアルカリ性になります。

岩石や植物体の性質がどうであったか、土の生成過程でどのような環境条件（降雨、日照条件、温度など）を経てきたかによって、土のpHは決まってきます。

日本は降雨量が多く、豊富な植物が生育し腐植質も多いため、ほとんどの地域の土が弱酸性から酸性です。

それに対し、ヨーロッパは日本より降雨量が少なく、全体に土は弱アルカリ性です。つまり、日本の土では、弱アルカリ性の土を好むヨーロッパ原産の植物を植える場合、前もって土を弱アルカリ性にしておかないとうまく育ちません。

そのため、ホウレンソウやトルコギキョウのような**弱アルカリ性の土を好む植物を栽培するときは、植えつけの2週間以上前（苦土石灰は4～5日前まで）に石灰を施すのです。**そして、1年以上それらの植物を栽培すると、日本の気候そのものが土を酸性にしますので、翌年それらの植物を栽培する前には、同様に石灰を施さなければなりません。

日本は雨が多いため石灰分が流亡しやすく、土が酸性になりやすいのです。強酸性になるとリン酸などの各養分の効き方のバランスが崩れ、植物の生育が悪くなります。

このように、**作物を一作すると土の性質が元に戻ってしまいますので、毎年、石灰を土に施します。**

ただし、毎回あまり多量の石灰を施していた場合は、一度、土のpHを測る必要があります。市販のpH試験紙で測ってみましょう。もし、アルカリ性になっていたら、その場合は石灰を施すのを控えます。

ヨーロッパや地中海沿岸地域原産で弱アルカリ性の用土を好む植物

アルケミラ

モモバギキョウ

スズラン

ホウレンソウ

ライラック

ジギタリス

アカンサス、アネモネ、アルケミラ、カスミソウ、カラミンサ、キンギョソウ、キンセンカ、クリスマスローズ、ゲラニウム、ジギタリス、シクラメン、スイセン、スズラン、セラスチウム、デルフィニウム、トルコギキョウ、ホウレンソウ、モモバギキョウ、ライラック、ワスレナグサなど

消石灰と苦土石灰

石灰には大きく分けて、苦土石灰と消石灰があります。

一般的に草花には、使いやすくアルカリ性がやや弱い苦土石灰が多く用いられ、畑では消石灰が使われます。

◇苦土石灰

アルカリ分が50%以上
苦土(マグネシウム)を含む
タネまきや苗の植えつけの４～５日前でも使用可。

◇消石灰

アルカリ分が65%以上
カルシウムを含む
使用する量は苦土石灰の8割程度。
一度に多量に使用すると土が固まり、根が伸長しないので注意。タネまき・植えつけの２週間以上前に散布。

有機物は毎年、土に加えたほうがよいのですか

草花　樹木

これがコツ！　**毎年、晩秋から冬には、庭の土に腐葉土や堆肥をすき込むと、よく花が咲きます。**

有機物を施用することによる大きな効果は、土の化学性・物理性を改善することにあります。

有機物そのものに養分を含んでいて、肥料としての効果やpH補正効果がある場合（化学性向上）もありますが、土の団粒構造（10ページ参照）のところで取り上げたように、最大の利点は有機物に土壌粒子を結びつける役目（物理性向上）があることです。

また、有機物はミミズや微生物のえさとなり、有機物を分解し、植物の栄養となる窒素、リン酸、カリなどを植物が吸収しやすい形にしたり、植物にとって有害な物質を分解してくれます。ここで用いる有機物には、おもに以下のようなものがあります。

①**腐葉土**：広葉樹の落ち葉を発酵成熟させたもので、通気性、保水性、保肥性に優れ、微生物の活動を高め、土の団粒化を促進します。品質にばらつきがありますので、完熟したもので、針葉樹の葉など夾雑物《きょうざつぶつ》の混ざっていないものを選びましょう。

②**牛ふん堆肥**：牛ふんを発酵熟成させたもので、多少、栄養分も含みます。未熟なものには注意が必要です。花壇や畑の土壌改良に適します。

③**バーク堆肥**：バークチップ（針葉樹の樹皮片）を発酵熟成させたものです。針葉樹には植物の生育を阻害する成分を含むものもありますので、必ず、完熟したものを利用します。

④**ピートモス**：湿地の水ゴケ類などが長い年月をかけて堆積し、泥炭化したもので、欧米の高緯度の地域のものがおもに利用されています。品質が均一で、ほぼ無菌ですので、鉢植え用土に混ぜて使われます。

良質な有機物ほど繊維質がしっかりとしており、簡単には壊れません。それでも時間とともに物理的に壊れたり、化学的に分解したりしていきます。そのため、毎年、有機物を加える必要があるのです。

宿根草などの秋の手入れと土壌改良

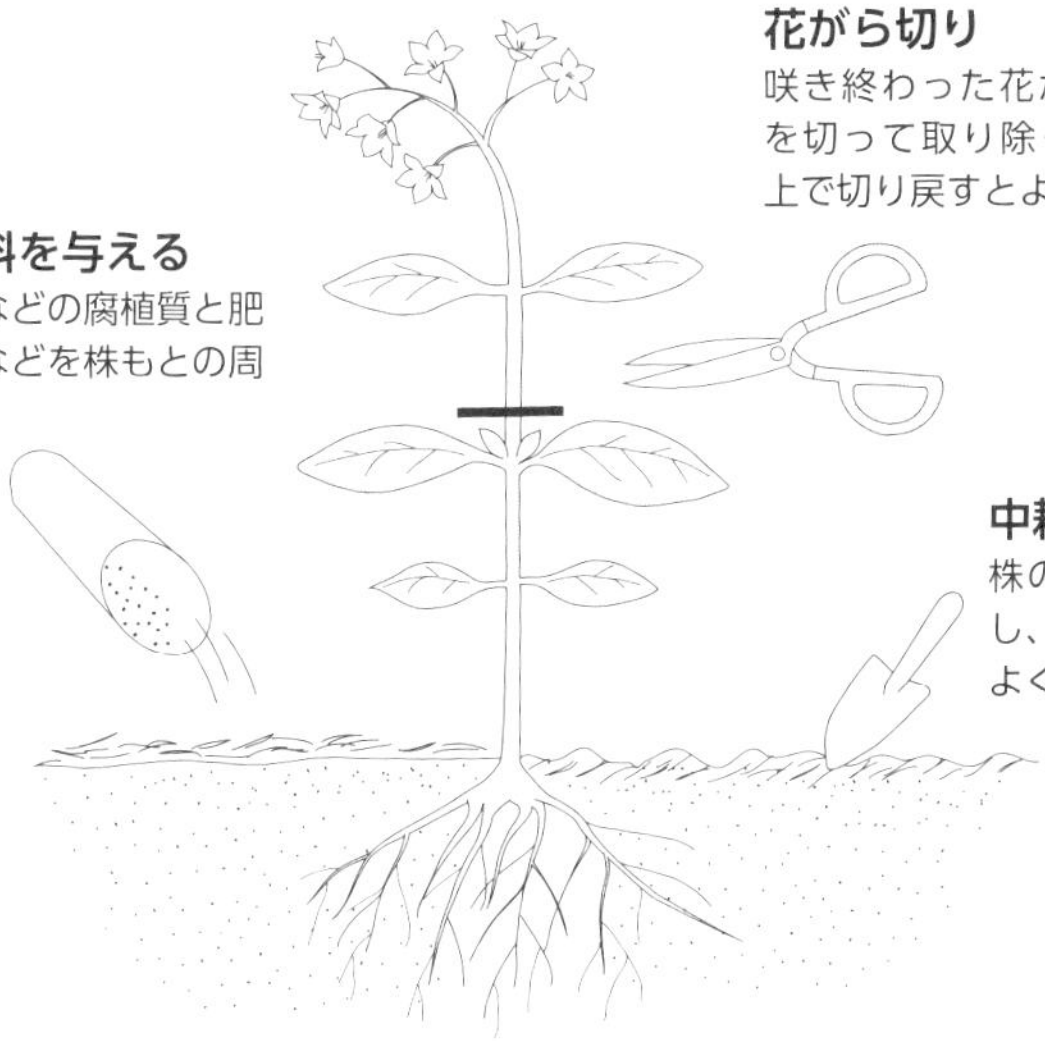

花がら切り
咲き終わった花がらや花茎などを切って取り除く。新しい芽の上で切り戻すとよい。

有機物と肥料を与える
腐葉土や堆肥などの腐植質と肥料、苦土石灰などを株もとの周囲に与える。

中耕する
株の周囲の土を軽く掘り返し、まいた腐植質や肥料をよく混ぜ合わせて埋め戻す。

土壌改良に有効な有機物のいろいろ

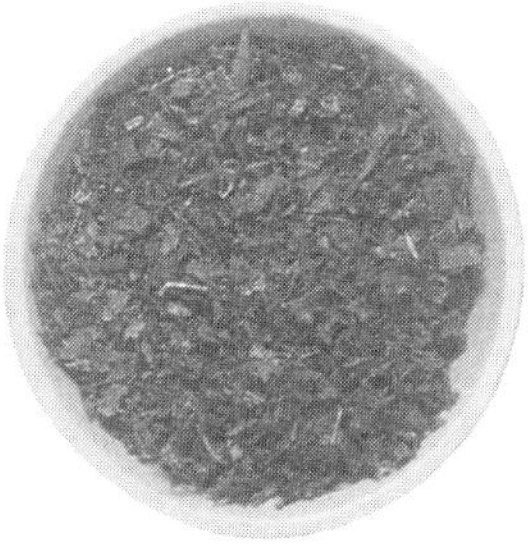

腐葉土
落ち葉を発酵熟成させたもので、通気性、排水性、保水性を向上する。完熟したものを選ぶ。

ピートモス
湿原のコケ類が腐植化したもので、通気性、保水性、保肥性を改良する。酸性で無菌。

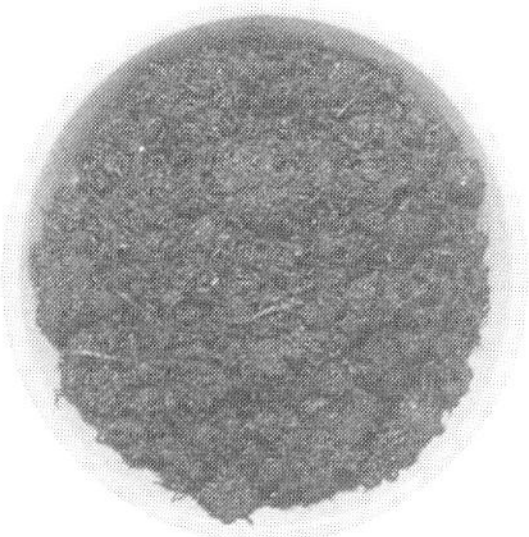

バーク堆肥
牛ふん、馬ふん、樹皮などを発酵熟成させたもの。土の団粒構造化を促進する働きがある。

なぜ用土をふるいにかけて使用するのですか

草花 樹木

これがコツ！

「微塵」をふるった用土は、水はけと通気性が向上します。

すでに取り上げたように（10ページ参照）、土の構造は物理的に、土の粒子、水分、空気の入る空間の3つの部分があり、これらの3部分がバランスのとれた比率になっていることが大事です。

植える植物によって異なりますが、水はけのよい土を好む植物には、空気の入る空間の比率が高い用土に植えるのが適しています。

空間（気相）の少ない、固まりやすい土には、微塵《みじん》という非常に細かな土壌粒子がたくさん含まれています。そのような土では、この微塵を取り除かなくてはなりません。

通常は、1㎜ぐらいの目のふるいで用土から微塵を分けます。また、微塵を取り除くだけでなく、植物の特性に合わせて、土壌粒子の大きさをそろえるためにも、用土をふるいにかけることがあります。**特に使用済みの用土を再生し利用する場合は、欠かせない作業になります。**

ふるいにかけることにより、雑草や不要な夾雑物《きょうざつぶつ》を取り除くこともできます。

ふるいがない場合や手間をかけないで微塵を取り除く方法としては、土を袋に入れ、袋ごと何度か軽く地面に落として袋の底に微塵を集め、上の土をすくって使うこともできます。

微塵が用土内に多く含まれていると、水が土壌粒子の隙間に詰まり、鉢底にたまったりして水はけが悪く、用土内に水が停滞することになります。その結果、根の生育を妨げ、根腐れを招くことになりかねません。

このように、**用土内の気相を豊かにし、植物の根の生育を促すためにも、培養土をつくるときには用土をふるいにかけ、微塵や不要物を取り除いたほうがよいでしょう。**

ふるいでひと手間かけると、育てやすい用土に

赤玉土や鹿沼土などの粒状用土をはじめ、市販されている多くの培養土のパッケージには微塵も含まれている。そのまま使うと、微塵も同時に入ってしまうため、袋から出してふるいにかけ、微塵を取り除いたものだけを使用するとよい。

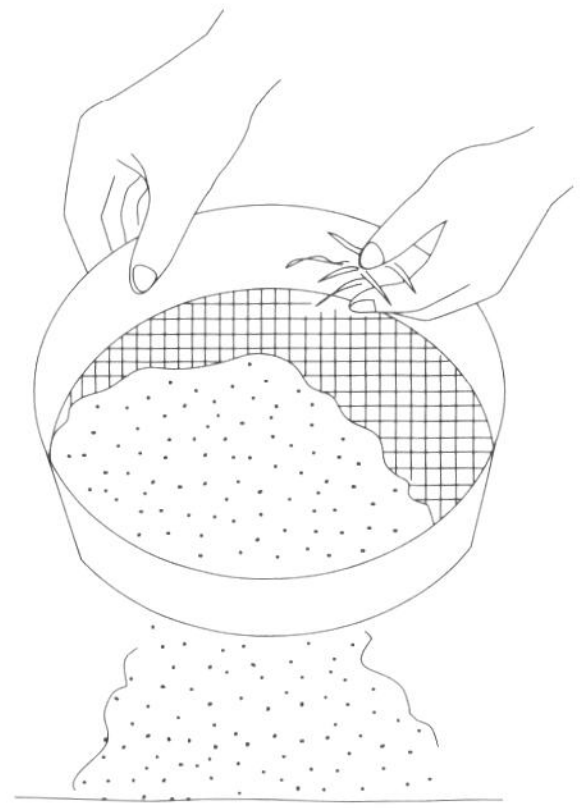

基本的な鉢植えやコンテナ用培養土の混合比率

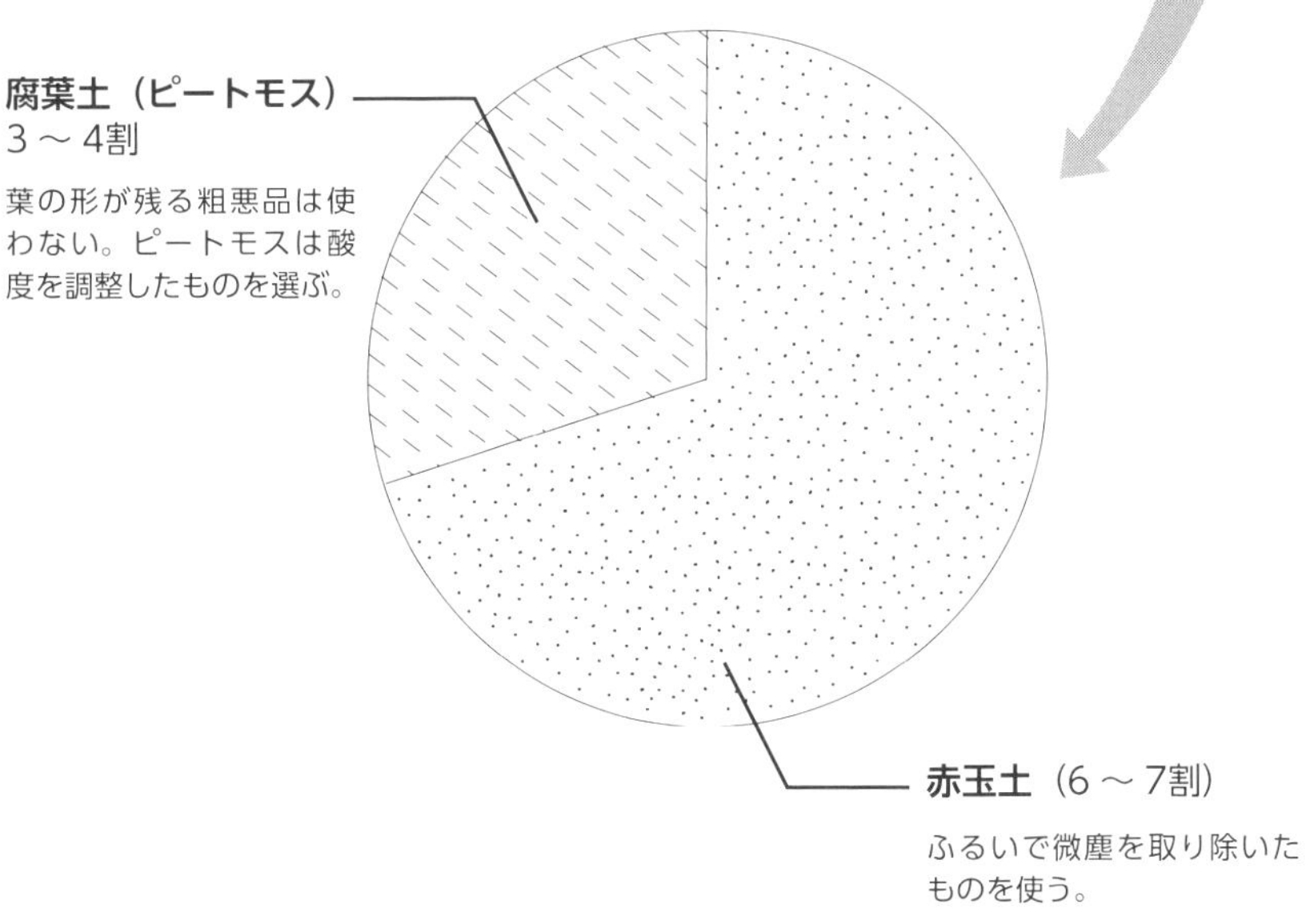
腐葉土（ピートモス）
3 〜 4割
葉の形が残る粗悪品は使わない。ピートモスは酸度を調整したものを選ぶ。
赤玉土（6 〜 7割）
ふるいで微塵を取り除いたものを使う。

鉢土はいくつもの土をブレンドするのはなぜですか

草花　樹木

これがコツ！ **育てる植物に合わせて、数種類の用土を配合するとよく育ちます。**

鉢土には植物が勢いよく、丈夫に育つように、いろいろな用土を混ぜた配合土を用います。それぞれの用土は、土の物理性、化学性を改善するために用います。

有機物はおもに土の団粒構造をつくるために配合します。排水性をよくするためにはパーライト（発泡させた人工用土）や砂を配合します。また、土のpHを低くするためにピートモスを配合することもあります。

一般に土のブレンドは、ベースになる基本用土に土の通気性、排水性、保水性、保肥性を改善する改良用土と肥料を加えてつくります。基本用土としては、赤土、黒土（黒ボク）、田土（荒木田土）や川砂などがあります。

改良用土には、有機物としての腐葉土、堆肥、ピートモスなど、無機物としてのパーライト、バーミキュライトなどがあります。

基本用土は地域性があり、関東では関東ローム層の下層の粘質の火山灰土が赤土で、微塵《みじん》が多く通気性に欠けるため、ふるいにかけ、大、中、小と粒子の大きさに分けて、赤玉土として売られています。

関西地方以西には、真砂土《まさつち》と呼ばれる花崗岩が風化した土があり、粒子が細かく粘土質で、通気性が悪くて重い土です。この土をもとに培養土をつくるときは、水はけ、通気性をよくするため、腐葉土を3～4割程度混合します。川砂を加えることもあります。また、酸性の土なので、必ず石灰などで酸度を調整します。

荒木田土は水田の下層土や河川の堆積土で、重くて保水性、保肥性がある土です。

無機物のパーライトは通気性、排水性を高めるためによく用います。

どのような用土を用いるか、それぞれの用土の配合比率をどうするかは、植え込む植物に適する物理性、化学性に合うようにします。市販の培養土には、どのような植物に適しているかが表示されていますが、上記のようなことを考えブレンドされています。

市販の培養土にひと手間加えると、見違える用土に

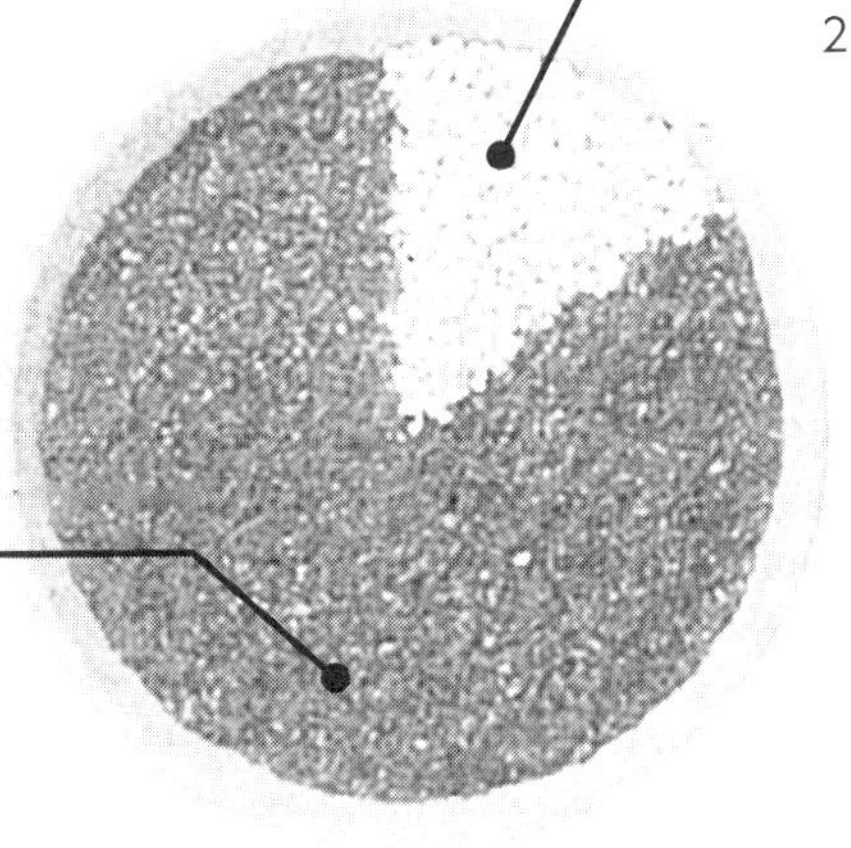
ひと手間加える用土
2～3割
草花用の場合は堆肥か腐葉土、水はけを好むものは日向土や鹿沼土、樹木類には赤玉土を選択するとよい。
市販の培養土
7～8割

鉢植えやコンテナ用土の上手な配合のヒントと割合

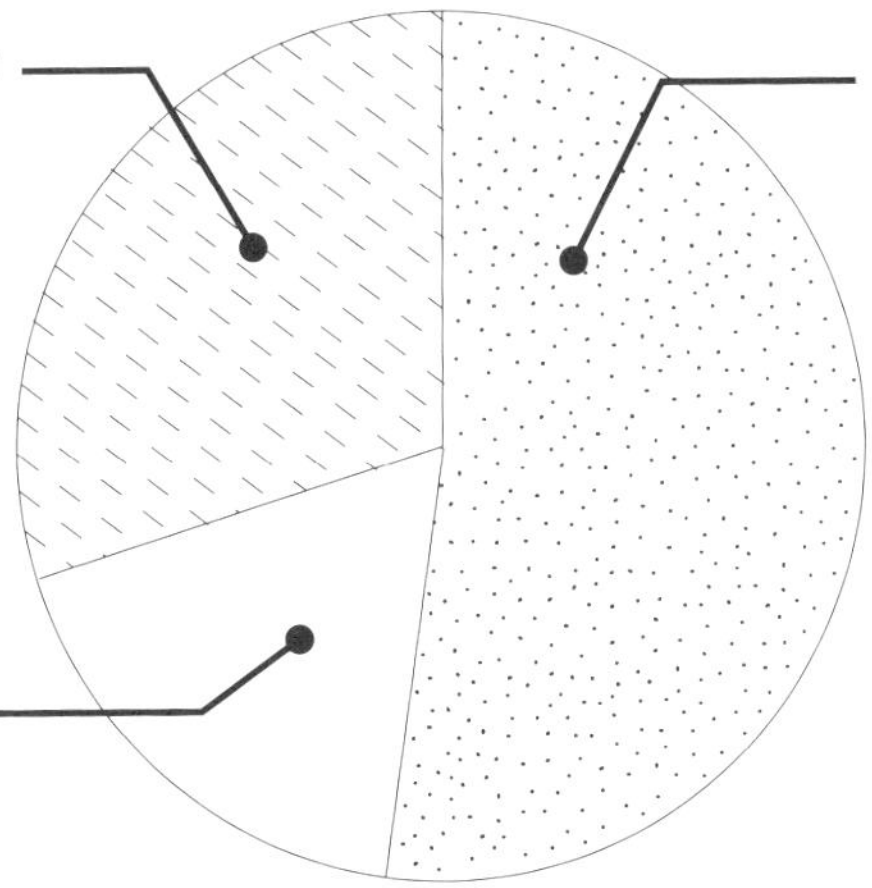
腐葉土（ピートモス）
3～4割
赤玉土（小粒）
5～6割
パーライトまたは
バーミキュライト
1～2割

＊配合の割合は、植える植物によって加減する。
＊粒状の用土は、混ぜる前にふるいで微塵を取り除いておく。
＊土を軽くしたいときは、パーライトかバーミキュライトを加える。
＊ピートモスは、酸度調整済みの表示があるものを選ぶ。

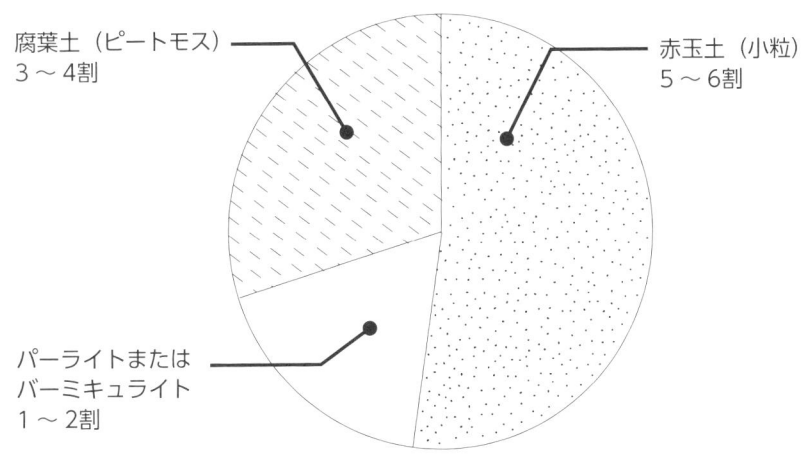

植物によって土のブレンドは異なるのですか

草花 樹木

これがコツ！ 植物ごとに、最適な用土を配合は違います。

栽培される植物は、世界のいろいろなところから導入されているので、それぞれの植物で故郷が異なります。気候・生態的には乾燥地から熱帯雨林まで、それに合わせて自生地の土壌はさまざまです。

礫や砂質の粒子が多く水はけのよい土から、有機物が多く肥料もちのよい土まで、幅広く多様な土があります。**栽培している植物がどのような自生地で育っているかを知っていると、上手な栽培のヒントになります。**

なぜなら植物は生育している環境に適応し、形態や生理的性質を変えて進化してきています。

たとえば、乾燥地に生育している植物は、水分供給が十分ではないので、水を求めて根が発達します。そのような植物を掘り起こしてみると、太い直根が地中深く伸びています。それに対し、水分供給が十分でじめじめとした湿気のあるところに生えている植物はあまり根が発達していません。ただ、それぞれの植物の自生地が必ずしもその植物に適した環境でないこともありますので、注意が必要です。

なぜかというと、他の植物によい環境のところを占有され、すむところがなくなって、不適な環境に自生している場合もあるからです。ときには、本来なら自生地の環境から推測して、こんな条件であればよく育つだろうと思っていても、異なる条件のほうがよりよく生育する場合があります。

たとえば、ツツジやサツキ、アジサイ（青花品種）、ブルーベリーなどは、pH5・0前後の酸性の土が適しているので、赤玉土を基本にした場合、酸性の鹿沼土、酸度未調整のピートモスを混合した培養土を使います。

排水性のよいところに生育している植物や高温多湿を嫌う植物では、通気性をよくして根の活力をつけるために軽石や日向土、パーライトなどを用土に混合します。

反対に乾燥を嫌い、湿気を好む植物では、保水性の

生態に適した用土を選ぶ

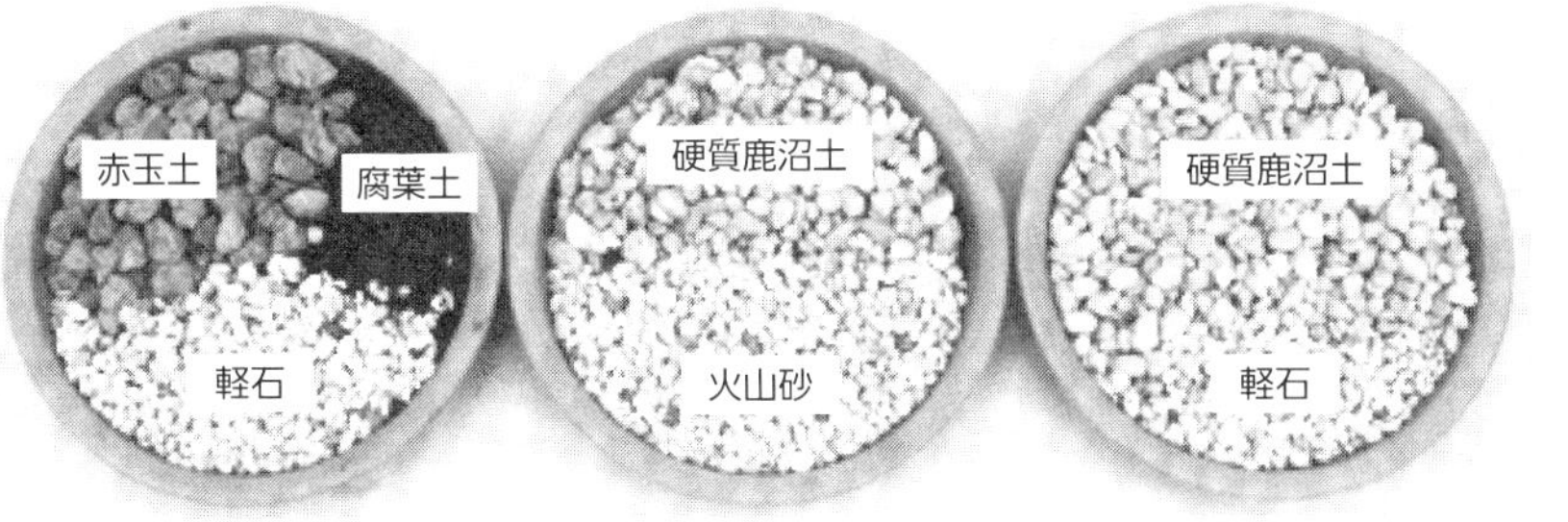
赤玉土
腐葉土
軽石
硬質鹿沼土
火山砂
硬質鹿沼土
軽石

野草用ブレンド　山草用ブレンド　高山植物用ブレンド

高いバーミキュライトを混合する場合もあります。

実際には、植物の種類だけでなく、どんな場所で植物を栽培するかによっても、土のブレンドを変えていかなければなりません。その場所が日陰か日なたなのか、室内か屋外かなどにより、土の乾き方、風の通り方も変わってきますので、それらの要素を加味した上で、用土のブレンドを調整していきます。

いずれにしても、植物によって好む土壌条件は異なりますので、それに合わせて異なる土のブレンドが必要になってくるのです。

バラの苗木を植える場合の配合

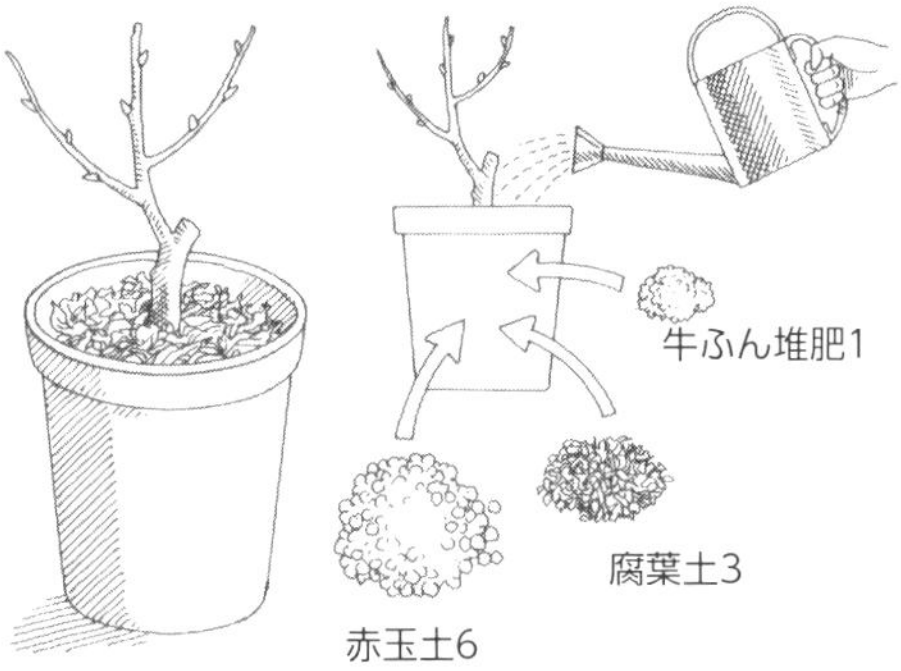
牛ふん堆肥1
腐葉土3
赤玉土6

ブルーベリーを植える場合の配合

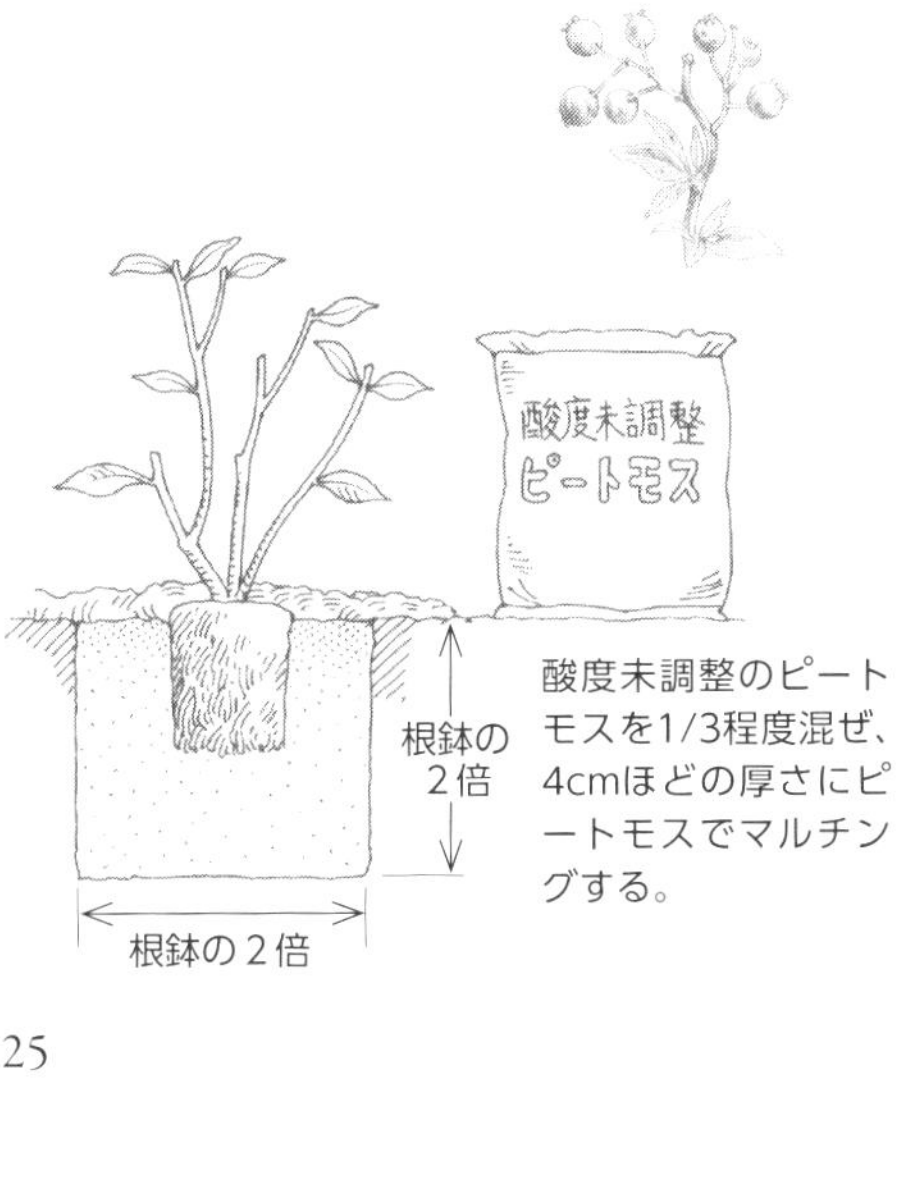
酸度未調整
ピートモス
根鉢の
2倍
酸度未調整のピートモスを1/3程度混ぜ、4cmほどの厚さにピートモスでマルチングする。
根鉢の2倍

なぜ腐葉土などの有機物は完熟したものがよいのですか

草花 樹木

これがコツ！

完熟していない有機物を与えると、窒素飢餓を起こして生育できなくなります。

腐葉土などの有機物は、土の中で微生物により分解されていきます。

そのとき、微生物は分解するためのエネルギーを必要とし、それを土壌中から吸収します。

十分に完熟した有機物ではそれ以上熟する必要がありませんので、土からエネルギーを奪うことはありません。ところが十分に完熟していない有機物が土に供給されると、土から分解のためのエネルギーを吸収します。そのため、肥料分の一つ、窒素源が土から奪われます。

すると、窒素飢餓といって、土の中の窒素分が足らない状況が起こってしまいます。せっかく有機物を施用しても、逆に窒素飢餓になり、植物が窒素不足を起こしてしまって、よく生育しなくなったのでは、有機物施用の意味がなくなってしまうことになります。また、完熟していないと、有機物の発酵熱が根に障害を及ぼすこともあります。

つまり、完熟していない有機物を与えると、窒素飢餓を起こして窒素不足となり、植物が十分に生育できなくなってしまうのです。

末熟な腐葉土を完熟させる方法

10ℓの袋1つ当たり2握りの米ぬかまたは油かすを加え、ビニール袋の数ヵ所に穴をあける。少し水で湿らせてからよく混ぜ、口を縛って直射日光の当たる場所に2週間放置する。2週間ごとにかき混ぜて3～6ヵ月で完成。

Column

よい有機物の見分け方

腐葉土や堆肥を購入後、「生ゴミのような匂いで葉の形のまま」という経験はないですか？

草花 樹木

土に施す有機物は、完熟していることが必要ですが、同時に、ある程度の期間（最低1年以上）は、有機物としての働きを維持していてほしいものです。完熟していても、すぐに粉々に壊れてしまって、まったく形も残らないのでは困ります。落ち葉を素材とした有機物であれば、葉の繊維質（維管束からなる葉脈など）がある程度しっかりとして粉々に崩れないものを使った腐葉土がよいものになります。

具体的には落葉広葉樹の葉を用いたものや、バーク堆肥でも落葉広葉樹の樹皮からできたものが使いやすい腐葉土になります。

一方、未熟な有機物では、原形を残したままの茶色の葉が多く含まれていたり、腐る際のツーンとした酸っぱい匂いが残っていたりします。できる限り、嫌な匂いがなく、黒に近い褐色になって完熟した有機物を選んでください。異臭がする場合は要注意です。

腐葉土の見分け方

未熟な腐葉土
色が茶褐色で、葉が大きいまま残っている。

良質な腐葉土
色が漆黒で葉の断片が細かくなっている。

腐葉土の素材に針葉樹の葉が適さないのはなぜですか

これがコツ！

腐葉土を選ぶときは、広葉樹を使用したものにします。

草花
樹木

腐葉土には通常、クヌギ、シイ、ナラ、カシなどの落葉広葉樹の葉が使用されます。この落葉広葉樹の中には、針葉樹の葉も入ってきます。**おもな針葉樹の葉には、マツやスギなどがありますが、これらの葉には、精油成分が多く含まれており、また、微生物生育阻害物質もあるので、腐らせようとしても、なかなか発酵せず、腐りにくいものです。**

また、針葉樹の葉には多くのテルペン炭化水素が含まれていて、この化学物質が植物の生育に有害な作用を及ぼすといわれています。これは森林浴でいわれる癒やしの芳香成分「フィトンチッド」で、森の香りの主要な成分の一つです。

このように、**針葉樹の葉は腐りにくいこと、さらには葉そのものから発散される香りが植物によい影響を与えないことなどから、腐葉土にはあまり適しません。**腐葉土をつくるときには、針葉樹の葉を取り除きましょう。

Column 腐りにくい針葉樹の葉

ゴヨウマツ
青味を帯びて短かく美しい葉が密につく。盆栽にもっともよく利用される。

土に白い糸状のものがいたら、どうしたらよいのですか

これがコツ！
カビなのかセンチュウなのかを見極めて、土壌消毒や土の入れ替えを行います。

草花 樹木

庭や畑の土にいる白い糸状のものには、いろいろなものがあり、**カビ状のものであれば菌類です。**有機物を分解してくれる有用な菌と病気の原因となる白紋羽病菌などがあります。

白紋羽病はウメ、クリ、リンゴなどの果樹やツバキ、サザンカ、ジンチョウゲなどの花木に起こる病気で、新しい枝が出なくなったり、葉が小さくなったりします。この病株の根は腐敗して表面に白いカビが生えてきます。このような株を発見したら、株ごと掘り上げ廃棄し、土も新たなものと入れ替えます。

カビではなく、長さ1㎜ぐらいの透明な虫の場合、それはセンチュウ（線虫）という線形動物です。人のお腹の中にも寄生することがある回虫も同じ仲間の生き物です。

植物につくセンチュウには、おもなものとして、ネコブセンチュウとネグサレセンチュウがあります。ネコブセンチュウでは、根に小さなコブがたくさんついていて、そこから養分を吸収します。ネグサレセンチュウは細い根がなくなり、寄生している部分が変色し腐敗します。

センチュウを発見したら、土壌消毒を行ったり、土の入れ替えを行います。マリーゴールドは対抗植物ともいわれ、センチュウがマリーゴールドの根についた場合、根に含まれる化学成分によって、センチュウの増殖が抑えられます。とくにネグサレセンチュウに大きな効果があります。

このように白い糸状のものにもさまざまな種類があり、よく見極めて処理したいものです。

マリーゴールド
センチュウの増殖を抑えられる。

Column

用土の再生

乾燥させて古い残がいを取り除き、日光などで殺菌消毒し、通気性、排水性、肥料成分を改善します。

草花 樹木

ベランダなどで園芸を楽しんでいると、枯れた鉢物や植え替えの際に出る古い鉢土の処分に困ることがよくあります。

一度、植物を栽培した古い土では、そのまま新たな植物をその用土で栽培すると、前作の作物の影響が残り、後作がよくできないことが多いものです。

前作による影響として、

①特定の肥料成分が集積していたり欠けていたりと肥料成分の偏りができる

②土の団粒が壊れて通気性、排水性が悪くなり根腐れを起こしやすい

③植物の生育に有効な微生物が減っている

④前作の植物の病害虫が残っている

などがあります。

そこで、元の用土を用いるなら、上記の影響を解消するように、その用土の再生をしなければなりません。

まず、古い土を新聞紙などの上に広げて天日干しをして土を十分に乾燥させます。天日干しは日光消毒にもなります。その際に前の植物の残がい、雑草などを取り除いておきます。天日干しは、夏は約1週間、冬は約2週間行います。2~3日に1度は新聞紙を取り替えながら、土の天地返しをします。

乾燥させた土は、ふるいにかけ、微塵《みじん》を除きます。そこへもとのブレンドと同じような用土の新しいものを等量、さらに市販のリサイクル材、苦土石灰、元肥を規定量混ぜ込みます。リサイクル材にもさまざまな種類があり、基本的には、有機物、土を団粒化する成分、微量要素、有用微生物などが入っています。

いずれにせよ、用土再生の基本は、十分に乾燥させ、古い残がいを取り除き、日光などで殺菌消毒し、土の物理性（通気性、排水性）、化学性（肥料成分）を改善することです。

古い鉢土を再生する

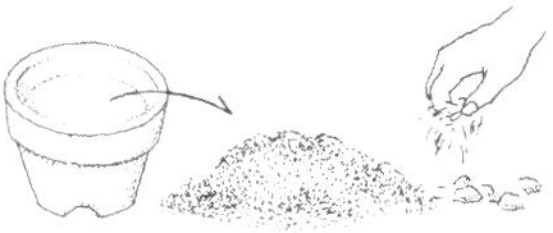

1
コンテナから古土を取り出し、土を崩しながら鉢底石や古い根などを取り除く。

2
ふるいで微塵を取り除く。

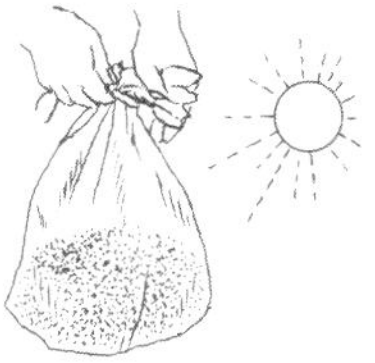

3
土を少し湿らせビニール袋に入れて密封し、夏なら１ヵ月、冬なら３ヵ月、太陽の直射日光に当てておく。

4
新しい培養土を同量混ぜ合わせる。

微生物を使った肥料発酵による用土の再生

微生物が分解する力を利用した用土のリサイクルです。冬以外の暖かい時期なら、いつでも可能です。ナス科やアブラナ科などの連作ができない野菜のあとは避けましょう。

1
収穫が終わった株は引き抜き、大きな根の塊は取り除く。微生物肥料を全体に散布する。肥料は10ℓ当たり、おおよそ30gが目安。

2
肥料を用土全体に行き渡るように、手でしっかりと混ぜ、ジョウロで水をかけ、少し底穴から水が出るくらい土を湿らせる。

3
ビニールシートなどでコンテナごと二重に覆い、ひもで固く縛って日当たりのよい場所におく。2週間以上でビニールシートがふくらむ。

4
熱いくらいに発熱したら温度を測る。60℃を超えたら、発酵と分解がほぼ完了したということ。シートをはずして冷ましてから使う。

市販の培養土は、なにを基準に選ぶとよいのですか

草花　樹木

これがコツ！

市販の培養土はメーカーによって配合が異なるので、購入前に袋の表示を確認します。

市販の培養土は、数種類の用土があらかじめ混合され、そのまますぐに使える商品です。元肥が配合されていて、酸度も調整されています。いろいろな植物に使える汎用タイプから、植物ごとの専用配合土まであります。

まず、**培養土の袋に記入されている表示（品質表示）を確認します。配合されている内容物（配合原料）、肥料配合、適用植物（専用タイプの場合）、製造メーカー名、住所、電話番号の記載の有無を確認します。これらの表示がちゃんとされていないものは、要注意です。**表示がされているということは、メーカーが品質に対して責任をもっているということになります。

次に、なにを植えるかにより、上記表示の適用植物を確認しますが、必ずしもその植物に適しているとは限らない場合もあります。とくに、用土のpH、用土の粒子の大きさ、元肥の主要肥料成分比率を確認します。

また、長期間、鉢に植物を植えておく場合、たとえば、バラを含めた花木などは、赤玉土や黒土（黒ボク）、荒木田土のような基本用土を中心に、そこにいろいろな有機物を混合した培養土が適しています。

もし、バラを赤玉土のような粒状の天然土の入っていない、ピートモスなどを主とする用土に植えた場合は、乾湿の調節が難しく、しかも特定養分の欠乏症状が出てくることが多いようです。**培養土の外観や表示でわからない場合は、培養土の袋を持ってみるとよくわかります。あまり軽いようですと、赤玉土が少ないか入っていない場合があります。**逆に重すぎる土は微《み》塵《じん》が多く、水はけが悪いので注意が必要です。

以上のように、**どんな植物を植えるかにより、培養土の袋の表示を確認し、自分の手でもったり、触れて確かめてから選びたいものです。**

Ⅱ章

タネまき・植えつけ

1粒のタネから、芽や根が伸びて、やがて花や実をつけることの
不思議さや楽しさ。タネまきは植物を育てるスタート地点です。
また入手した苗は、栽培に適した場所や鉢に植え替え、
愛情を込めて育ててあげたいものです。

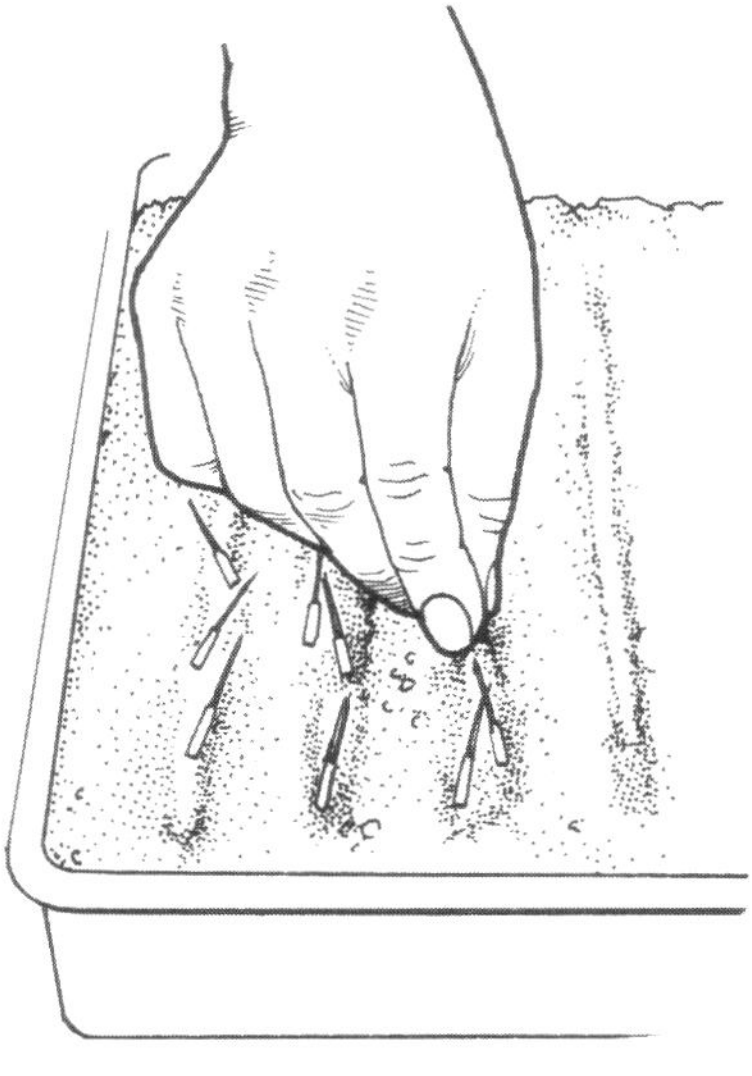

なぜ植物によって、タネまきの方法が異なるのですか

草花 樹木

これがコツ！

タネによって、温度、水分、酸素など、発芽のための条件が異なり、それに合わせたまき方をします。

植物の種類によりそれぞれの故郷が異なり、もともとの環境条件に適応するのと同じように、タネの発芽条件も異なります。**タネが発芽する3つの条件として、温度、水分、酸素が知られていますが、光も発芽を左右する重要な条件になっています。**

タネにより発芽に光を必要とするものとしないものがあり、それぞれを好光性種子および嫌光性種子と呼びます。たとえば、ペチュニアやプリムラのタネは発芽に光を必要とする代表的なもので、タネをまいたあと、覆土してはいけません。それに対し、ワスレナグサやニチニチソウではちゃんと覆土します。

タネの発芽に水分は欠かせないものですが、水分がちゃんと与えられても吸水しないものがあります。代表的なものにマメ科の植物が知られ、硬実種子と呼ばれています。種皮が硬く、容易に水を吸ってくれないのです。対策としては種皮にナイフなどで傷をつけたり、お湯にタネをつけ種皮をふやかしたりします。

タネの発芽の3条件のうち、温度はとても重要な条件です。**植物には発芽適温があり、もともとの植物の自生地の環境に適応し、季節の変化の中で発芽すべき時期が決まっています。自然の中でのタネの発芽時期の気温が発芽適温になります。**

したがって、一般に高緯度地域を自生地とする植物では発芽適温は低く、低緯度地域を自生地とする植物では発芽適温が高いことになります。

タネの発芽が進行すると、生長中の胚（受精卵が発達した発芽前の植物体）が盛んに呼吸を始めます。このため、**酸素（空気）は発芽に極めて重要です。水浸しで酸素が供給されない状態ではタネは発芽しません。**

一般に、タネは胚と、発芽の際のエネルギーを蓄えている胚乳からなります。お米の食用にしている部分が胚乳になり、幼植物に相当する部分が胚になります。

精米はこの胚を除去することになります。たいていのタネには胚乳があり、そのエネルギーを消費して発芽しますが、胚乳のないタネもあります。マメ類は胚乳がなく、発芽のエネルギーは子葉が代行します。ラン科植物のタネも胚乳をもたないタイプですが、マメ科のような子葉もなく、胚も未熟です。そのため、ラン科植物では、ラン菌という共生菌の助けを借りて、エネルギーをラン菌から供給されて発芽します。

一方、トルコギキョウでは、胚乳はありますが、極めて未発達で、とても発芽のエネルギー供給源になりません。そのため、タネの発芽に光が重要で、一定以上の強さの光がないと発芽しません。発芽して子葉で光合成を行い、そのエネルギーで幼植物は生長します。

また、バラのような休眠するタネでは、タネを湿らせたピートモスなどで包んで乾かさないようにビニール袋などに入れ、冷蔵庫に2～3ヵ月おいて休眠から早く目覚めさせてからまきます。

このように**植物の種類により、自生地の環境に適応し、発芽条件が異なっていたり、タネの形態の違いにより、タネまきの方法が異なります。**

光による発芽条件の違い

好光性種子

アゲラタム、インパチエンス、エキザカム、キンギョソウ、コリウス、トレニア、ペチュニア、マツバボタン、ロベリアなど

インパチエンス

嫌光性種子

シザンサス、ジニア、ニゲラ、ハゲイトウ、ハナビシソウ、ベニバナなど

ハナビシソウ

アボカドのタネのまき方

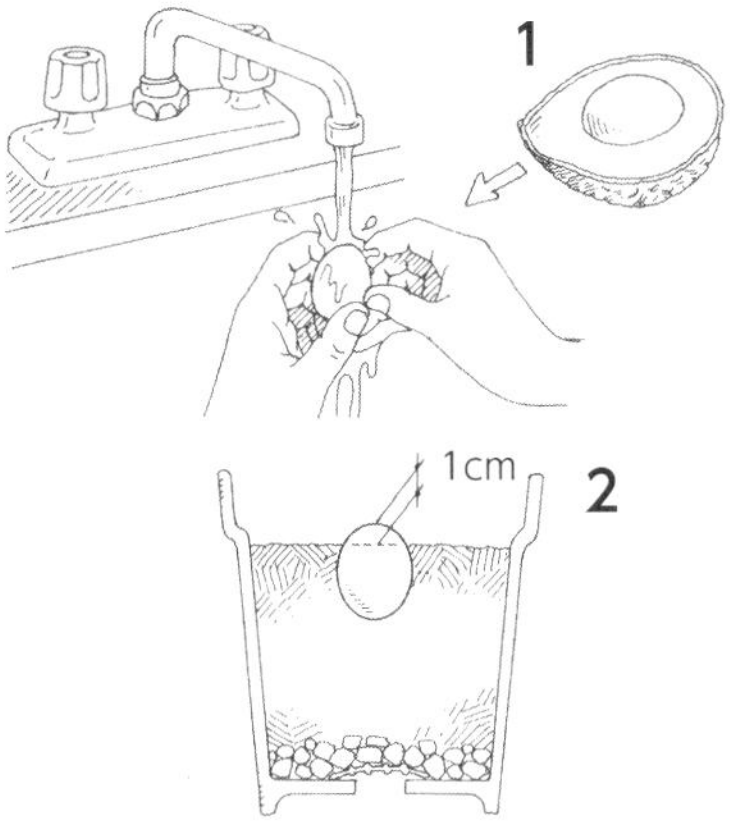

アボカドは、実ごとそのまま土に埋めても芽が出ない。実からタネを抜き、実の油脂分が残っていると発芽しないため、残さずキレイに果実を水で洗い流す。芽の出る向きを上にして、1cmほど地上部に出した状態でタネまきする。

タネ袋はどう読んだらよいのですか

これがコツ！

タネの入っているパッケージには、じつに多くの情報が集約されています。

タネ袋は絵袋ともいい、種苗会社各社では多くの人に安心して買っていただき、購入したタネをうまく育てられるように、いろいろな工夫をしています。

表面には、野菜であれば収穫時期の姿、花であれば開花した時期の美しい花が、写真で表現されています。裏面にはその植物についてのすべての情報が記載されています。学名、科名など名前に関することから始まり、その植物の特徴、栽培方法などがあります。

当然、**タネまきのための情報はもれなく載せられています。タネまき適期、発芽適温、発芽までの日数などです。どこで栽培するかにより、タネまきの適期が変わってきますので、寒冷地か暖地なのかなどによる違いも書かれています。**

次に、発芽後のこととして、開花時期、収穫時期などがあります。また、タネの品質表示として、産地（採種地）、発芽率、有効期限なども記載されています。小さな袋ですが、思わぬほど多くの情報が集約されています。

したがって、**タネ袋にはいろんな情報が満載されていることを念頭に隅から隅まで読んでみましょう。それをもとにタネから植物を育ててみましょう。また、タネ袋に掲載されている植物の学名を図鑑で調べてみましょう。さらにいろいろな情報が手に入ります。**絵袋を見ているだけで結構楽しいものです。

タネ袋の説明をよく読む

①植物の名前
②植物の特性
③栽培暦
④発芽適温
⑤産地
⑥採種年月
⑦1袋で何本育つかの目安
⑧販売会社名

草花
樹木

「苗半作」とはどういうことですか

草花 樹木

これがコツ！

植物の生育は、初期の苗の段階がもっとも重要なので、育苗に力を注ぎましょう。

その植物が育ってよい花を咲かせるかどうか、**実りのある収穫が得られるかは、大半は苗で決まります。**人でいえば、三歳までの育て方がその人のその後の人生を大きく左右するといわれるのと同じことです。

しっかりとした苗をつくっておけば、あとの成果が大きいということです。タネが芽生えたあとに、しっかりと根を伸ばし、根群を発達させ、養水分を十分に吸収することが大切です。

苗に勢いがあれば、環境の変化（寒さ、暑さ、乾燥や湿潤など）に対応でき、病害虫にも負けない植物体として育っていきます。苗に勢いがないと自然と病害虫への抵抗力もなく、害虫に侵食され、罹病してしまいます。**いじけて元気のない苗は、その後手入れをしっかりしても、よい苗には勝てません。いずれにせよ、スタートが大事だということです。**

とくに、タネそのものが大事で、丈夫でつくりやすい品種を選び、タネから発芽したら、肥料を効かせ、光にもよく当て苗が徒長しないようにしたいものです。また、苗の購入時にしっかりとした苗を選ぶことが大切なのは、このためです。

初期生育が重要な作物のいろいろ

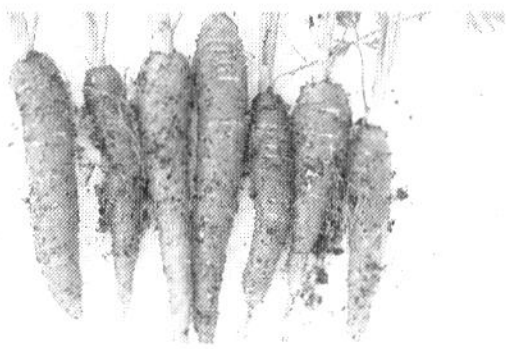

ニンジン
発芽率が悪く、芽が出るまでに時間がかかるだけでなく、直まきでありながら湿り気味の水分管理が必要。間引きもピンセットで慎重に行う。

玉レタス
結球するタイプのレタスは、タネの発芽までの水分管理が難しく、発芽後もピンセットで慎重に間引きをするなど、上級者向きの野菜。

よい苗と悪い苗の見分け方はありますか

草花
樹木

これがコツ！

よい苗は葉色がよく、がっしりと節間がつまって病害虫がついていないものです。

よい苗と悪い苗を見分けるには、いくつかの留意点があります。**病気にかかっていないかどうか、葉色の緑色が濃いか淡いか、苗が徒長していないかどうかなどです。**

苗の養成の段階でちゃんと施肥され、日に当てられていれば、葉色が濃い緑色をしています。葉色が悪い場合、窒素肥料が切れていたり、鉄のような微量要素が欠けている場合があります。また、温度管理がきちっとされ、通風も図られ、日に当てられていれば、苗が徒長していることはありません。

野菜苗や花苗の小さなものでは、子葉がしっかりとついているかどうかも苗を見分ける参考になります。よい苗では遅くまで子葉が落下せずついているものです。子葉が落下しているということは、苗の管理が十分でなく、肥料切れを起こしている可能性もあります。

いずれにせよ、**葉色がよく、がっしりとして病害虫がついていない苗を選びましょう。**

育ちがよい苗と悪い苗の選び方

悪い苗
節間が長く、ヒョロヒョロと伸びて草丈が高く、葉のつき方もまばら。

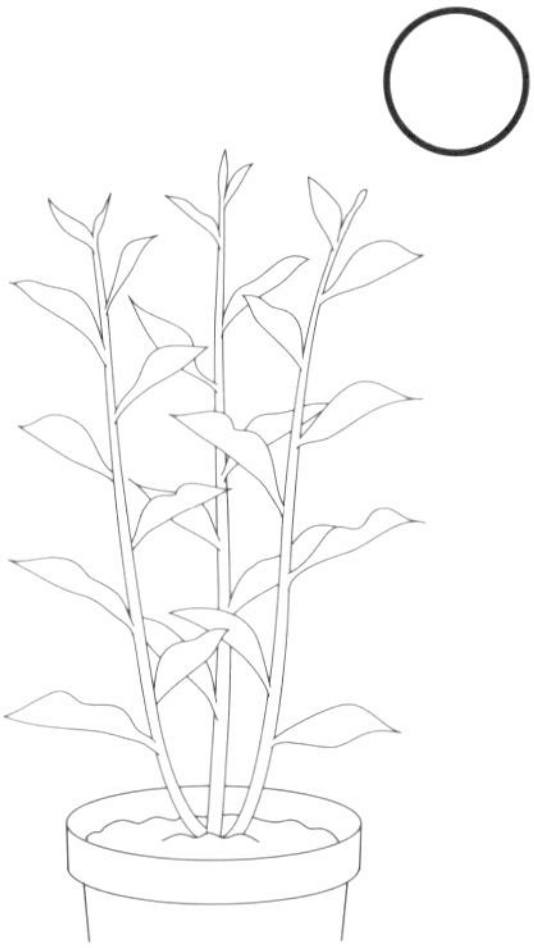

よい苗
節間が短く、がっしりとつまっている。葉も密につき、1枚が大きい。

植えつけ時期で育ち方は変わりますか

草花 樹木

これがコツ！

適期に植えつけできないと、その後の生育に大きく影響が出ます。

もともと植物はそれぞれが生まれ育った故郷（原生地）の環境（温度、湿度、日照量、日長など）に適応して今の形と性質を備えてきています。

その故郷の環境に似た環境のところで栽培すると、当然、素直な育ち方をします。しかし、その環境と異なったところで栽培すると植物は生育をストップしたり、花を咲かせなかったり、実をみのらせなかったりします。

環境への適応の姿として、四季の変化に対応して生育ステージを変化させていることがあります。温度や日長の変化に合わせ、栄養生長を盛んにさせたり、生殖生長を盛んにさせたりと植物側が対応させます。

したがって、同じ植物であっても植えつけ時期が異なると、温度や日長などへの反応が異なり、生育の仕方も異なってくるのです。

つまり、**植物によっては、植えつけ時期を間違えると思ったように育ってくれないこともあるのです。**

タネまきの時期で育ち方が変わる

タネまきの時期が早すぎたため、丸くならずに長細く形が崩れたコカブ。

適期にタネまきしたため、キレイな球状になったコカブ。

Column

苗をすぐに植えつけできないときは

乾かさないように管理し、露地や大きめの鉢に仮植えしておくと安心です。

草花
樹木

本来なら苗を入手したら、すぐに庭や畑に植えつけたいものです。植えつけるまでの期間が長くなると、限られた鉢というスペースで、根の行き場所は次第になくなってくると同時に、肥料切れも起こしてきます。

購入したり、分けていただいた苗をすぐに植えつけることができない場合、一時的に、しかるべき場所にて苗の維持管理を行わなければなりません。

鉢植えの苗の場合、まず肝心なことは、乾かさないようにきちんと水やりすることです。植えつけるまでの時間が長いときは、肥料切れを起こさないように気をつけて、液肥や置き肥で追肥を行います。

また、**鉢植えのままか、または鉢を外して、露地に仮植えします。**苗木などの場合、すぐに庭に植えられないときは、ポットや根巻きごと仮植えをしておいたほうがよいでしょう。

とにかく、植物は日ごとに大きくなります。できるだけ、**植物にストレスをかけないようにして、定植まで適切に栽培、管理したいものです。**

大きめの鉢に仮植えする

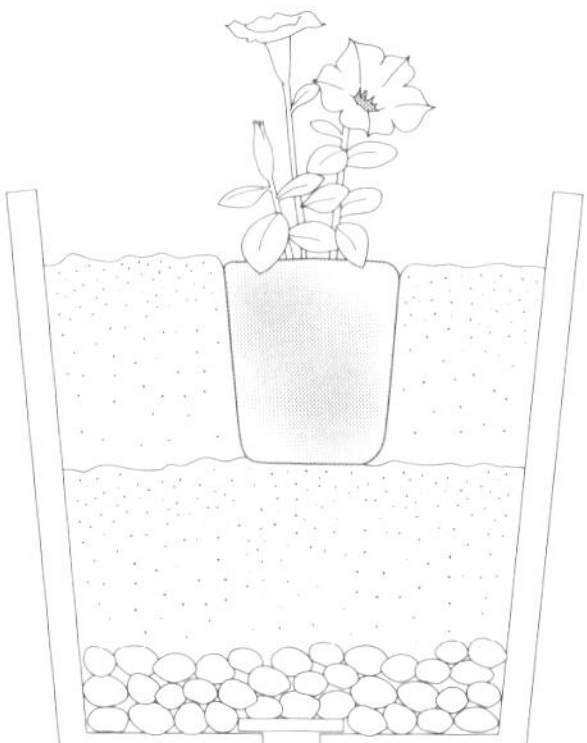

大きめの鉢に用土を入れ、ポットのまま仮に植えておく。水切れさせないためには、鉢の内径がポットの2倍程度あることが望ましい。明るい半日陰におくと管理しやすい。

苗と苗の理想の間隔はありますか

これがコツ！ **生長したときに隣の株にぶつからず、ゆったり育つ間隔が理想です。**

草花 樹木

苗を植えつけ、その植物が育ったときの本来の大きさを想定してみてください。**想定される大きさがわかれば、その大きさよりやや広めの間隔に植えます。**植えつけ間隔が狭いと大きくなった際に隣の株とぶつかってしまい、風通しも悪くなり、病気にもかかりやすくなります。

一・二年草の場合、草丈が30㎝以下の植物のときは、20～40㎝、草丈30～60㎝の植物は30～50㎝の間隔が望ましいでしょう。

草丈だけでなく、株の広がり（株張り）も重要です。成株に育った場合、地表面をどのくらい覆うかということを考えてみましょう。土表面がまったく見えなくなるほどに茂るような間隔に植えてしまうと風通しが悪くなり、蒸れてしまいます。当たり前のことですが、分枝しやすい植物は株張りも広くなります。

このように植物が大きくなった状態を想定し、草丈と株張りを考え、植える間隔を決めていきます。

大きく育つハーブは、十分に間隔をあけて

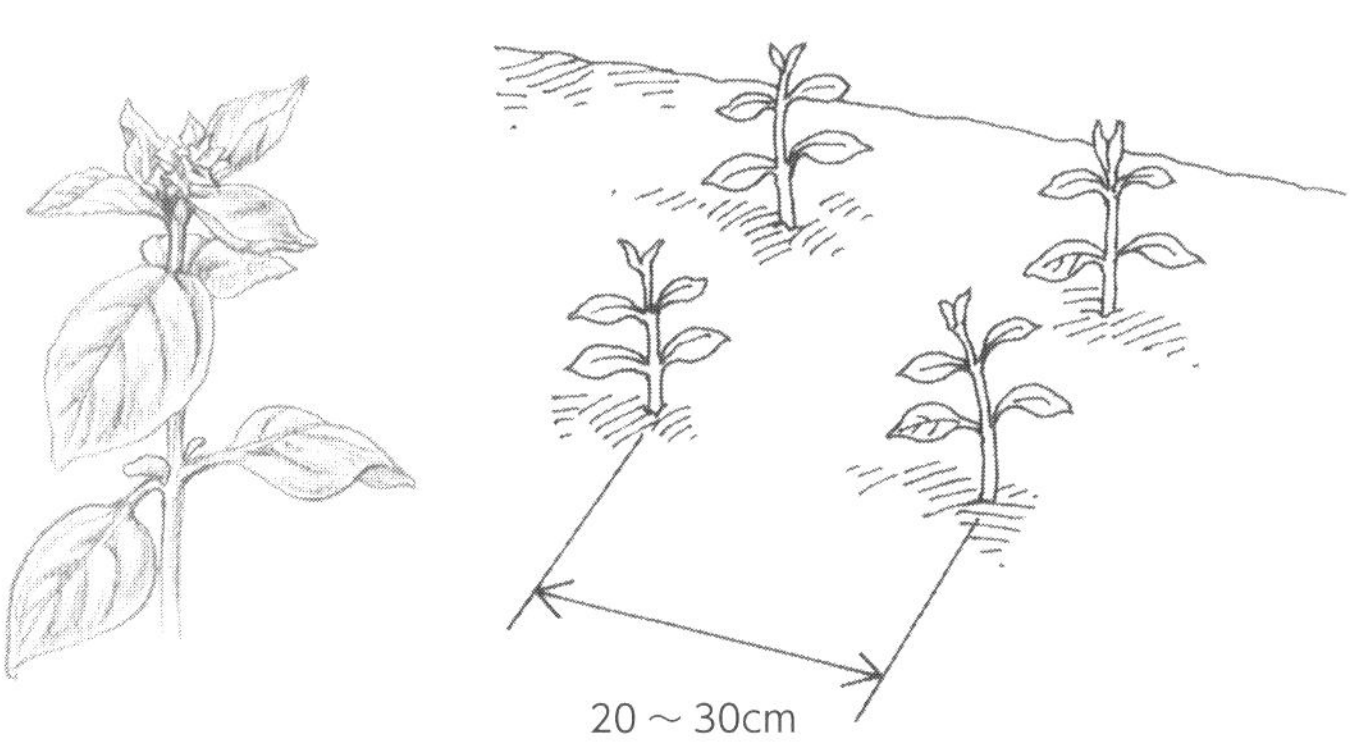

初夏から秋まで生育し、大株に育つバジルは、株間を十分にあけて植えるのがポイント。20～30cmは離して列植しておく。間隔が狭いと、旺盛な生育が望めず、蒸れて病害虫に侵されやすくなる。

上手にポット上げをするにはどうしたらよいのですか

草花　樹木

これがコツ！　**大きくなりすぎる前に、できるだけ根を傷めずに植え替えるのがポイントです。**

ポット上げの基本は、いかに根を傷めないようにするか、ポット上げされたあと、大きくなった鉢でいかに根を伸ばすことができるかにあります。

最近は区切られた播種用のトレイ（セルトレイ）にタネまきすることが多くなっていますが、このトレイを利用した場合は、ポット上げのタイミングが重要になってきます。

なぜなら、**ポット上げの時期が遅くなると、狭いセルの中で根が回ってしまい（根鉢を形成）、ポット上げをする際に根を傷めてしまったり、ポットの中で根をうまく伸ばせなくなってしまうことがあるからです。**また、いつまでもセルトレイにおかれると、肥料切れを起こしてしまいます。

プランターや通常の播種トレイにタネまきした場合も、ポット上げの時期が重要です。タネをまいた容器や床にいつまでもおいておくと、隣の苗と根が絡まってしまい、ポットに上げる苗を掘り上げる際に、大切な根を切ってしまうことになります。根を切られたことで植物は一時的なストレスを受け、ポットに上げたあとのスタートが遅れることがあります。

ポット上げの作業のポイントは、苗がポットの中心にくるように位置を決め、根がまんべんなくポット内に広がり伸長するように根を広げて植えてください。その後、苗の株元を軽く押さえ、さらに台や床の上でポットごとトントンとさせ土を落ち着かせます。

もし、根鉢ができてしまっている場合は、根鉢を軽くほぐしてから鉢上げしてください。根が鉢底でとぐろを巻いたようになっていたり、根鉢の表面が根で真っ白になっていると、新根の発生が遅れたり、根づきにくくなるからです。

このように**ポット上げのタイミングを見極め、根を傷めないように行いたいものです。**

ピンセットで根を傷つけないように間引きする

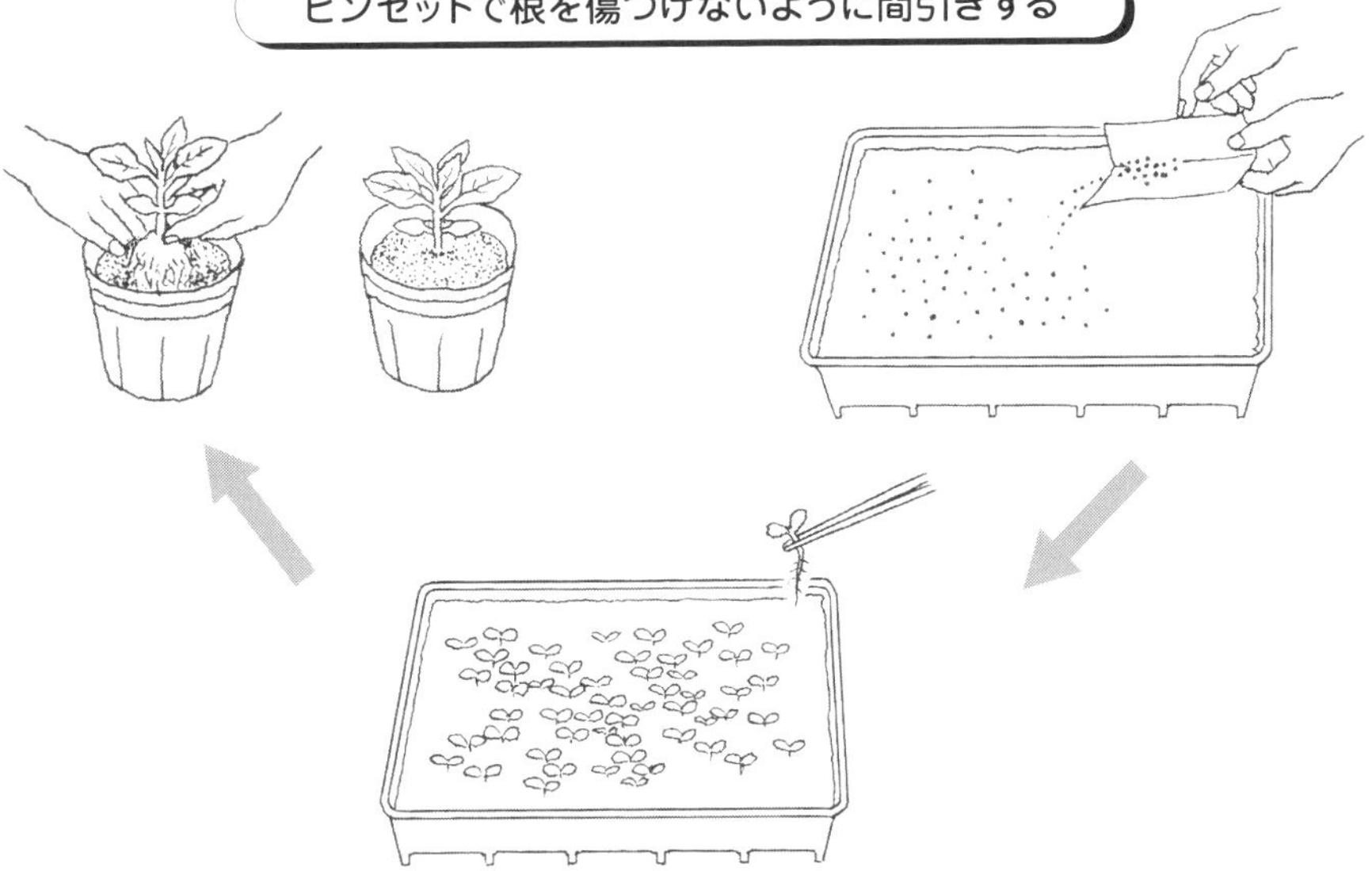

細かいタネは苗床にばらまきして、本葉が1 ～ 2枚のころにピンセットでそっと抜き、細いものや育ちが悪いものを間引く。本葉が3 ～ 4枚まで育ったら9㎝ポットに植え替える。

やや大きめの苗の移植

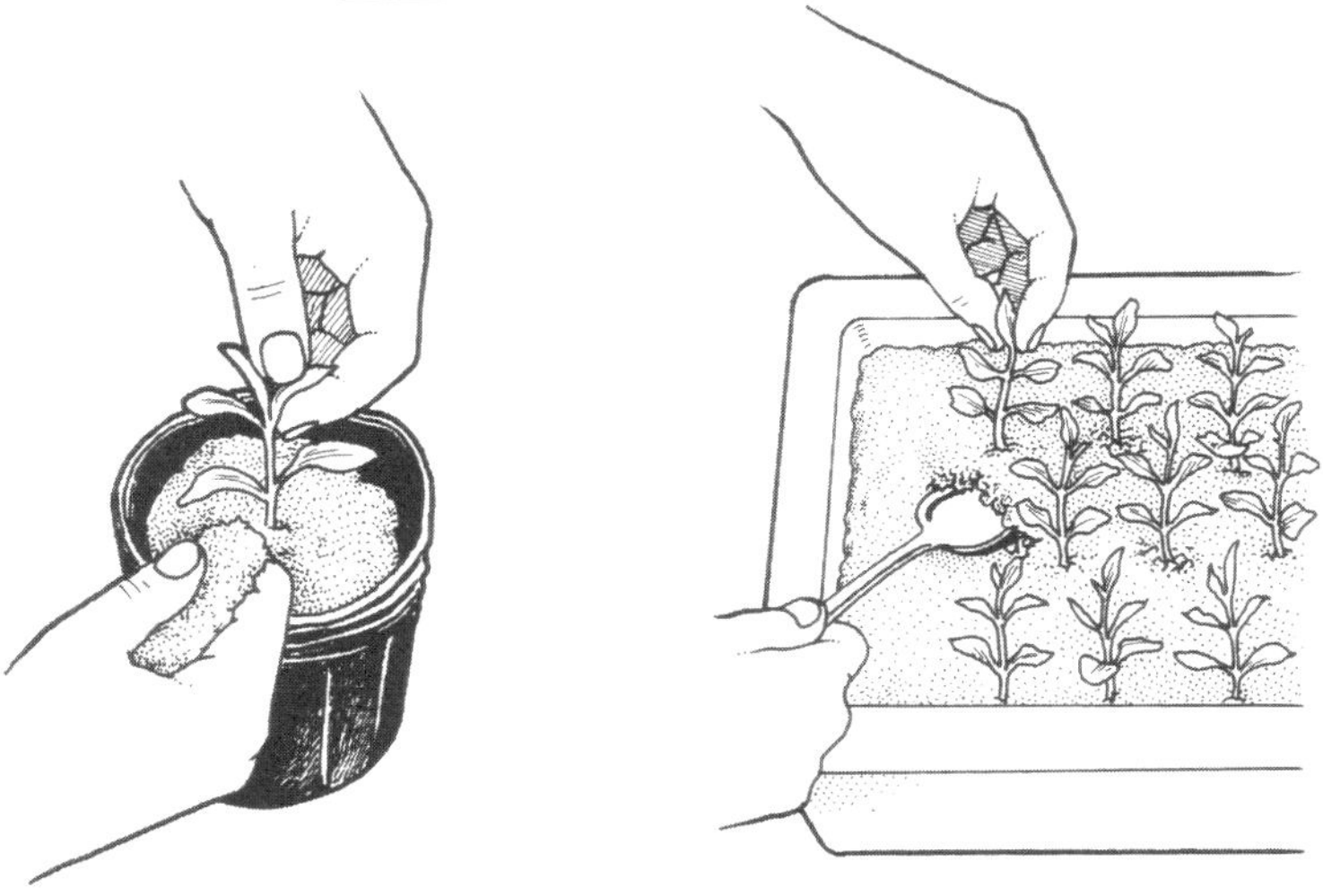

大きめのタネや挿し木苗などは、ある程度の大きさに育ってからスプーンなどで根を切らないようにそっと抜き取り、9cmポットに植え替える。

便利なタネまき資材にはどんなものがありますか

草花 樹木

これがコツ！ セルトレイやピートバン、ピートポットなど、根の負担を減らす資材を活用しましょう。

タネをまくときに便利な資材には、さまざまなものが開発されています。最近、タネまきによく利用されるセルトレイは、花壇苗生産用に開発され、自動播種機に合わせた規格で、小さな枠がつながったトレイです。この小さな枠をセル（細胞から由来）といい、それぞれの枠には鉢底にあたるところに穴があいています。

実際のタネまきでは、この一つ一つの枠に1～2粒ずつタネをまいていきます。このセルトレイ用に開発されたタネまき専用土に、商品名「メトロミックス」というものがあります。この用土はピートモスを基本にタネまきや実生の初期生育に適するように混合されています。

次に、微細なタネをまくために開発されたものが、ピートバンです。酸度が調整され、発芽後に必要な肥料を含んだピートを圧縮したものです。底面から吸水させるとピートバンがふくらみ、そこにタネをまきます。

同じようなものに圧縮ピートといわれるものがあり、こちらは直径4～5cmの円盤状に成型されたもので、これが連結されたプラスチック枠に入れられています（商品名「ジフィーセブン」）。この一つ一つの円盤状のピートにタネをまきます。こちらは大粒のタネに適した資材で、苗が大きくなれば、そのまま根を傷めないで移植することができます。

ピートを使ったものには、ほかに連結ピートポットやそのまま移植できる1鉢ずつのピートポット（商品名「ジフィーポット」）もあります。

その他、タネまき用には、育苗箱やポリエチレンフィルムからなるポリポットなども利用されます。まきたいタネの大きさや植物の根の性質に合わせて、これらのタネまき用資材を適宜選んで使い、タネまきの楽しさを味わってみてください。

ジフィーセブンの使い方

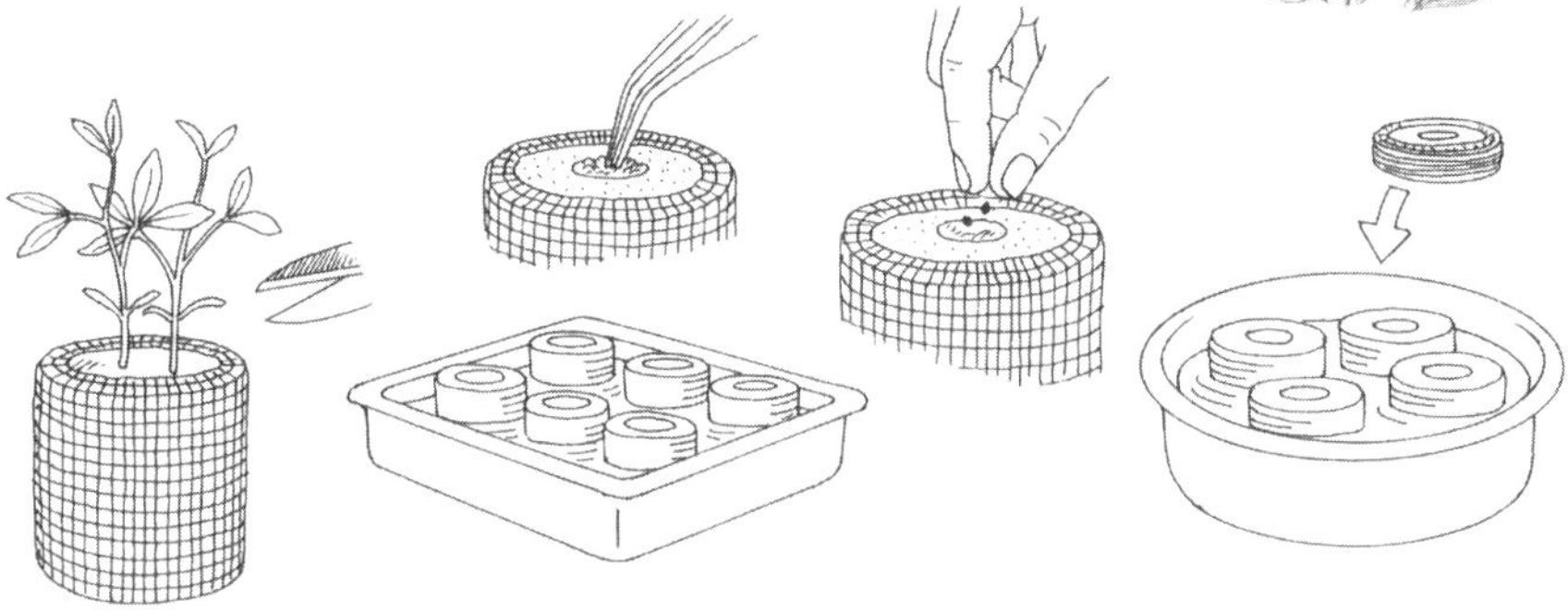

吸水させるとふくらんでタネまきポットになり、そのままタネまきできる便利な資材。バケツなどに水を張って静かにたっぷり水を吸わせ、十分にふくらんだら中央部にタネをまく。育苗トレイで乾かさないように管理し、発芽を待つ。

タネまき資材のいろいろ

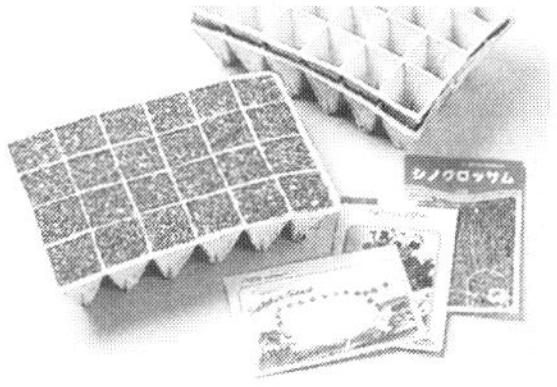

ピートバン
吸水で3倍にふくらみ、無菌なので初期生育での失敗が少ない。微細なタネをまくのに便利。

ジフィーポット
タネまきして、ポットごと定植できるため、根を切らずに育苗できる。通気性がよい。中に入れる用土はタネまき専用土を使うとよい。

紙製の連結ポット
連結しているので、トレイにのせて水やりなどの管理をするのに便利。定植時は、ハサミで切り離してそのまま土に植えられる。

草花 樹木

植えつけ場所は、どのように選んだらよいですか

これがコツ！

日なたと日陰、乾燥と湿潤など、適した環境を見極めることが大切です。

植えつけるときは植物の特徴により、**もっとも適する場所に植えたいものです。**おもな条件としては、日当たりと乾湿が重要です。日当たりのよいところを好む植物を陽生植物、日陰を好む植物を陰生植物と呼びます。それぞれの植物は別表のようになります。

乾湿については、ゼラニウムのように乾燥した条件を好むものと湿りがちな環境を好むインパチエンスなどの植物があります。**庭の中の日陰をつくる樹木の位置、東西南北の位置関係を考えながら植えつけます。**

また、地下水位の状況により、湿りやすかったり、乾燥しやすかったりしますので、よく見極めて植えつけたいものです。

どこに何を植えるのかを選ぶ際には、植える場所の土質も大きく影響します。**乾燥を好む植物は、水はけの悪い土質のところには植えたくないものです。**さらに、風通しも大事な要因となります。風通しが悪いと、どうしても湿りがちになります。

土質には、酸度も重要です。植物にはもともとの自生地に適応し、好む土の酸度は植物ごとに異なります。植物を植えつける際には、土の酸度も考慮しながら植えなければなりません。アルカリ性の土を好む植物では、石灰などでpHを調整してから植物を植えつけます。

冬に十分な光を必要とする半面、夏の日陰や涼しさを必要とする、山野草のような植物では、常緑樹の下は避け、落葉樹の下に植えつけます。たとえば、冬に葉を展開し、春先に花を咲かせるカタクリのような植物は、落葉樹の下に植えます。

一方で、環境への適応能力が高い植物もあります。不適な場所に植えられても、次第にその環境に適応することもできます。

それでも、**その植物本来の能力を発揮させるためには、適した環境条件の場所に植えたいものです。**

日当たり別の植物分類

陽生植物	アサガオ、カーネーション、ガーベラ、キク、コスモス、スイートピー、チューリップ、バラ、パンジー、ペチュニア、マリーゴールドなど
陰生植物	アジアンタム、アンスリウム、インパチエンス、ギボウシ、クンシラン、グロキシニア、コリウス、セントポーリア、センリョウ、ペペロミア、ポトスなど

クレマチスの咲くフェンスのミックスボーダー

フェンス沿いにクレマチスを、草丈が高く葉張りの大きなジギタリスはフェンスから少し離して間隔をあける。
草丈の低い草花は、手前に低いグラウンドカバーを、あとは徐々に草丈が低くなるように配置すると、すべての植物がキレイに見える。

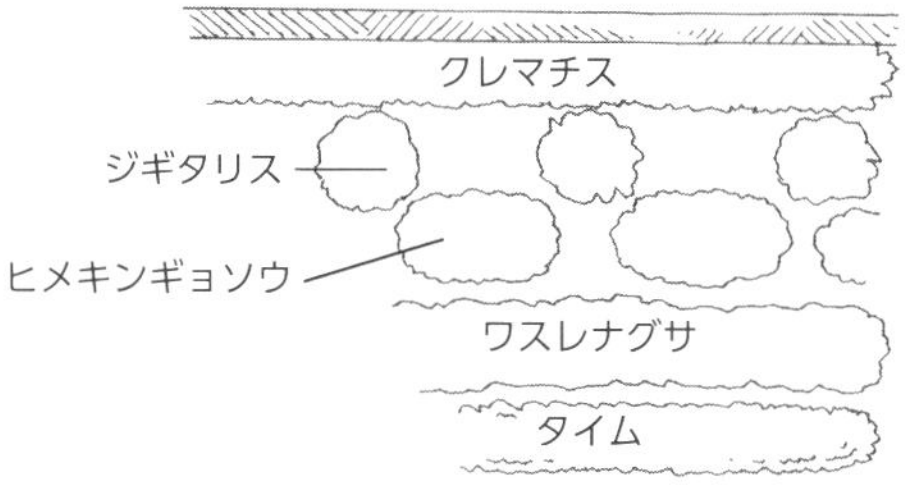
クレマチス
ジギタリス
ヒメキンギョソウ
ワスレナグサ
タイム

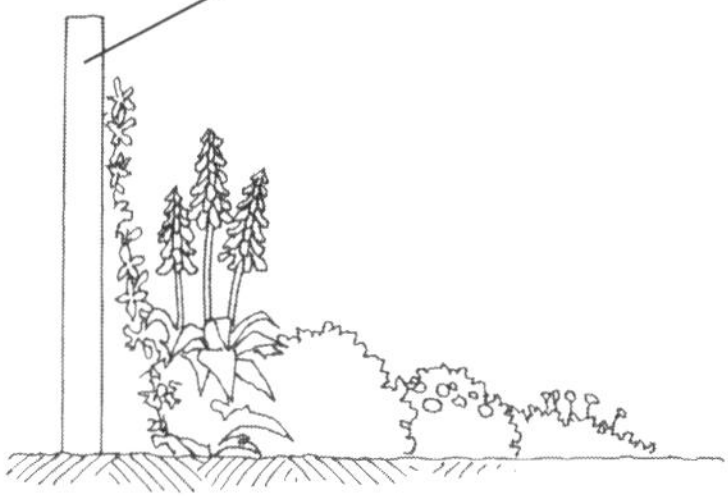
フェンス（トレリスなど）

植え穴は、深めに掘ったほうがよいのですか

草花
樹木

これがコツ！
土の中で新たに根を伸ばす場所がふかふかに耕されていれば、植物はよく生長します。

植えつけられた苗が健全に生長するには、根を伸ばすスペースが必要です。

しかし、植える植物の根群の大きさだけの植え穴では実際に根を伸長させるスペースの土は硬いままです。

また、土層・土質にもよりますが、底の土があまり肥沃でなく水はけもよくないこともあります。

そんなとき、**植え穴を深めに掘っておき、そこに有機物を入れ、土とよく混合しておくとよいでしょう。そのようにしておくことで、植えつけた植物から新たな根が伸長し広がっていくことができます。**

なんでもそうですが、狭いところに無理に押し込められるより、少しゆとりのあるところに植えられたほうが植物も気分がよいものです。

ただし、**穴を深く掘っても、植物を深植えしないようにしましょう。もとの株のレベルを維持し、植える植物の位置を決めるようにします。**

上手な苗の植え方の断面図

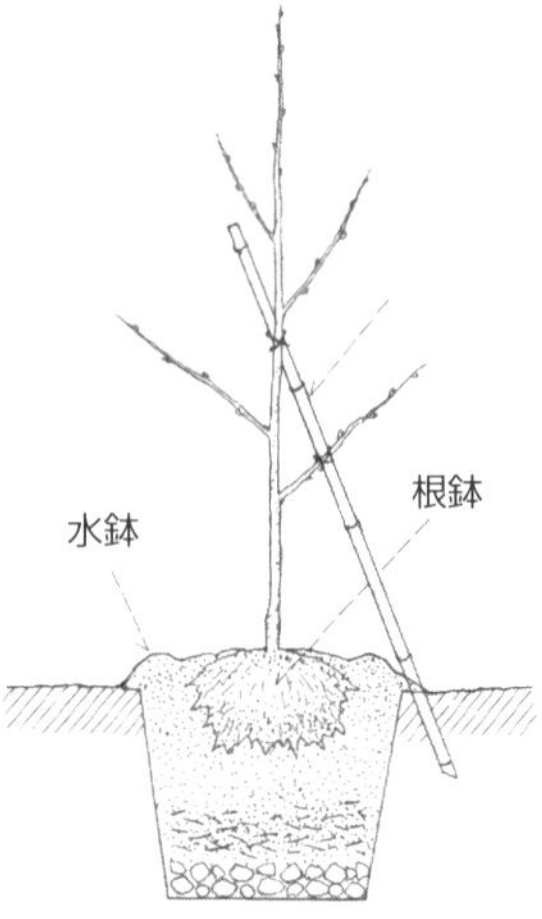

深く穴を掘って、下に肥料や有機物を入れ、根がしっかり張れるところをよく耕しておく。苗木は支柱で支えておく。

深く植え込むユリの球根

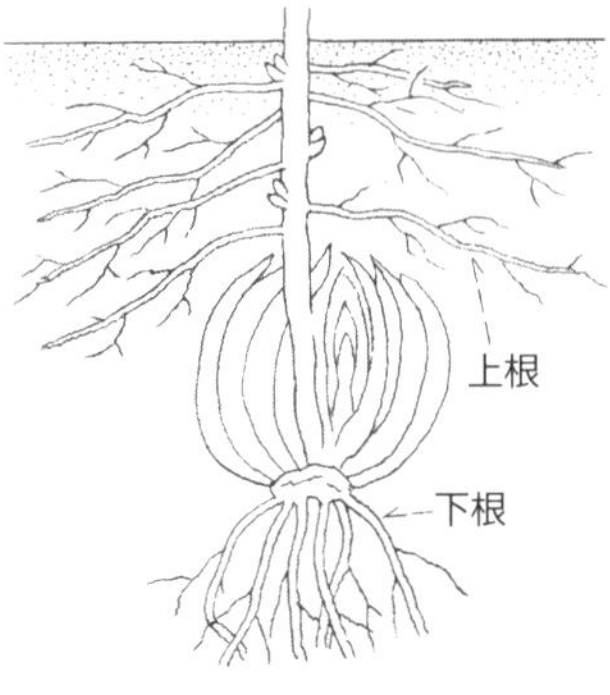

ユリは根が球根の上側と下側の両方に伸びるため、一般の球根よりもさらに深く植える必要がある。上根が張れる分だけ深く植える。

なぜ苗と土の表面を水平にして植えるのですか

草花 樹木

これがコツ！

根が土から出ることがなく、通気性不足で窒息状態にもならない、ほどよい位置にします。

どうしても深植えしなければならない植物を除き、通常、苗を鉢植えまたは地植えにする場合、苗の基部の位置を地面と水平になるように植えます。

浅植えにすると、上部の根が土の外にむき出しになったり、苗が浮いているため、鉢であれば移動するようなときにせっかく植えた植物が鉢から出てしまったり、地植えでは風雨などにより地面の上に出て傾いてしまったり、倒れたりします。

逆に深植えすると、酸素を欲しがっていた上部の根が窒息状態になったりします。

苗と地面を水平にして植えることで、土の表面と植えられた植物体とのバランスもよくなり、より観賞価値が高くなります。

いずれにしろ、苗は地面と水平にし、高さをそろえて植えつけないと、その後の植物の生育に悪影響を及ぼします。

苗の植えつけの鉄則

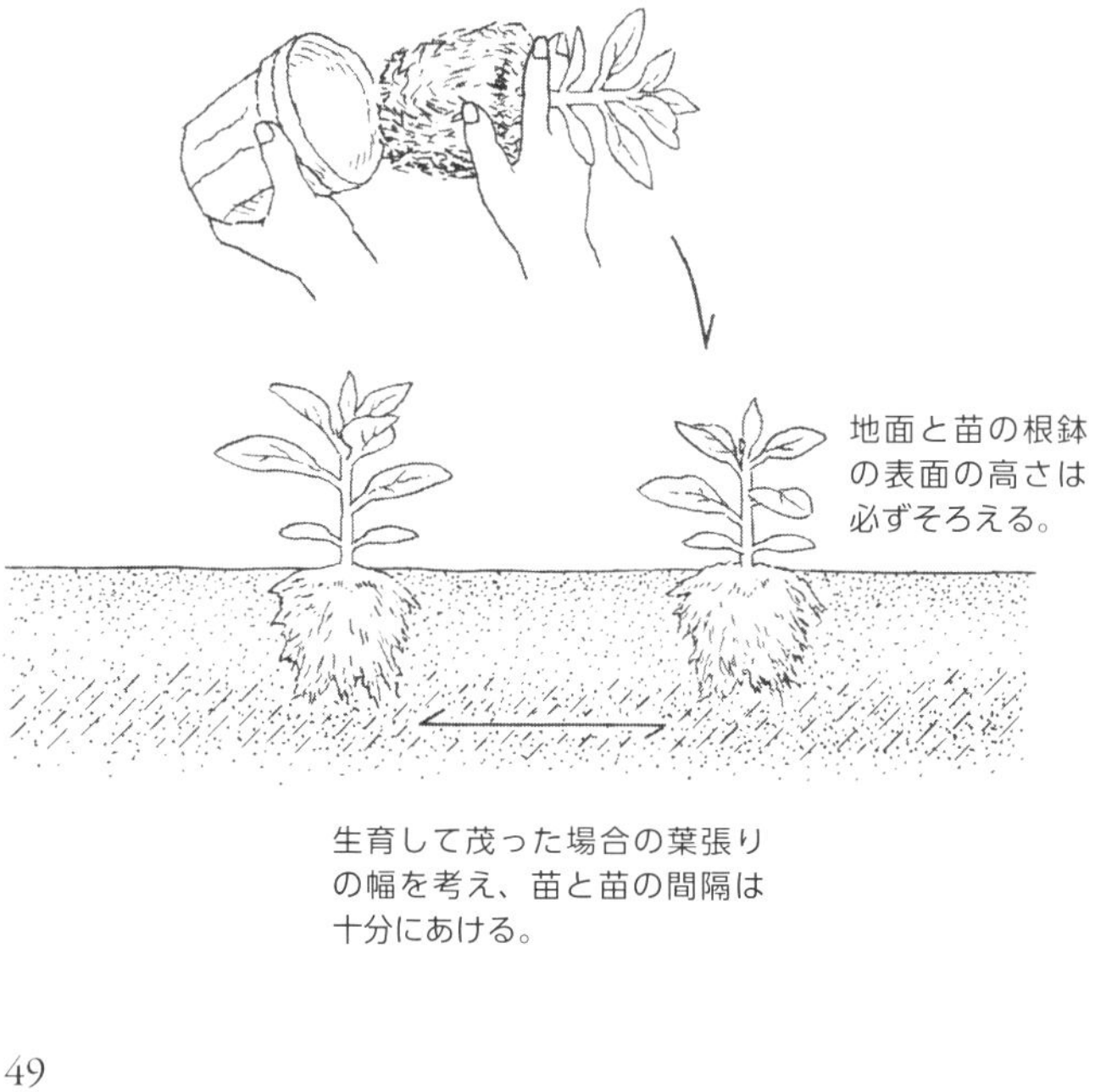
地面と苗の根鉢
の表面の高さは
必ずそろえる。
生育して茂った場合の葉張り
の幅を考え、苗と苗の間隔は
十分にあける。

根をほぐして植えるものと、そのまま植えるものがあるのですか

草花　樹木

これがコツ！　植物の種類や植えつける時期により、根をほぐすか、そのまま植えるかが異なります。

苗を地植えする際には、根が素直に伸びていくように軽くほぐして植えるのが、本来の植え方です。とくに、ポットで根づまりを起こしている苗では必須の作業です。

しかし、根を切るとダメージの大きな植物ではそういうわけにはいきません。根が傷みやすい植物の場合、根をほぐさずに、根鉢のまま植えつけます。

また、植えつける時期にもよります。植物が休眠している（生育を休止している）冬の時期であれば、根を少々傷めても、その後の生育にはなんら支障がないので、しっかりと根をほぐして植えつけます。

それに対し、植物が活発に生育している春から秋までの時期では、無理に根をほぐさず、そのままそっと植えつけます。

このように、植物の種類や植えつける時期によって、根の扱い方は異なります。

根がつまっていない苗の植えつけ

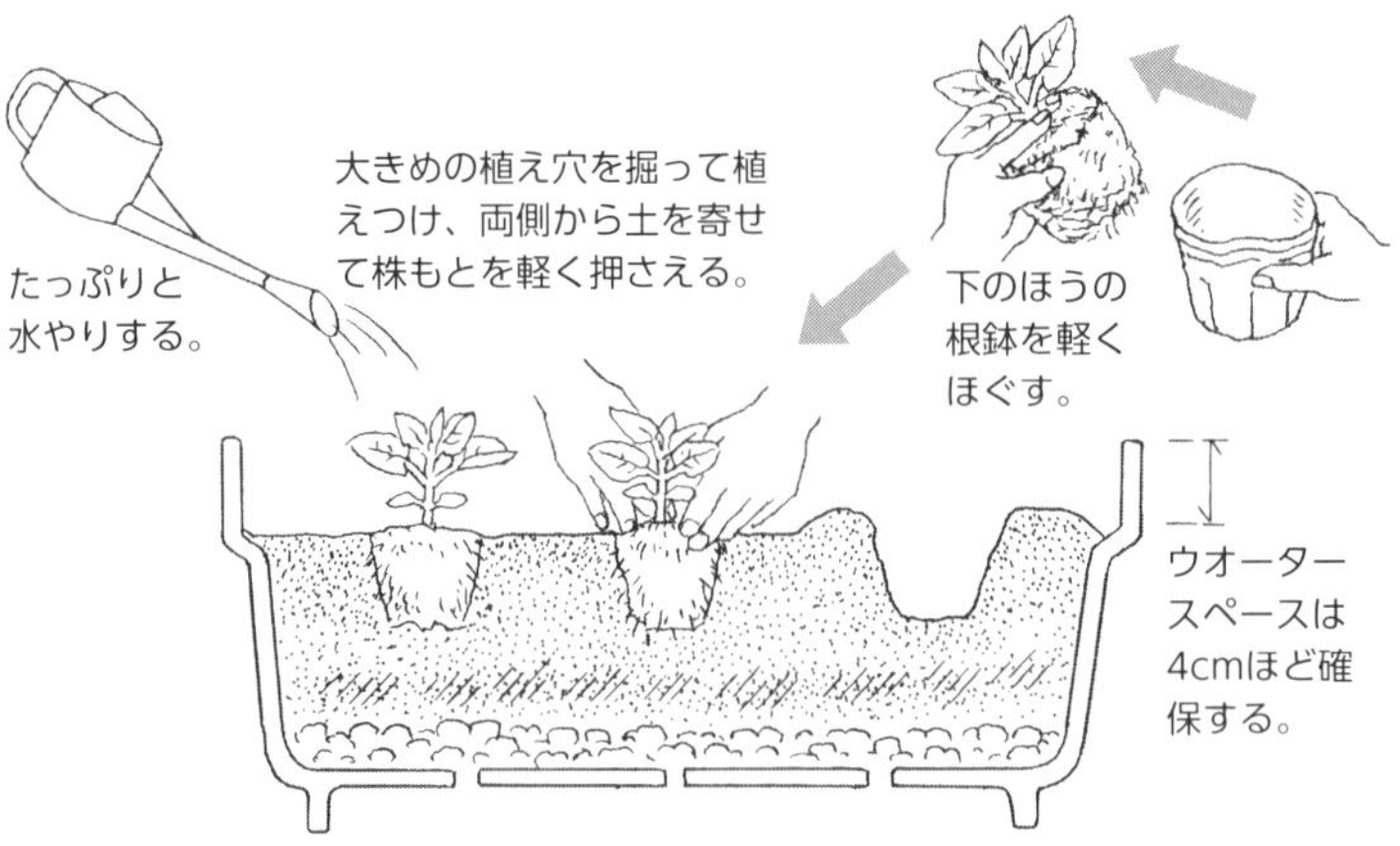
下のほうの根鉢を軽くほぐす。
大きめの植え穴を掘って植えつけ、両側から土を寄せて株もとを軽く押さえる。
たっぷりと水やりする。
ウオータースペースは4cmほど確保する。

Column

根のサークリングはとるべきか

ぐるぐると根がまわった苗をそのまま植えると、根腐れして枯れることがあります。

草花 樹木

鉢内で根が伸長し、鉢底に達すると根が伸びる場所を探すように根が鉢底の周囲を旋回します。そのことを根のサークリング現象といいます。

いわゆる根づまり状態になり、根が枝分かれできず木質化し、吸水できなくなります。このようになったら鉢替えしなければなりません。

一回り大きめの鉢を用意して植え替えます。このときにサークリング状態の根については切り取り、新しく新鮮な根が発生するようにします。

ただし、どの程度サークリング現象が発生するのかは、植物の種類により異なります。根が弱く、新たな根が再生しづらい植物では、無理に根のサークリングはとらずに、根を軽くほぐす程度にします。

また樹木では、休眠期には根をほぐしてもよいのですが、生育期には根を触られると、枯れたり傷むことがあるので気をつけます。

サークリング現象を起こしている苗の根をほぐす

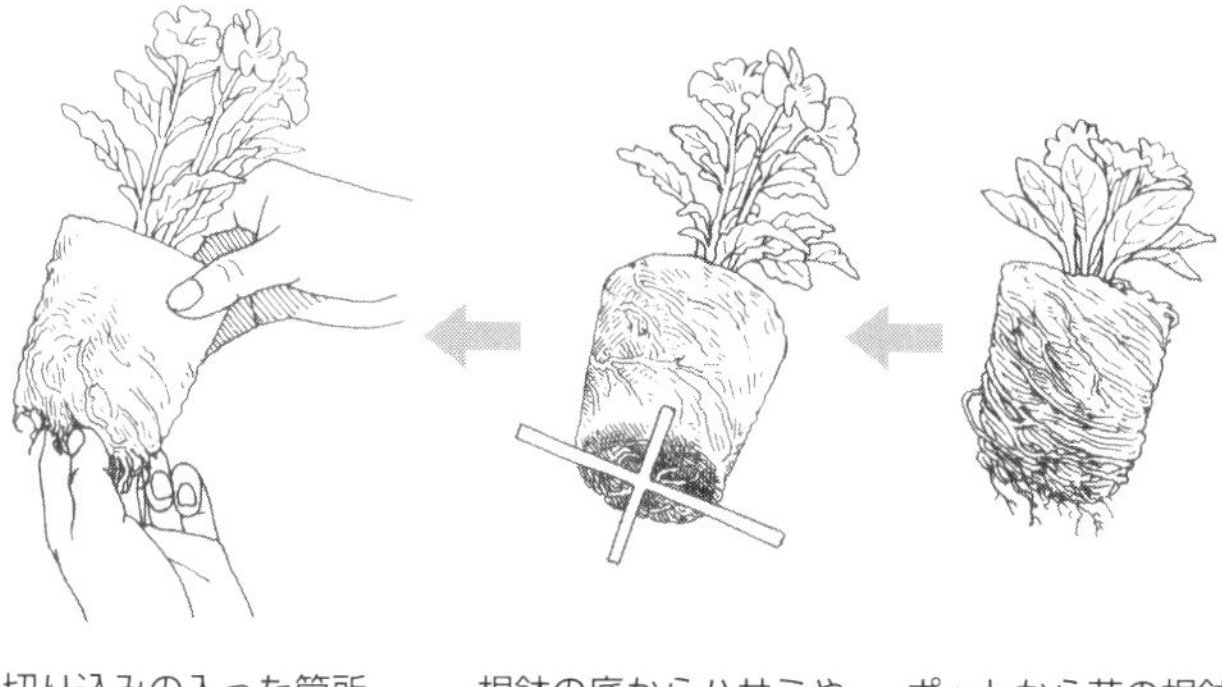

ポットから苗の根鉢を抜く。根がいっぱいになり、ぐるぐるまわって硬くなっている。

根鉢の底からハサミやナイフなどで十文字に切り込みを入れる。深く入れすぎないように注意。

切り込みの入った箇所から手でやさしく根をほぐし、固まっている部分は取り除く。

根が乾いたままで植え替えてもよいのですか

草花　樹木

これがコツ！

根は乾かすと機能を失って伸びなくなることがあるので、湿らせた状態で植え替えます。

植物を植え替えるときは、できれば、根を乾かさないで行いたいものです。根を乾かしてしまうと、それだけで根にストレスを与えることになり、根によっては、根そのものが機能を失ってしまう場合があります。

植え替える場所の日当たりがよかったり、風が抜けるような場所の場合には、湿らせた新聞紙で根の部分を包み、乾かさないようにして植え替えたいものです。

さらに、植え替えに使う用土には水をかけ、あらかじめ湿らせてから植え替えます。湿らせ加減は、水でべたべたになるほどはぬらさずに、軽く全体が湿っぽくなる程度にしておきます。また、冬の空気が乾燥しやすい時期には、根鉢に霧吹きなどで水をスプレーしておくか、ジョウロで水をかけておきます。

地植えにする樹木の場合は、植え穴に水をたっぷりと注ぎ、根と用土がうまくなじむようにします。

植え替え時に根を乾かさない工夫

根鉢に水分を含ませる
根鉢ごと、水を張ったバケツに静かに沈め、苗の重みだけでじっくり沈むまで吸水させる。手で深く沈めないこと。

土に水分を含ませる
植え穴を掘ったら水をたっぷり注ぎ、穴の表面の土に水分を含ませておく。穴全体に浸透するまで十分に水を注ぐ。

Column

植えつけ後の水やり

根は土が湿ったままでは伸びず、適度な乾湿が交互にくると発達します。

草花　樹木

植えつけ直後はたっぷりと水やりします。その後は、土壌表面が乾くまで水やりしないようにしましょう。土が乾くことにより、水を求めて新たな根を出し、土中に根を伸ばしていきます。土がいつも湿っていると、水を求めて根を伸長させる必要がないので、根は発達しません。しっかりとした新しい根を出させることにより、その後の生育も促進され、丈夫な株となります。

鉢植えであれば、鉢底にしっかり水が抜けるまで、たっぷりと水やりします。水が抜けることにより、鉢内の土壌粒子の間隙にある空気が入れ替わります。

水やりすることによって、酸素が豊富で新鮮な空気が鉢内に入ってきます。このことにより、根の呼吸が活発となり、植えつけ後の植物の速やかな活着を促すことができます。

植え替え後の鉢の中の状態

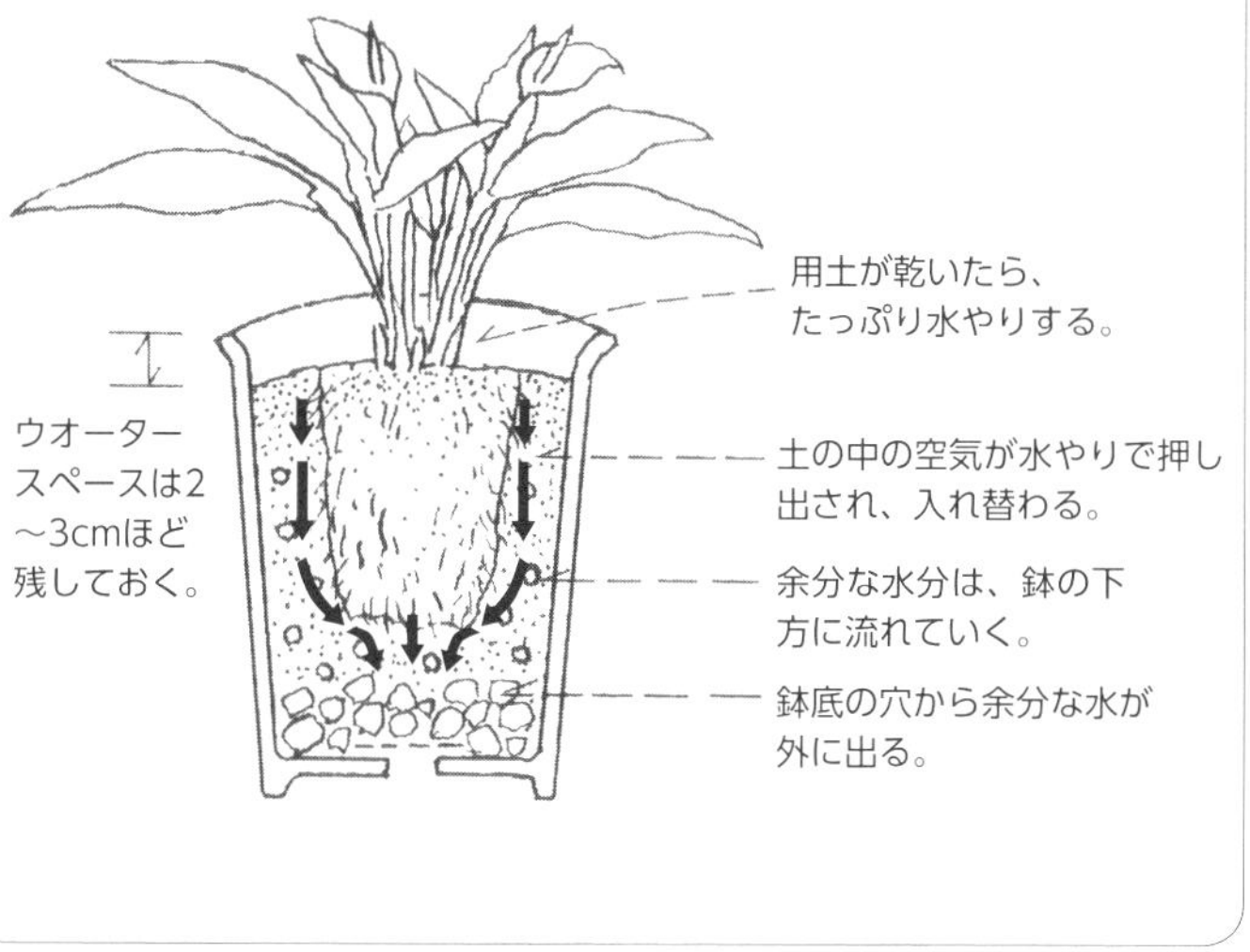
用土が乾いたら、たっぷり水やりする。
ウオータースペースは2～3cmほど残しておく。
土の中の空気が水やりで押し出され、入れ替わる。
余分な水分は、鉢の下方に流れていく。
鉢底の穴から余分な水が外に出る。

なぜ水決め法と土決め法があるのですか

樹木

これがコツ！

根鉢のまわりに水を注ぐのが水決め法、棒で根鉢のまわりに土を押し込むのが土決め法です。

樹木の移植では、樹木がうまく活着するように、根が土と密着しなければなりません。**植えつけ方法に「水決め法」と「土決め法」があり、よく行われているのが、「水決め法」です。**植え穴に樹木を据え、穴の半分から2／3ほど土を戻して水をたっぷり注ぎ、根と土をよくなじませます。水が引いたら残りの土で埋め戻し、軽く根もとを踏みつけ平らにします。最後は少し周囲を盛り上げて水鉢をつくります。**注いだ水と水鉢の水により、土と根鉢の間の空気が押し出され、根と土が密着します。**

それに対し、**「土決め法」では水を使わず、隙間に棒で土を押し込みながら樹木を植えます。**「水決め法」は、砂質性の土の場合は水が引いたあとに土が固まることもないのですが、黒土や粘土質の土の場合は、土が固まってしまうので、「土決め法」を行います。乾燥ぎみを好むコニファー類（針葉樹類）には、土決め法が適します。

水決め法による植えつけ方

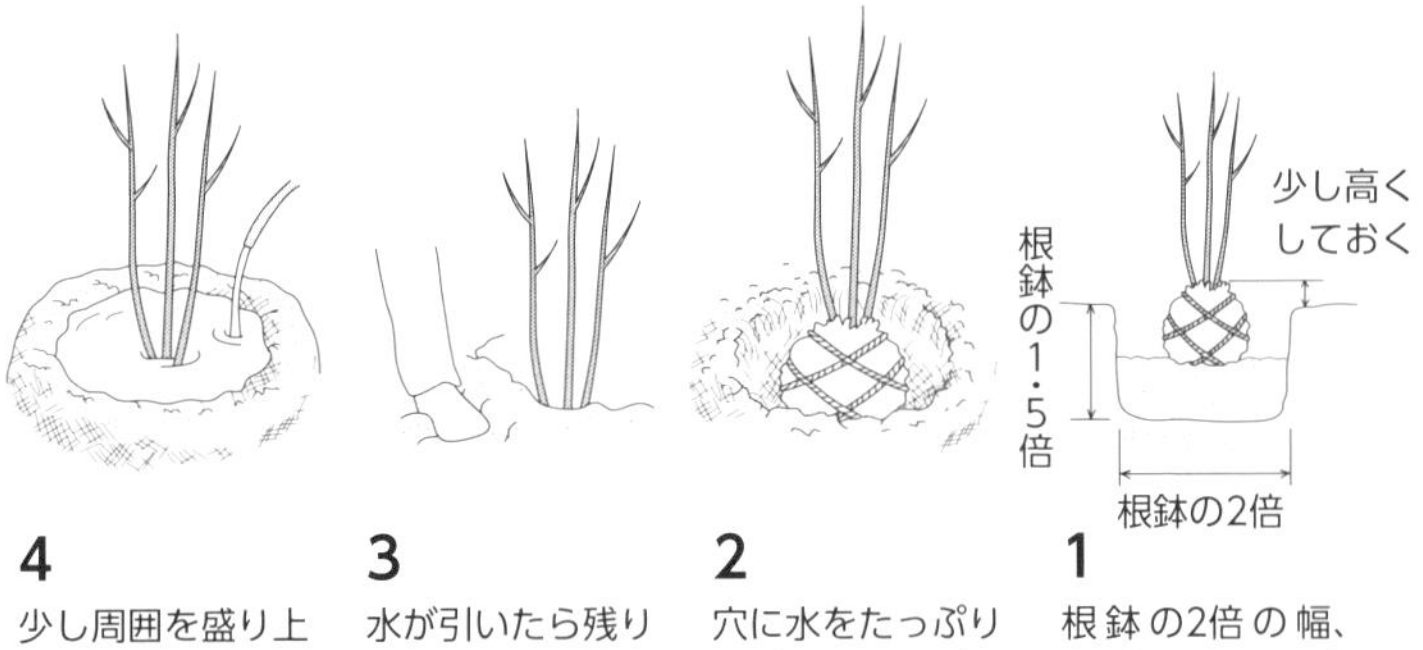

1
根鉢の2倍の幅、1.5倍の深さに穴を掘り、穴の1/2～2/3ほど土を戻す。

2
穴に水をたっぷり注ぎ、半分ほど埋め戻す。

3
水が引いたら残りの土で埋め戻し、軽く根もとを踏みつけ平らにする。

4
少し周囲を盛り上げて水鉢をつくっておき、水で根と土を密着させる。

Column

水鉢の役割

水の力で植えつけた土中の空気を入れ替えるため、一定量の水をためるのが水鉢です。

樹木

樹木の移植のときに、地表部の幹のまわりに、くぼみをつくり、水がたまりやすくしますが、このことを水鉢といいます。水鉢に水をため、その水が樹木と土の間にできた空間に土を入れ込んでいきます。水鉢をつくらないと、空間の空気を入れ替える量の水をためることができず、外へ水を流してしまうことになります。

移植後は根が切られ、傷ついていますので、根の吸水力も落ちています。根からの水分供給の減少に合わせ地上部の枝葉も少なくしておきますが、それでも吸水と葉からの蒸散のバランスが崩れ、地上部がしおれてくることがあります。それを防ぐためにも、あまり根を乾かしたくないものです。

水鉢をつくっておき、樹木が活着するまでの間、乾かないようにときどき水鉢に水をためて、根に水を浸透させます。

水鉢のつくり方と使い方

水鉢の中に水を注ぎ、中の苗木を揺すって根鉢と周囲の土を密着させる。

植え穴の周囲に土を盛り、土手を築く。これが水鉢。

苗が育ちやすくなるテクニックには、どんな方法がありますか

草花 樹木

これがコツ！

活力剤の施用、サークリングの切除、支柱に固定、フレーム保護などがあります。

苗を手に入れたら、できる限り上手に育てたいものです。苗が育ちやすくなるために、さまざまなテクニックがあります。

①**活力剤を施用**します。微量要素やビタミン類を含んだ植物活力剤に根鉢を浸してから植えつけます。一般には、原液を水で希釈して使用します。根の伸長を促進したり、植え替え時のダメージを回復、軽減する効果があります。

②**根鉢のサークリングをかき取ります**。このことにより、根づまりから解放され、新たな根の伸長により地上部の生育も促されます。サークリングができていなくても、鉢底の根鉢は、根が下を向くように、軽く広げておきます。

③苗を植えつけたら、**支えとして支柱などで苗を固定します**。植えつけたばかりでは、根もしっかり張っておらず、風にあおられることもありますので、しっかり固定する必要があります。

④植えつけたら、**手で地面を軽く押さえてから水やりし、土と根をしっかり密着させます**。そうすることにより、苗がぐらつかないようになり、活着も早めることができます。

⑤植えつけ後、**数日は半日陰におき、肥料は施用せず、風にも当てないようにしましょう**。日なたにおくと葉からの蒸散量が多くなり、根からの吸水量が足りなくなって植物がしおれてくるかもしれません。植えつけ後は、根も傷がついたり、切られたりしていますので、根腐れを防ぐためにも、肥料はしばらく施用しません。また、風に当たると蒸散量がふえたり、苗をぐらつかせることにもなります。

以上のような方法の中で、どれか一つでも、また、組み合わせて試してください。できるだけ、りっぱな株に仕立て、花や実をつけて楽しみたいものです。

苗を育てやすくするテクニックのいろいろ

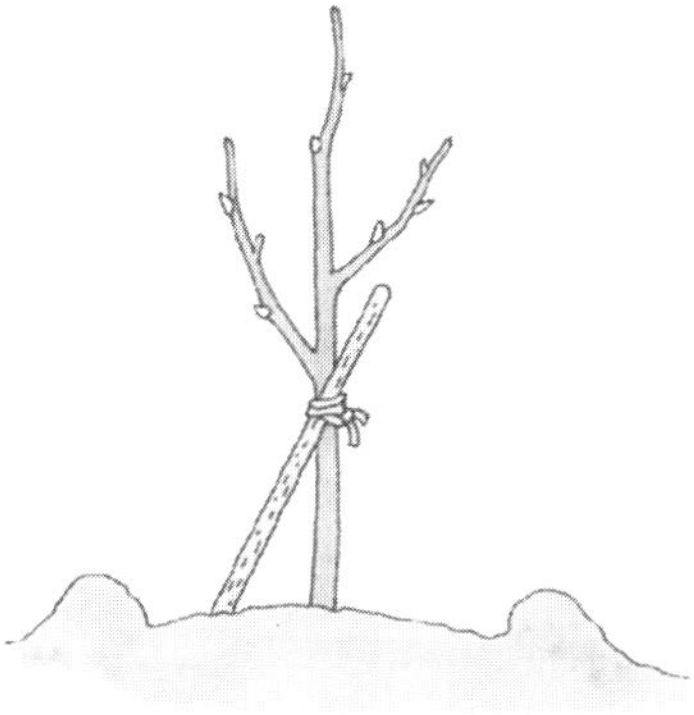

苗木は支柱で固定する

支柱などを斜めにしっかり立てて固定し、風などで苗が揺れたり倒れたりしないようにする。

活力剤の応用

植えつけ前に、活力剤を希釈した水に根鉢ごと浸すと、根が早く活着する。

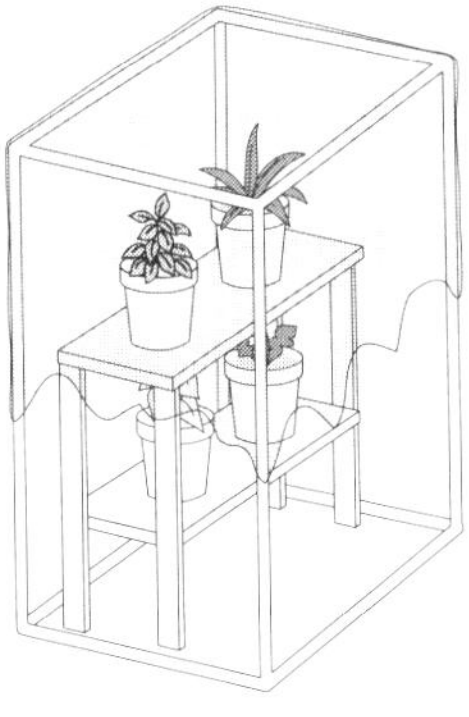

植えつけ直後はフレームで保護

根が傷んでいるので、日なたにおいたり、風に当てると蒸散量が多くなる。半日陰で風がない場所に。

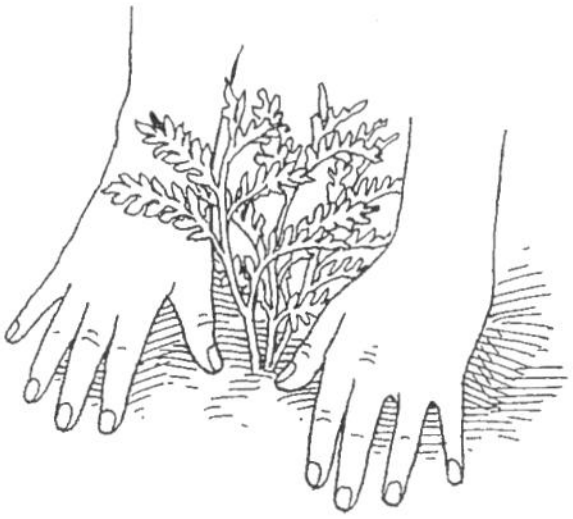

土を押え根を土になじませる

手で地面を軽く押さえてから水やりし、土と根をしっかり密着させる。苗がぐらつかなくなり、活着が早まる。

根鉢のサークリングをとる

硬く根づまりしてぐるぐるとまわった根を取り除き、根鉢を軽くほぐす。

なぜ植えつけ、植え替え後は風に当ててはいけないのですか

草花　樹木

これがコツ！　**根が傷んでいるときは、風に当てないようにします。風で蒸散が進むとしおれてしまいます。**

植えつけ、植え替え後は、根が切られたり、傷がついていています。そのため、根を強く切りつめた場合などは、地上部の葉が少なくなるように、枝を少なくしたり、葉を除去したりします。これは、根からの吸水量が減り、葉からの蒸散量とのバランスが悪くなることによる地上部のしおれを防ぐために行うのです。**植えつけ、植え替え後に風に当てるとより蒸散が促進されます。そのことにより、さらに根の吸水量とのバランスが悪くなり、地上部はしおれてきます。**

また、植えつけ後は根が土にしっかり張っていないので、風で植えつけた苗が傾いたり、強い風だと土から根が起こされたりします。速やかな活着のためには、しっかりと支柱に固定しておきたいものです。

さらに風で葉がこすれ合って傷がつくと、そこから枯れ込んだり、病気になる場合もあります。活着するまでは、あまり風に当てないようにしましょう。

植えつけ後の上手な管理

おき場所
冬などはよく日が当たる窓辺などで管理し、その後、春になったら屋外に出すとよい。

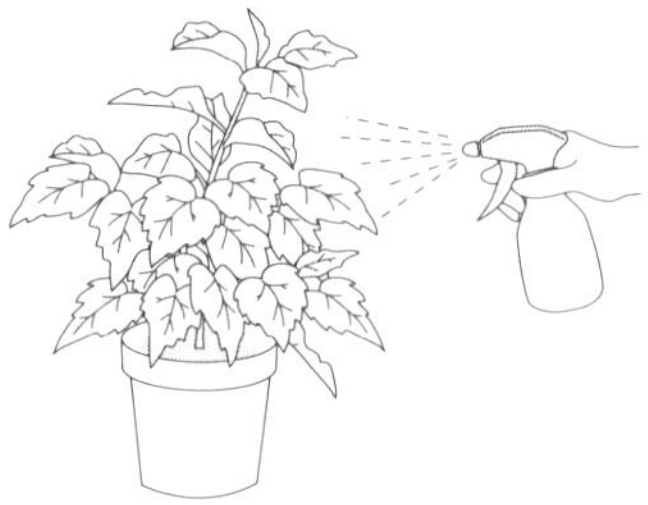

水やり
観葉植物などは、葉水を霧吹きで与え、葉からの蒸散を防ぐ。

日差しや風、暑さや寒さから苗を守る工夫

寒冷紗
おもに日よけに使い、温度や害虫も防ぐ効果がある。白色、黒色、銀色などさまざまな色と素材がある。

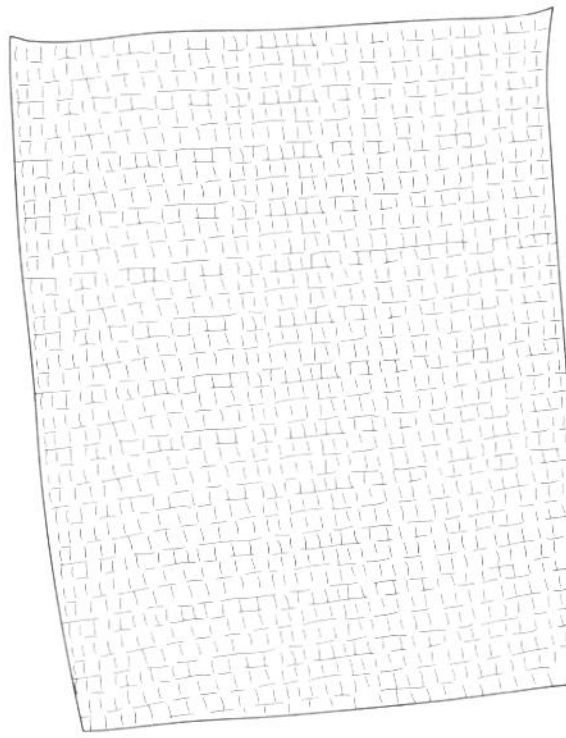

トンネル
霜や寒風、強い日差しや害虫から守る。ビニールが多いが、不織布やネットも使われる。日中は換気が必要な場合もある。

苗キャップ
トンネルの個別タイプ。日中は暑くなりすぎることがあるので、換気が必要。

球根はいつ購入したらよいのですか

草花

これがコツ！

秋植え球根は9月下旬ごろから、春植え球根は3月中旬ごろから購入すると安心です。

秋植え球根は、通常は10月上旬から11月上旬に植えつけますので、**9月下旬ごろから購入します**。あまり早く、たとえば9月上旬だと、まだ残暑が厳しい時期でもあり、購入後、植えつけるまでに時間があります。

適度な低温貯蔵庫や涼しい部屋がない場合は、あまり早く購入しすぎないことです。

逆に春植え球根は、おもに亜熱帯、熱帯産ですので、あまり寒い時期には購入しないほうがよいでしょう。

植えつけ時期は植物により異なりますが、**3月下旬から6月ごろなので、春のお彼岸ごろから植物の種類に合わせて、球根を購入します。**

ユリの球根などを早めに購入した場合は、植えるまでの間、清潔な川砂やバーミキュライトなどの人工培地に埋めて軽く湿気を含ませ、乾かないようにします。

植えつけ時期を考えながら、状態のいい球根を購入したいものです。

球根の植えつけ時期と植えつける深さ

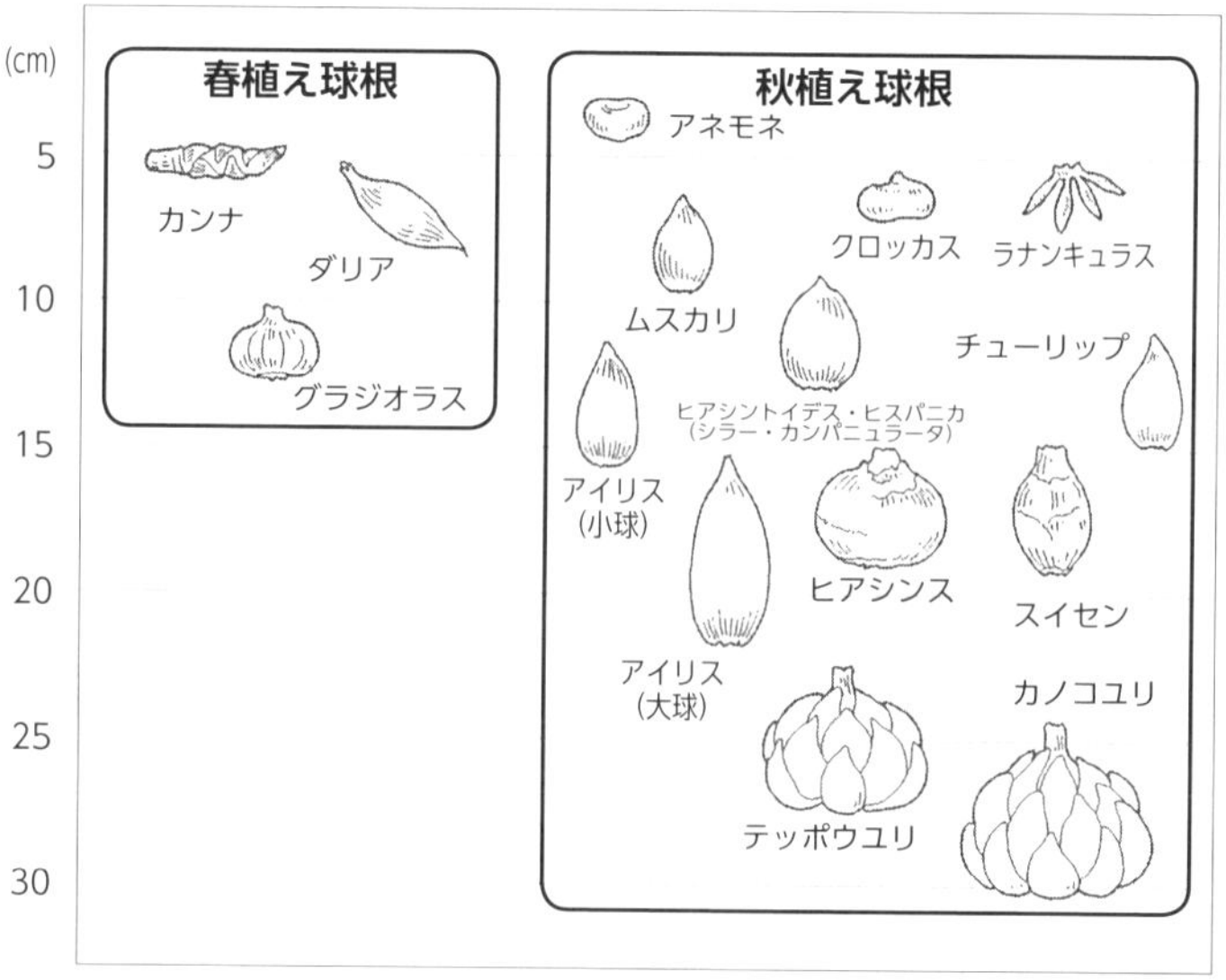
(cm)
5
10
15
20
25
30
春植え球根
カンナ
ダリア
グラジオラス
秋植え球根
アネモネ
クロッカス
ラナンキュラス
ムスカリ
チューリップ
ヒアシントイデス・ヒスパニカ
(シラー・カンパニュラータ)
アイリス
(小球)
ヒアシンス
スイセン
アイリス
(大球)
カノコユリ
テッポウユリ

Column

よい球根、悪い球根の見分け方

よい球根を植えれば、ほぼ花が咲きますが、悪い球根では開花しないことがあります。

球根は中身が充実し、重みがあり、傷や病害虫のついていないものを選びます。特に発根部や芽の部分の傷や病害虫に気をつけてください。

チューリップでは外側に乾いた褐色の外皮がありますが、この外皮がはがれてないものを選びます。ユリの球根では、もともとこの外皮がありませんので、そのままでは球根が乾燥してしまいます。そのため、通常はおがくずやバーミキュライトなどとビニール袋に入れ、湿度を保たせて売られています。むき出しの状態で売られている場合は注意したいものです。

また、球根が大きくても2～3個に分かれている（分球）しているものも要注意です。分球していると、それぞれの球根は大きくなく、花が咲かなかったり、咲いても小さな花であることが多いからです。重くて、病害虫の痕跡のないものを選びましょう。

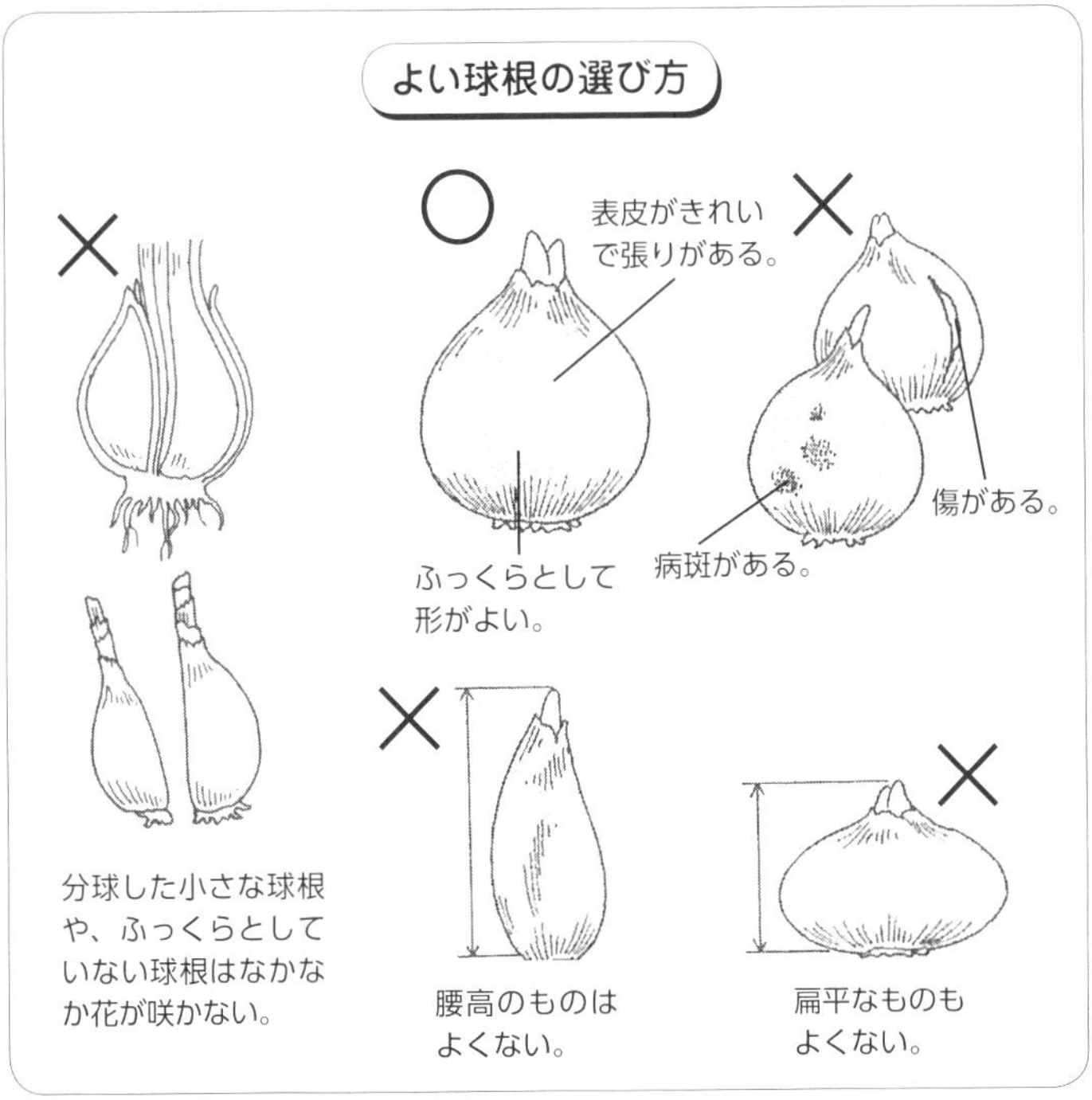
よい球根の選び方
○
表皮がきれいで張りがある。
ふっくらとして形がよい。
×
傷がある。
病斑がある。
×
分球した小さな球根や、ふっくらとしていない球根はなかなか花が咲かない。
×
腰高のものはよくない。
×
扁平なものもよくない。

草花

なぜ掘り上げる球根、植えっぱなしの球根があるのですか

草花

これがコツ！

春植えは冬の寒さに、秋植えは高温多湿に耐えられるものは植えっぱなしにします。

春植え球根と秋植え球根では異なりますが、開花、結実後の気候に耐えられない場合は掘り上げ、耐えられる場合は植えっぱなしにします。

春植え球根の場合、夏に開花し、その後の冬の低温に耐えられない（耐寒性がない）植物の場合は掘り上げます。耐寒性がある場合は植えっぱなしにします。

秋植え球根の場合、春の開花後、真夏の高温多湿に耐えられるかどうかで決まってくることになります。

一般に、秋植え球根には地中海沿岸地域を原産地とするものが多く、地中海沿岸の気候は冬雨気候ですので、雨の降る間に生育します（葉を出し、開花する）。初夏から秋まではほとんど雨が降りませんので、その間は球根に貯蔵されている養水分のみで休眠しながら生きています。この**休眠期間中に降雨や高温によって生育への影響を受ける球根植物は、掘り上げなければなりません。**

この休眠期間中に降雨や高温による影響の少ない、クロッカス、ムスカリ、スイセンなどは植えっぱなしにします。

掘り上げなければならない球根を適期に掘り上げられなかった場合、地上部が枯れて茎が抜けてしまい、茎跡の穴に雨水が入って、球根が腐ってしまう場合があります。もし、最初から植えっぱなしにするなら、早めに地上部を取り除き、茎跡の穴ができないように覆土しておきましょう。

球根全般に関係することですが、開花し終わったら、タネができる前に花を摘みましょう。実をつけたままにしておくとエネルギーを消耗してしまい、次年度に向けて球根を太らすことができません。さらに植えっぱなしの球根では、花を摘んで残った葉は、黄色くなるまでそのままにしておきましょう。

花壇では見苦しいかもしれませんが、翌年のことを考え、残った葉でエネルギーを蓄えさせましょう。

植えっぱなしにできる球根

アイリス、アマリリス、オキザリス、カンナ、クロッカス、原種系チューリップ、シラー、スイセン、スノードロップ、スノーフレーク、タマスダレ、チオノドクサ、ハナニラ、ヒガンバナ、ムスカリ、ユリなど

スイセン

ハナニラ

ヒアシントイデス・ヒスパニカ
（シラー・カンパニュラータ）

スノードロップに適した植え場所

落葉樹の樹冠の下で、夏には涼しい木陰になり、晩秋から早春に日のよく当たる場所が適している。地面から5 ～ 8cm下に球根が埋まるようにし、とがったほうを上に向けて植えつけ、腐葉土などで地表をマルチングする。

掘り上げた球根の保存はどうしたらよいのですか

これがコツ！

秋植え球根は涼しい日陰に、春植え球根は低温を避けて保存します。

草花

掘り上げた球根は休眠状態に入っているか入ろうとしています。**休眠を覚まさせないような環境条件下においておく必要があります。また、休眠中に腐敗しないような条件がいります。**

秋植え球根であれば、盛夏に蒸れない涼しい日陰が適しています。春植え球根では、高温条件に適した亜熱帯、熱帯産のものが多いので、**球根の保存には凍るような低温を避けなければなりません。**そうだからといって暖める必要はありません。暖めると、休眠しているといっても呼吸をしていますので、エネルギーを消耗してしまいます。

実際に**掘り上げた球根は十分に乾燥させ、ネットなどの袋に入れて、風通しのよい日陰の軒下などにおきます。ただし、ユリ、フリチラリア、ダリア、カンナなどは乾燥に弱いので、おがくずやバーミキュライトなどの中に球根を入れて保存します。**

チューリップの球根を保存する

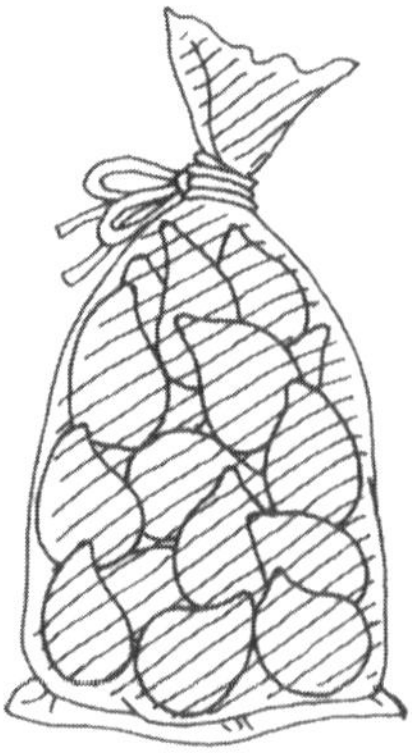

花がらを切り、葉が茶色くなるまで育てたら掘り上げる。古くなった親球や根を取り除き、ふっくらと大きく育った球根をはずす。ネットに入れて風通しのよい日陰でつるして乾燥させる。

Ⅲ章

肥料・水やり

水やりは、栽培管理の中でも、もっとも日常的であり、
同時にとても大切な作業で、かんたんそうに見えますが、
実は奥深い秘訣があります。
肥料は適期に適量がよく、多く与えすぎると、
かえって枯れることがあるので注意します。

なぜ植物には肥料が必要なのですか

これがコツ！

タンパク質や酵素を構成する窒素、リン、カリなど数多くの要素を肥料から吸収します。

草花 樹木

植物は動物と異なり、食べ物を求めて動き回ることができません。そのため、生命を保ち、生長するための養分は自分でつくらなければなりません。養分をつくる働きが光合成です。炭酸同化ともいい、炭酸ガス（二酸化炭素）と水から光エネルギーを利用し、酸素と炭水化物をつくります。この植物がつくり出す炭水化物を動物は食料としているのです。

しかし、**植物も炭酸ガス、水および酸素だけで生きていくことはできません。植物体をつくるため、他の養分も必要とします。タンパク質や酵素の構成要素である窒素、リン、カリなど数多くの要素をほかから供給されなければなりません。それらの要素は土から根により吸収されます。**

ただ、どんな土にもこれらの必要とされる養分が常にあるわけではありません。**土の種類により特定の養分が足りないのが通常です。そのため、それらの養分を補給しなければなりません。特に三大要素といわれる窒素、リン酸、カリを含む、多量必須要素は不足しがちです。植物が生育している間は常に肥料として施用しなければなりません。**

このように植物は炭酸ガスと水から植物体を構成する炭水化物を合成するものの、**タンパク質や酵素などの構成要素は根から肥料として供給される必要があります。**

植物に必要な三大要素

三大要素の働きは図のとおり。不足すると、植物は健全に生育できず、衰弱したり病害虫に侵されやすくなる。

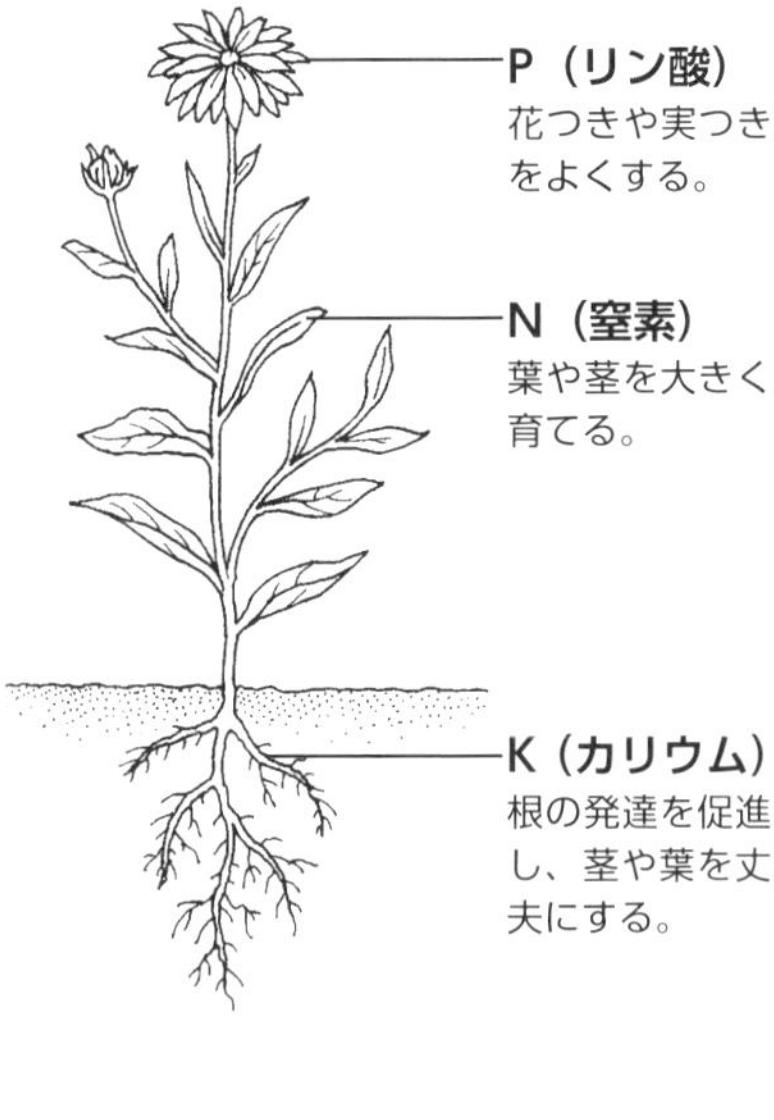
P（リン酸）
花つきや実つきをよくする。
N（窒素）
葉や茎を大きく育てる。
K（カリウム）
根の発達を促進し、茎や葉を丈夫にする。

Column

植物に必要な微量要素

三大要素のほかにも、人のビタミン類にあたる微量要素が必要です。

草花 樹木

植物には、三大要素である、窒素、リン酸、カリを含む多量必須要素と、多量には必要ではないが、なくてはならない成分としての微量必須要素が生きていくために必要です。

多量必須要素には、三大要素以外に、炭素、水素、酸素、カリウム、カルシウム、マグネシウム、イオウがあります。微量必須要素には、鉄、マンガン、銅、亜鉛、ホウ素、モリブデン、塩素があります。微量要素はヒトにとってのビタミン類のようなもので、微量しか必要ではありませんが、植物には不可欠です。なかでも、鉄やマンガンは植物の酸化還元に関わる重要な生理作用に必要な要素です。有機物を多く含んでいる土では、微量要素の欠乏が起こることはあまりありませんが、土壌酸度が偏っていたり、連作などが原因で微量要素の欠乏症が起こります。欠乏症は通常、新芽や新葉に表れやすく、葉が黄化したり、変形、萎縮していると要注意です。

このように微量しか必要ではありませんが、ないと生育に支障をきたす成分があります。

代表的な微量必須要素とその働き

マンガン

葉緑素の生成、光合成促進に重要。呼吸作用に必要な酸化酵素の作用を促進し窒素の代謝、炭水化物の同化及びビタミンCの形成に関わる。欠乏すると葉脈間が黄化する。

ホウ素

細胞分裂、花粉受精および窒素、カリ、カルシウムの吸収を助ける。また、導管を保護し、水分代謝をよくする、欠乏すると葉や茎がこわばり、先端部は黄化して生長が阻害される。

鉄

葉緑素の形成に関係する微量元素。植物体の中では移動しにくい。欠乏すると葉が黄色く変色し、進行すると新芽が小さくなったり萎縮したりする。

なぜ肥料にはいろいろな種類があるのですか

草花 樹木

これがコツ！

速効性のある化成肥料、じっくりと効く有機質肥料など用途に合わせて使い分けましょう。

肥料にはその構成成分、効き方、形などによりさまざまな種類があります。植物の種類により要求する養分の種類、各成分の割合も異なりますので、それに合わせ、いろいろな肥料がつくられ、販売されています。**速効性肥料か緩効性肥料のように肥料の効き方による違い、液肥か固形肥料の形状による違い、自然の動植物素材そのものやそれらをもとに発酵させつくられる有機質肥料か化学的に合成された化学肥料かの違いなどがあります。**

化学肥料には、硫安（硫酸アンモニウム、アンモニア態窒素肥料）、硝安（硝酸アンモニウム、硝酸態窒素とアンモニア態窒素を含む）、硫酸加里（硫酸カリウム、カリウム肥料）、尿素（尿素態窒素）などがあります。このような**化学肥料をもとに三大要素（窒素、リン酸、カリ）のうち2成分以上を含むように化学的に合成されたものを化成肥料と呼びます。市販されている化学肥料のほとんどが化成肥料です。**

化成肥料には3要素以外の成分も含んでいますが、通常、その表記には3要素の成分割合が書かれています。たとえば、8-8-8と書かれていると、窒素、リン酸、カリが8％ずつ含まれているということになります。

窒素は、植物が葉や茎をつくるために必要で、植物が大きくなるために欠かせないことから葉肥《はごえ》と呼ばれています。リン酸は、植物の体を構成するのに欠かせないもので、花つきや実つきをよくすることから花肥《はなごえ》、実肥《みごえ》とも呼ばれています。カリは、植物細胞の細胞壁を強くする効果があり、植物が徒長することを抑え引き締めます。カリ肥料は根の発達を促すので、根肥《ねごえ》とも呼ばれます。

植物が生育段階のどの時期にあり、どのように生育させようとしているかで、それに合わせ3成分の割合を調整した肥料を用いることになります。

また、**化成肥料は、有機質肥料とは異なり、無機的**

な成分がそのまま含まれていますので、植物に吸収されやすく、施肥の効果が早く表れます。そのため、化成肥料は速効性が高く、短期間で肥料成分がなくなってしまうということになります。

このような肥料について効き方を遅くなるように加工したものに、緩効性の化成肥料があります。肥効の持続期間も2〜3ヵ月から1年以上のものまでさまざまで、植物の生育期間に合わせて使用します。ちなみに家庭用肥料には、緩効性のものが多くあります。

以上のように、その用い方により、また、植物の生育に合わせるため、さらには植物の種類ごとの成分要求性を考え、じつにさまざまな種類の肥料がつくられ、販売されているのです。最近では、特定の植物用として限定された肥料がずいぶん売られるようになりました。

これらの肥料を効率よく使いこなすには、たとえば、厳冬期に与える寒肥には有機の油かす主体の固形肥料、高温多湿でカビが生えやすい春から秋には液肥を主体にした施肥に切り替えるなど、育てる植物によって、また肥料を与える時期によって、組み合わせを変えて与えるとよいでしょう。

家庭園芸で使われる、おもな有機質肥料

種類	肥料成分の割合（%）			
	N（窒素）	P（リン酸）	K（カリ）	
油かす	5〜7	1〜3	1〜2	窒素成分が主体の遅効性肥料。元肥によいが、骨粉を30〜50%加えて施すと、さらに効果的。
乾燥鶏ふん	3	5〜6	3	リン酸成分が主体で速効性。バランスがよく、元肥にも追肥にも使いやすいが、多くは施さないこと。
骨粉	3〜4	17〜24	—	リン酸分が主体の遅効性肥料。元肥によい。油かすに加えて用いるとバランスがよくなり、効果的。
魚粉	7〜8	5〜6	1	元肥向きだが、比較的肥効は早く表れる。虫や鳥に食べられやすいので、土とよく混ぜておくとよい。
米ぬか	2〜2.6	4〜6	1〜1.2	安価に入手できる遅効性肥料で、元肥向き。堆肥をつくるときに、発酵を促進する材料としても利用できる。
草木灰	—	3〜4	7〜8	カリ分が主体。速効性で、元肥、追肥によい。果樹や実ものなどに効果的。アルカリ性で、酸度調整にも効果的。

肥料のいろいろ

油かす主体の有機質固形肥料
成分のバランスがよく、使いやすい。

一般的な化成肥料
窒素、リン酸、カリの割合が同じもの。

なぜ多量の化成肥料は好ましくないのですか

これがコツ！

化成肥料は一度に大量に使わず、適期に適量ずつ使いましょう。

草花

樹木

多量の化成肥料を施用すると、土壌中の微生物が食料としていた有機物が減り、土壌が劣化します。

土壌微生物は植物体などの残がいを分解することによって生活しています。有機物が豊富にあると土壌微生物がふえ、それらの微生物が活発に活動する場所には土壌中に微細な隙間ができ、土がやわらかくなります。

また、**多量に施用された化成肥料により、硝酸態窒素が蓄積され、この窒素は土壌微生物にとっても有害ですので、土壌が本来もつ生態系が崩れてきます。**

結果として、植物に有用な微生物が減り、特定の病原菌や害虫が暮らしやすい環境にもなります。

このように**多量の化成肥料を施用すると、土が硬く劣化し、有用な微生物も減ってしまうので、避けたいものです。**有機物が減ると、土をよくするその働きもなくなり、土が荒れてくるのです。化成肥料は適量を使うように心がけましょう。

有機物を補ってふかふかの土に

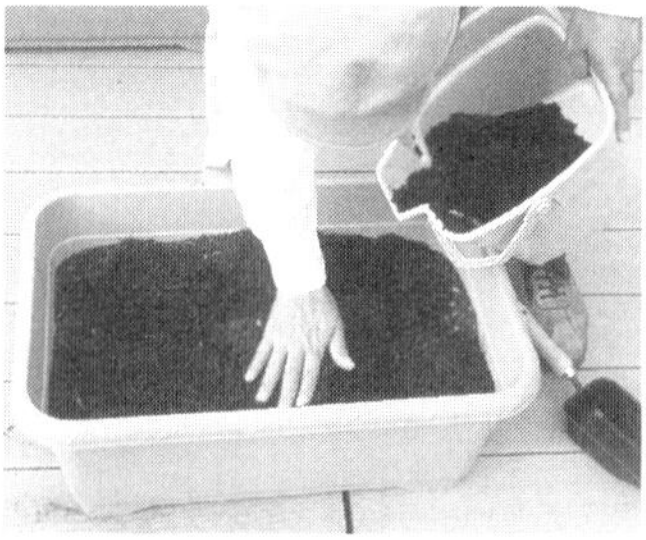

1 完熟した腐葉土をコンテナの上に均一にまく。

2 よく混ぜ合わせると、土全体がふかふかに。

Column

元肥専用の肥料と追肥専用の肥料

肥料には、その用途に特化したものがあります。上手に使い分けましょう。

草花 樹木

植物を植えつける前に土に施し混ぜておく肥料を元《もと》肥《ごえ》といい、元肥を補うために施す肥料を追肥《ついひ》といいます。

一般に、元肥には、効きめが長く続く緩効性の化成肥料や効きめの遅い有機質肥料が適しています。成分割合としては、3要素が同じ割合のものか、リン酸の割合の高い肥料が適しています。

有機質肥料は発酵、分解してから肥料効果が出てくるものなので、施肥後、ある一定の時間がたたないと効果が表れません。元肥として施すと、生育の途中から効き始め、長期間持続して効き続けます。

追肥には、速効性の液肥や速効性と緩効性を兼ね備えた粒状や固形の化成肥料が適しています。

実際には、植物の種類やそのときの生育状況に応じて、複数のタイプの肥料を使い分けます。

肥料の種類による効果的な与え方

鉢植えの元肥
土によく混ぜ合わせてから植えつける。

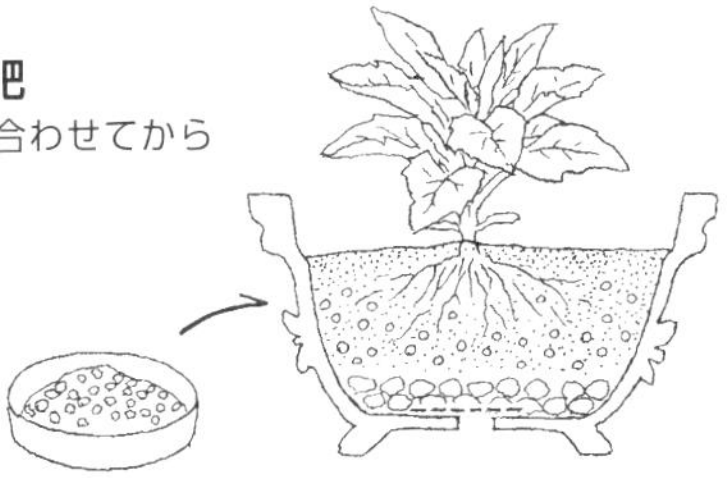

庭植えの元肥
根に直接ふれないように植える。

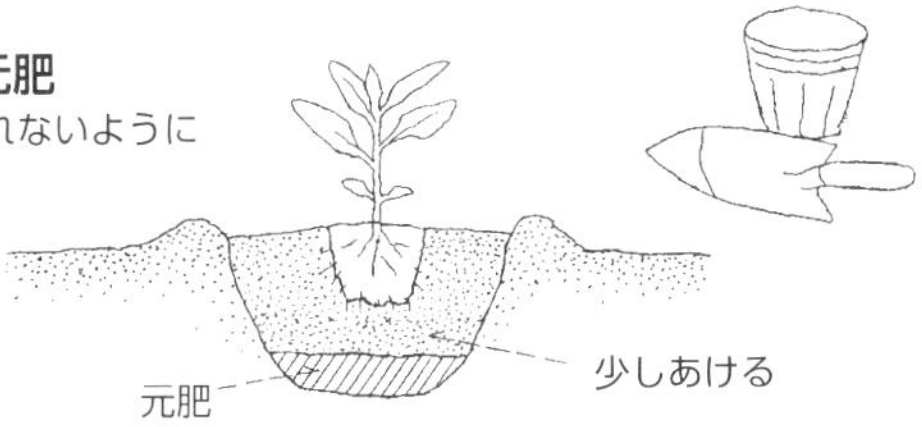

なぜ液肥はまいてすぐに効くのですか

草花　樹木

これがコツ!

液肥は施してから数時間後には植物に吸収され、効果を発揮します。

植物が肥料を利用する際、肥料の有効成分は水に溶けていなければなりません。**固形肥料が植物に効くようになるには、水やりによって、固形肥料が水に溶かされ、はじめて有効になります。**

肥料成分は、水に溶け、イオンというかたちになってはじめて、植物の根に水とともに吸収されるものだからです。たとえば、植物にとって重要な成分である窒素肥料は通常、硝酸イオン（NO_3^-）のマイナスイオンの状態で水に溶けており、根から吸収されます。植物体の中に取り込まれた硝酸イオンは植物体内でアンモニア態（NH_4^+）に変換され、のちにアミノ酸の合成に使用され、タンパク質となります。

液肥は最初から植物が吸収しやすいように肥料成分が水に溶かされています。通常は適当な濃度に希釈され施用されます。このような液肥ですので、施用すると植物にそのまま吸収されます。そのため、液肥を施用すると早くその効果が表れてくるのです。

鉢植えでの液肥の使い方

鉢植えの追肥に効果的

水やりのように、薄い液肥を鉢土に施す。
葉面から肥料を吸収させる場合は、ジョウロや霧吹きで直接、葉に散布する。

日中の乾いた土に、液肥をやるのはよくないのですか

草花 樹木

これがコツ！

暑い日の日中、しおれた草花に液肥をやると、かえって枯れてしまうことがあります。

液肥は決められた所定の濃度に希釈して使いますが、一日の気温の低い朝か夕方に施用します。

日中の乾いた土に液肥を施用すると水分の蒸発が速く、液肥の濃度が高くなってしまいます。液肥の濃度が高くなってしまうと、植物体への濃度障害が出ます。

また、液肥の濃度が高いと、根の体液との間で浸透圧差が大きくなり、浸透圧の低い根から外へ水分が奪われ、根が水分不足になったり、焼けたりします。

さらに、あまり乾いた土に、しかも炎天下で施肥を行うと、土中水分の動きは下層から上層になり、蒸発するだけで、**土壌表面に液肥の肥料成分だけが集積します。このようになることを塩類集積といい、乾燥地の土壌でよく起こることです。乾燥する砂漠地で化学肥料を多用すると塩類集積が起こり、土壌酸度はアルカリ性となります。**

このようなことが、鉢内や狭い庭の中で起こり、植物は大きなダメージを受け、枯れてしまうのです。

夏の炎天下での塩類集積

水分は蒸発してしまい、表面で肥料成分が濃い膜状に集まってしまう。植物のダメージは大きい。

なぜ株もとから離して肥料をやるのですか

これがコツ！

株もと近くに肥料をたっぷり与えると、かえって枯れてしまうことがあります。

株もとにある根は地上部に近いところにあります。そのため、株もとに肥料を施用すると水に溶けた肥料成分が高い濃度のままで根の細胞に触れやすくなります。

そうすると、根の細胞が壊され、根の水分もとられ、根が養分と水分を吸収できなくなり、植物が枯れてしまうことがあります。このことを、「肥料焼け」と呼びます。

とくに速効性の肥料を株もと近くに施すと、顕著な肥料焼けを起こします。

株もとから離れたところに肥料をやれば、根は深いところにあり、根に水に溶けた肥料成分が届くころには、肥料の濃度も薄くなっているため、肥料焼けを起こすことはありません。

このように、**肥料焼けを起こさせないためにも、肥料は株もとから少し離して施用します。**また、肥料焼けが問題となるようでしたら、肥料の効き方が緩やかな緩効性の化成肥料を用いるとよいでしょう。

庭木への肥料の施し方

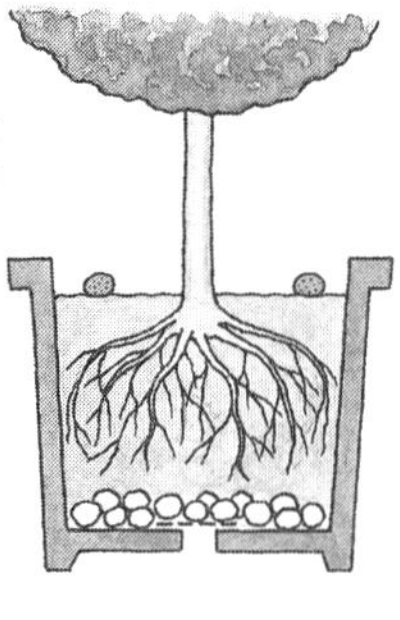
鉢植えへの追肥
30〜40日に1回、鉢の縁の近くに2〜3カ所、置き肥をする。

液肥は月に2〜3回、水やり代わりに与える。

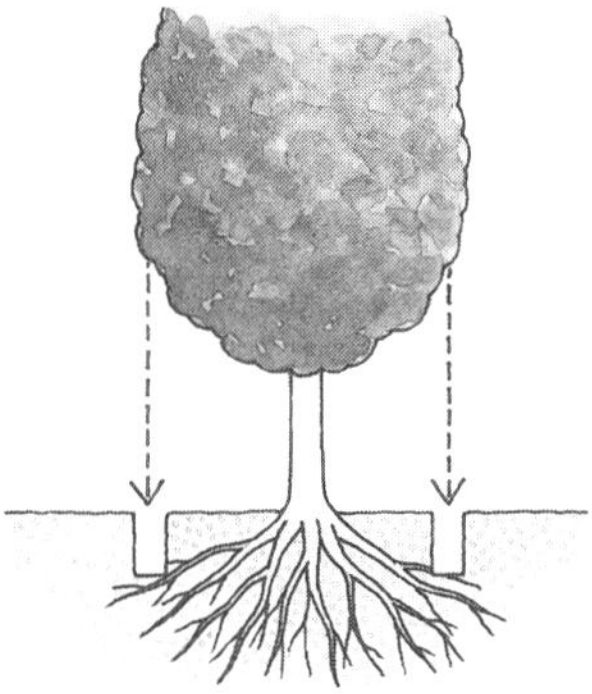
庭植えへの追肥

肥料成分は、根の先端部の細根から吸収される。樹冠の外側の真下あたりに溝を掘って施すと効果的。

草花 樹木

植えつけ後は、すぐに肥料をやらないほうがよいのですか

草花 樹木

これがコツ！ 植えつけ後の根が傷んでいる状態では肥料を吸収できず、根腐れを起こします。

植物を植えつける際には、いくら丁寧に作業しても細い根が切れたり、傷がつきます。傷がついた部分、切れた部分はまず、治されなければなりません。やがて、切れた部分から新たな根が再生してこなければなりませんが、傷がついた状況で肥料を施用すると、その部分から根腐れを起こしてしまいます。

植えつけ後は根だけでなく、植物体全体もダメージを受けていて、しおれているかもしれません。そのような状態では、根からの吸水が第一で、次のスタートの態勢を整えなければなりません。まず、肥料より水分補給です。肥料があると吸水が妨げられることもあります。

したがって、植えつけ後すぐに肥料をやらないようにします。

Column 花育

私は本校に入学する学生に、なぜ花に興味をもつようになったのか、そのきっかけを尋ねるようにしています。結果は、ほとんどの学生が子供のころに祖父母か父母が花を栽培していて興味をもつようになったと答えます。いかに幼少期の体験が大事かということです。私自身も小学生のころに花好きの祖母の影響を受け、園芸の世界に入りました。祖母から分けてもらったサボテンへの感動が、今につながっているのです。

今、農水省が主導し、花に興味をもってもらうため、子供への「花育」が進められています。食に関心をもってもらうように進められた「食育」にならった活動です。ただ、今進められている花育は教える側と子供だけで、そこに親が関わっていないことが多いようです。これまでの園芸教育への経験からも、より効果的な花育を進めるには、親も一緒に地域をあげて取り組む必要があるのではないでしょうか。

なぜ窒素肥料をやりすぎてはいけないのですか

これがコツ！

窒素は植物に欠かせない要素ですが、多すぎると病気にかかりやすくなります。

草花

樹木

窒素肥料は植物体をつくり、栄養生長を促すために欠かせない肥料です。しかし、**窒素分をやりすぎると植物体ばかり大きく育ち、植物の種類によっては花が咲かなかったり、実つきが悪くなったりします。**

たとえば、カボチャのような実もの野菜（果菜）では植物体ばかり茂って、花が咲かず、実つきが悪くなります。このようになることを「つるぼけ」といいます。

また、**窒素肥料をやりすぎると植物体が徒長してしまい、病気にかかりやすい軟弱な株となります。軟弱になると同時に、うどんこ病にかかりやすくなります。**

このように植物にとって、栄養生長期には窒素は不可欠ですが、花も実も本来は重要なものです。生殖生長期のことも考え、窒素肥料のやりすぎには注意しなければなりません。また、病気にかかりにくい丈夫な植物に育てるためにも与える肥料成分のバランスに注意しましょう。

窒素分をやりすぎると発生しやすい症状、病害

カボチャのつるぼけ
つるがよく伸び、葉がよく茂りすぎて花が咲かず、実があまりつかない状態。窒素肥料が多すぎると起こりやすいので注意する。

うどんこ病
カビが原因の病気で、茎や葉、新芽などがうどん粉をまぶしたように白くなる。進行すると生長が衰える。窒素肥料が多いとかかりやすい。

肥料に使用期限はあるのですか

草花 樹木

これがコツ! 肥料は冷暗所で保管し、開封したらなるべく早く使い切ります。

食品には消費期限などがありますが、肥料には使用期限がありません。肥料は劣化しにくいからです。その代わり、製造年月が記されています。

肥料は、水に溶けることで分解、変性するように設計されているので、水分がなければ変化しません。安定した物質でつくられている化学肥料はもちろん、変性しやすそうな有機質肥料も同じです。

しかし、開封したり袋に穴が開いたりして、湿気や水分に触れると分解が始まり変性します。時には、有機質肥料にカビが生えることもあります。

また、日光など強い光には物質を劣化、変質させる働きがあるので、肥料を変性させる原因になります。

肥料は、直射日光の当たらない冷暗所で保管し、開封後はなるべく早く使い切ります。劣化しにくいとはいっても時間とともに変性するので、古いものから使用し、極端に古い製品の購入は避けましょう。

肥料の使用期限の表示

有機質肥料のパッケージの裏側や側面などに、製造年月の表示がある。化成肥料は劣化しにくいが、開封して時間が経つとカビなどが生える場合がある。

Column

固形肥料にカビが生えたら

カビが生えた肥料は、カビを取り除いて湿気のないところに保管したほうが安心です。

草花

樹木

本来、肥料は塩類濃度が高く（浸透圧も高く）、肥料そのものに生物が付着しても、繁殖できません。ただ、固形肥料を湿気のあるところで管理したり、梅雨時になると、カビが生えてくることがあります。このカビにもいろんなものがあり、肥料の分解を進めるものやまったく問題のないものまでさまざまです。

カビによっては、植物の生育を阻害するものもあるかもしれません。固形肥料でカビを見つけたら、小さなものであれば、カビの部分を取り除き、湿気のないところで保管してください。油かすが主体の固形肥料などは、梅雨時にしっかり袋の口を閉めておかないと、袋の中でカビが生えてしまったり、土の上に露出していると表面がカビで覆われてしまうこともあります。

一方で、**カビがひどいものであれば、その肥料の効き方も落ちているかもしれず、また、植物への害があるかもしれませんので、できれば廃棄してください。**

有機質肥料に生えたカビ

有機質肥料をまいたあと、土から出ている場合にはいろいろなカビが生える。できるだけ土を上からかぶせるか、用土と混ぜるなどするとカビが生えにくい。

草花 樹木

肥料の葉面散布は効果があるのですか

これがコツ！ **肥料の散布方法の一つに、葉に直接吸収させる「葉面散布」があります。**

葉の表面はクチクラ層というワックス性の層に覆われ、外部からの水の浸入や葉内からの水の蒸散を抑えていますが、**水を取り込みやすい孔もあり、葉裏に多くの孔があります。葉面に散布された肥料はこの孔から吸収されます。**この孔をエクトデスマータと呼びます。また、葉縁部にも水孔と呼ばれるところがあり、ここからも肥料が吸収されます。

葉面散布で吸収利用されやすい肥料は尿素で、窒素肥料となります。その他、カルシウム、ホウ素、マンガン、鉄などの特定要素の欠乏に葉面散布が用いられます。しかし、植物の種類により効果がある場合とない場合があるようです。

シクラメンは夏の高温下では根が弱くなり、カルシウムが吸収できなくなり、カルシウム欠乏症として葉先が褐変するティップバーンといわれる症状が出ることがあります。その場合にもっとも効果があるのがカルシウムの葉面散布です。リンゴでは、果実のカルシウム含有率が高まると、収穫後の果実の腐敗を防ぐことができます。

このように効果がある葉面散布は、うまく利用して、栽培上手になりたいものです。

液肥を葉面散布で施用する

葉からも吸収するタイプの液肥は、すぐに効果を出したい場合に、葉の全面にジョウロで施し、株全体から肥料を吸収させる方法も有効。まず、株もとに液肥を与えたあと、上から全体に散布する。

肥料は自分でつくれるのですか

草花
樹木

これがコツ！

有機質肥料の中でも使いやすく効果の出やすい「ボカシ肥」は、家庭でもつくれます。

いわゆる有機質肥料ともなる、堆肥は自分でつくることができます。堆肥は言葉からもわかるように、堆積した肥料という意味で、有機質素材を堆積し、微生物による分解を経て肥料化します。

素材として、稲ワラ、家畜ふん尿、食品廃棄物などが利用されます。稲ワラ、落ち葉などを堆積し分解させたものを「堆肥」、家畜ふん尿を主な素材とするものを「きゅう肥」、農業以外の有機廃棄物を堆積発酵させたものを「コンポスト」と呼びます。

堆肥には、土壌環境を改善する役割（土壌改良）がありますが、家畜ふん尿を素材としたものでは、土壌改良効果より肥料としての効果が高い堆肥になります。

堆肥化は好気的条件下で温度を高めて分解されるため、窒素が揮発しやすいことがあげられます。この揮発を抑えるために、有機物を土と混ぜて低温でゆっくり熟成させたものが「ボカシ肥」です。

油かすなどの有機質肥料をあらかじめ好気的に短期間分解させ、肥料の効き方を「ぼかした肥料」という意味になります。土と混合し熟成されているので、肥料成分濃度が低く根の肥料焼けもしません。

以上のように、堆肥やボカシ肥のような有機質肥料は自分でつくることができます。

積み肥のつくり方

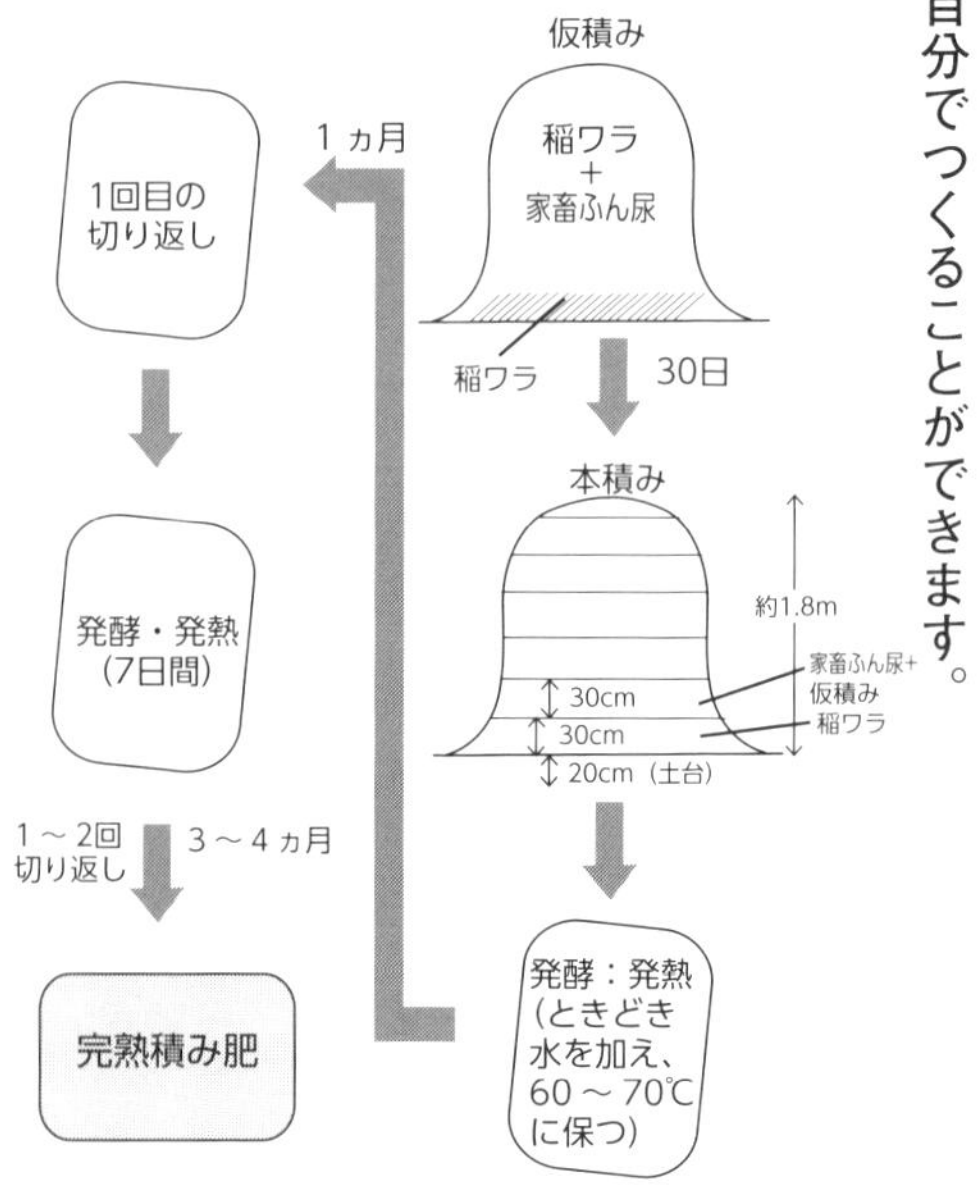
仮積み
稲ワラ
＋
家畜ふん尿
稲ワラ
30日
本積み
約1.8m
家畜ふん尿＋
仮積み
稲ワラ
30cm
30cm
20cm（土台）
発酵：発熱
（ときどき
水を加え、
60～70℃
に保つ）
1ヵ月
1回目の
切り返し
発酵・発熱
（7日間）
1～2回
切り返し
3～4ヵ月
完熟積み肥

枯れ草やワラでも堆肥づくり

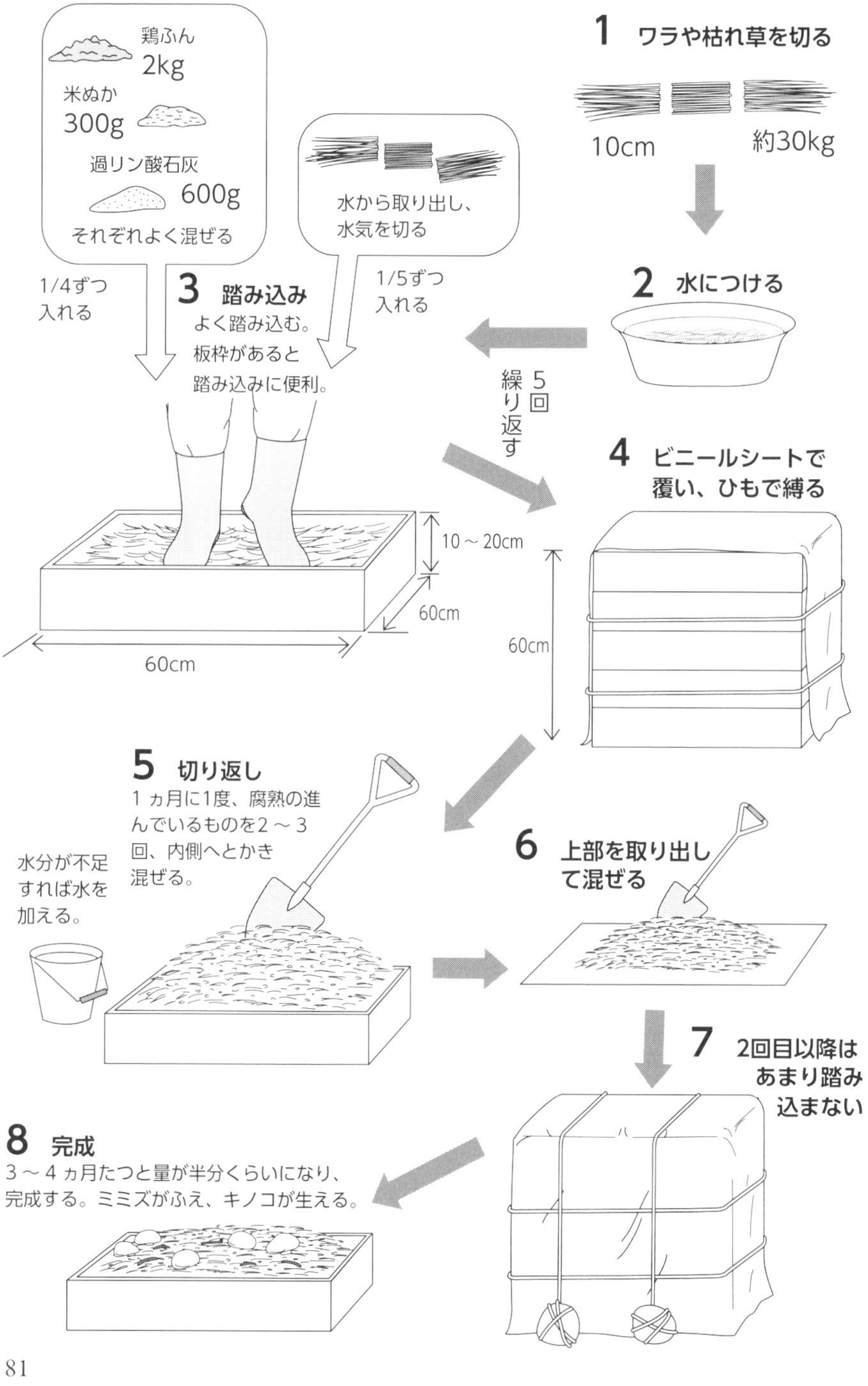
1 ワラや枯れ草を切る
10cm
約30kg
2 水につける
5回繰り返す
鶏ふん
2kg
米ぬか
300g
過リン酸石灰
600g
それぞれよく混ぜる
1/4ずつ
入れる
水から取り出し、
水気を切る
1/5ずつ
入れる
3 踏み込み
よく踏み込む。
板枠があると
踏み込みに便利。
10～20cm
60cm
60cm
4 ビニールシートで
覆い、ひもで縛る
60cm
5 切り返し
1ヵ月に1度、腐熟の進んでいるものを2～3回、内側へとかき混ぜる。
水分が不足すれば水を加える。
6 上部を取り出して混ぜる
7 2回目以降はあまり踏み込まない
8 完成
3～4ヵ月たつと量が半分くらいになり、完成する。ミミズがふえ、キノコが生える。

なぜ「水やり三年」というのですか

草花　樹木

これがコツ！　水やりは簡単なようでいて、じつは奥深く、修練を要する管理の一つです。

「水やり三年」とよくいわれます。植物への水やり方法を体得するのには、3年かかってやっとそのコツがつかめるということです。

それほどまでに、水やりは植物を育てる際にもっとも重要で難しい作業だということですが、では、どうして水やりがそんなに難しいのか、どうすればそのコツがつかめるかを考えてみましょう。

「植物の顔を見ながら水やりをしなさい」ともいわれます。その理由に以下のようなことがあげられます。

①植物の種類によって、水を多く欲しがるものとそうでないものがある。

②植物は生育時期により水の要求量が異なる。

③植物が植えられている土の種類が異なる。

④天候や季節によって状態は常に変わる。

これらの理由を順に見ていきましょう。

①植物によって水の要求度が異なるのは、植物の故郷、原生地が異なるからです。**乾燥地を自生地とする植物では、頻繁に水やりする必要はありません。少ない水分条件の土地でいかに生きるか、ちゃんと適応しているため、体内から水分を逃がさないように葉や茎が多肉化しています。**ですからサボテンや多肉植物といわれるグループには、毎日水やりする必要はありません。

②植物は季節の変化に合わせて生活しています。温帯に生活する植物は、春の温度上昇とともに萌芽し、枝を伸長、葉を展開します。その後、開花、結実し、落葉樹では晩秋に葉を落とし、冬は休眠します。当然、**植物は活発に生育しているときに水分を要求し、休眠しているときにはあまり水分を要求しません。**

③植物は通常、原生地の土壌に似た用土に植えます。排水性のよい土地に生育している植物は、水分が停滞しない用土に植えます。したがって、乾きやすいので、常に気をつけて水やりを行う必要があります。それに

対し、排水性のよくない用土に植えられている場合は、頻繁に水やりする必要はありません。

④晴れた日は用土がよく乾きます。夏は水やりしてもすぐに乾きますので、1日に2回以上は水やりしなければなりません。曇りの日、晴れそうにない日には水やりを控えます。

したがって、水やりは、植物そのもの、土のこと、天候のことなどから総合的に判断しながら行わなければならないので難しいのです。まだ話ができない赤ちゃんが泣いたとき、母親は子供がどんな理由で泣いているのか、経験と勘で判断します。同様に、話ができない植物が何を要求しているのか、植物の顔と土のようすなどから見極めるのです。

しかし、一方で上記のことを把握し、コツをつかんでしまえば、そんなに難しいことではないともいえます。

水やりするときは、植物がしおれているか、土の表面が乾いているかを見て、タイミングを判断し、やるときはたっぷりと水を与えます。

鉢植えの水やりの基本

鉢土の表面が乾いているのを確かめ、鉢底穴から水がしっかりと流れ出るまで、たっぷりと与えるのが大切。

夜や夕方に水やりするのはいけないのですか

草花　樹木

これがコツ！

夜や夕方にだけ水やりをしていると、植物が軟弱に育ち、徒長します。水やりは朝が原則です。

水やりは本来、植物が活動しようとしているとき、水を欲しがっているときに行うものです。

通常は朝に行います。これから日がのぼり、気温も上がってくると植物は葉裏の気孔を開き、呼吸をすると同時に蒸散を盛んにします。植物体の水分が外に逃げていくので、当然水分を補わなければなりません。この水分バランスが崩れると植物はしおれます。

夕方以降はこの蒸散作用も減退するので、植物は水分をあまり必要としなくなります。夕方以降に水をやると、植物体が徒長《とちょう》し軟弱になり、病気にかかりやすくなります。植物は昼に光合成で合成した糖を、必要なところへ夜間に移動させます。移動したところの糖濃度が高くなると（浸透圧が高くなる）水も引っ張られるので、その部分が肥大伸長します。したがって糖が移動する夜間に過剰な水分があると茎も徒長しやすくなるのです。朝に水をやり、その水が夕方には乾くぐらいが理想的です。それでも夏の乾燥しやすい時期には朝夕2回水やりしなければなりません。

しかし、冬には夕方の水やりは控えましょう。冬の水やりは午前中の気温の上がってくる時間帯に行い、夕方には与えた水が植物に利用されたり、鉢底に抜けるようにします。**夕方に水やりし、そのまま土壌内に水分が残ると根圏を冷やしてしまうことにもなり、植物体を徒長させてしまう場合もあります。**

植物の病気には、カビや細菌によるものが多いのですが、これらの病原菌は多湿で繁殖するものが多いのが特徴です。**夕方に水をやると、水分がなかなか抜けないのと同時に、植物体周辺は病原菌にとても好適な多湿環境となってしまうのです。**さらに高温時には、土が蒸れて根腐れも起こりやすくなります。

以上のことから、真夏の乾燥しやすい時期を除き、水やりは朝に行いましょう。

冬の室内で草花を観賞する場合

水やりしたあとに鉢皿にたまった水を捨て、鉢皿に新聞紙などを敷いて余分な水分を吸い取らせる。こうすると夜間に根が冷えることや徒長するのを防げる。

夏の水やり

土に直接、
たっぷりと。

午前中の水やり

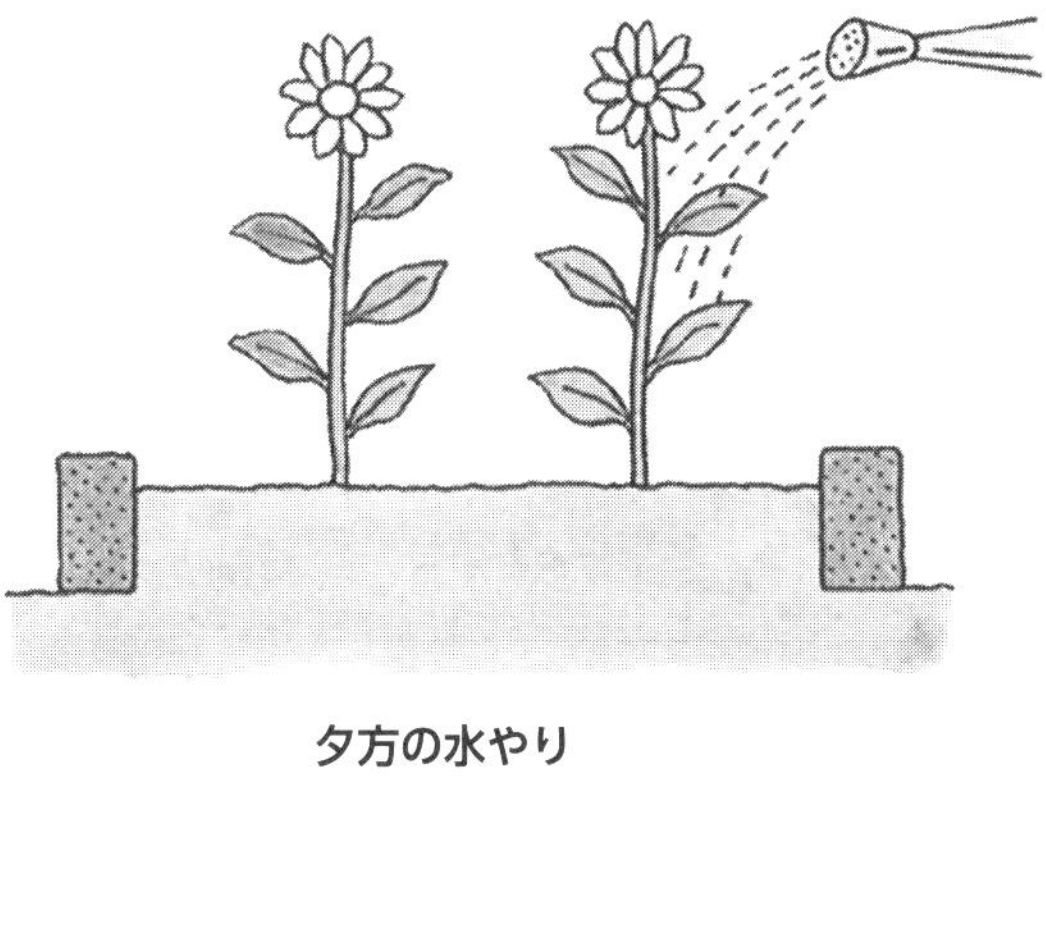
葉水をかけて
植物の
体温を下げる。

夕方の水やり

夏の日中に水やりしてはいけないのですか

草花
樹木

これがコツ！

温度差で植物にストレスがかかり、細胞が傷んだり、水滴で葉焼けを起こしたりします。

夏の日中はとんでもない高温となっていて、植物体内の温度も上がっています。そのような状態のときに散水すると、**その水温と植物体の温度との差が大きく、植物はその温度差によるストレスを受けます。**

そのストレスにより細胞が破壊されると、その部分が褐変し、葉の表面から見るとなにか病気にでも侵されたように見えます。

また、**与えた水が葉表面に水滴として残るとレンズの役目をし、葉焼けを起こすこともあります。**

さらに、**夏にはホースの中の水がお湯となっており、うっかりその水を排出してしまい、水やりすると、植物にお湯をかけていることにもなります。**

以上のことから、真夏の日中の水やりは避けたいものです。ただし、植物にはかけないで、植物の周辺に散水することで周辺の気温を下げてやる効果があります。なるべく、気温の下がった夕方以降か朝に水やりしたいものです。

夏の日中の水やり

直接土に、下からたっぷり流れ出るまで、普段よりも多めに水やりする。葉にはかけない。

鉢土が乾いてから水やりするのはなぜですか

草花　樹木

これがコツ！　根が発達するには、根も呼吸することが大切。乾湿が交互になるようにします。

鉢植えの植物に水をやる場合、「土の表面が乾いたら水やりしてください」と一般にはいわれます。なぜでしょうか。

土の表面が常に湿っているのに水やりすると、植物の根は水で飽和状態にあり、水におぼれた状態になります。そうすると根は呼吸ができなくなって、窒息状態になります。また、いつも水が身近なところにあるため、新たな根を伸ばしたり、しっかりした根群を発達させなくなります。

そのような根だと、水が十分にあるときは大丈夫ですが、一日、乾燥状態がひどく続くようになると、植物は大変なダメージを受け、完全にしおれたり、枯れてしまいます。

それに対し、土が乾いてから水やりをすると、水は乾燥した土の表面から鉢底まで、スムーズに水がしみ込んでいくことになり、根に酸素も供給することができます。

水やり後の鉢内の水がスムーズに排出され、鉢内の空気が交換されるためにも、土が乾燥してから水やりしましょう。

水によって空気が押し出され、水分が行き渡るようす

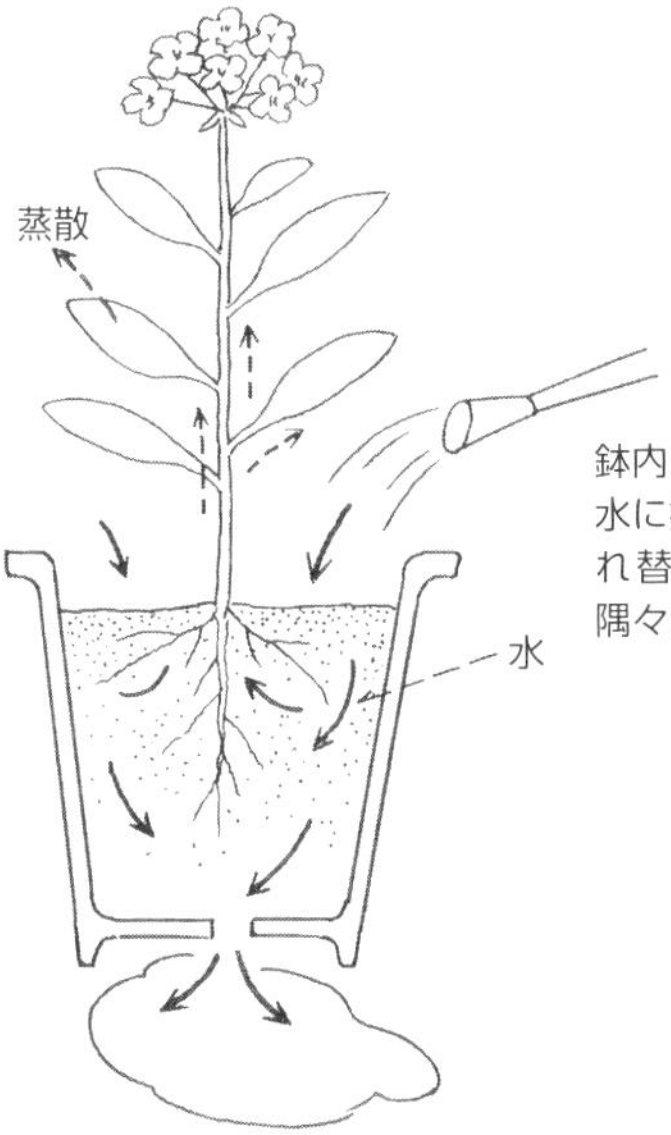

鉢内に水をたっぷりやると水に押し出されて空気が入れ替わり、水は植物体の隅々まで行き渡る。

鉢植えの水やりは、なぜたっぷりやるとよいのですか

これがコツ！

表面が軽くぬれただけの水やりでは余計に水分が不足し、植物が傷んでしまいます。

草花

樹木

乾いた土の表面が湿る程度の水やりでは、鉢底まで水が浸透せず、土の表面から水分が蒸発するだけです。

また、あまり少ない水やりだと、逆に鉢内の水分まで上方向に上げてしまい蒸発させ、より鉢内の水分が欠乏してしまいます。養分と水分の動きが土層の下部から上部になると養分の中の塩類（カルシウム、マグネシウム、ナトリウムなどの塩化物）が土の表面に移動・集積し、土がアルカリ性になる場合もあります。

そのため、**水やりするなら、中途半端な水やりでなく、鉢底から流れ出るように、水をたっぷりとやります。そのことで、鉢内の水分を入れ替えることができ、酸素を鉢内に供給することもできます。**

新鮮な水と酸素を送り込むことにより、用土の液相、気相が入れ替わり、根も元気になります。

鉢植えの水やりはたっぷりと

それぞれの鉢の大きさによって異なるが、底から水がたっぷり出るまで、多めに水を与えるとよい。少ししかしみ出ないくらいだと、しっかり水やりできていない。

地植えは水やりしても、しなくてもよいのですか

草花 樹木

これがコツ！ **畑や露地には、水をやらないものだという人もいますが、状況に応じた水やりが必要です。**

地植えでは、植えつけ後、活着して根をしっかり伸ばしてしまえば根群が発達し、基本的には水やりはする必要がありません。

地下水や地中に蓄えられた水分が、毛管現象で吸い上げられ、乾いた土を湿らせてくれます。また、植物も水分を求めて根を伸長させていきます。

しかし、**空梅雨や盛夏時に長期間雨が降らず、日照りが続くときは、さすがに水分が足りなくなります。そのようなときは、植物もしおれてきますので、水やりが必要になります。**

植物を植えつけてから活着するまでは、乾かさないよう、しおれさせないように水やりに注意します。活着し、地上部も伸長してくるようになれば、徐々に水やりの頻度を減らしていきます。

このように、**地植えでは、普段は必要はありませんが、状況に応じて水やりを行います。**

Column Mr.Rose（ミスター・ローズ）

平成25年は、バラ界の大御所、故鈴木省三氏が産まれて百年にあたり、各地でイベントが行われました。芸術や科学の世界で著名な方を記念して生誕の記念を祝う行事については知られていますが、園芸の世界で祝われたのは鈴木氏ぐらいかもしれません。それほどに偉大なバラ育種の先駆者で、その業績は顕著でした。バラの育種素材として世界各地から彼が収集したバラのコレクションは、彼を慕う弟子達が中心になって引き継いでいます。

幼少のころから園芸に親しみ、園芸学校を卒業した後、園芸業界で修業し、昭和13年、25歳の若さでバラ園を開園。兵役後、戦後の混乱期の昭和23年には、早くも銀座でバラ展を開催しています。生涯で約130もの品種を育成し、数多くの国際バラコンクールで受賞。海外ではミスター・ローズと呼ばれていました。名実ともに偉大なバラの育種家でした。

多肉植物の水やりは少なくてよいのですか

これがコツ！ **多肉植物は水分を蓄え、逃がさない機能があるので、水やりが少なくてすみます。**

もともと多肉植物は乾燥地を故郷とする植物です。**水分条件がよくない乾燥地でも生きていけるように葉や茎に水分を蓄えてきています。**そのため、水やりが少なくてもちゃんと生きていくことができます。

また、**水分を蓄えるだけでなく、水分を逃がさないような機能も備えています。**水分は葉の裏の気孔から出ていきますが、昼の炎天下では多肉植物はこの気孔を閉じて水分を逃がさないようにしています。そして、温度が下がる夜に気孔を開き、炭酸ガスを取り込み、リンゴ酸のような有機酸を合成します。昼には気孔を閉じますが、夜にため込んだ有機酸をもとに光エネルギーを使って、光合成を行い炭水化物を生産します。

このように**多肉植物は少ない水分でも生きていけるように適応してきていますので、水やりは少なくてもすみます。**

冬になり温度が下がると休眠していますので、ほとんど水やりは不要です。むしろ冬に水やりすることにより、根腐れを起こすこともあります。中にはまったく水やりをしなくても数年生き続けるものもあります。

Column 多肉植物のもう一つの戦略

乾燥地適応の形態として葉や茎に水分を蓄積するようになった多肉植物ですが、もう一つの水分を逃がさない適応方法として、特殊な光合成を行っていることがあります。1950年代にベンケイソウ科の植物で発見された光合成で、CAM（Crassulacean Acid Metabolism、ベンケイソウ型有機酸代謝）と呼ばれ、この光合成を行う植物をCAM植物といいます。

CAM植物は、気孔を夜間に開き、昼間に閉じます。夜間の間に気孔から炭酸ガスを取り込み、葉肉細胞にリンゴ酸として蓄え、昼には蓄えたリンゴ酸は光エネルギーを利用し、デンプンやグルコースなどの炭水化物に変えます。このような光合成は、ベンケイソウ科以外にサボテン科、パイナップル科、ラン科、トウダイグサ科などの多肉植物に見られます。これらの植物は、昼の高温で蒸散が多くなる時間帯に気孔を閉じることにより、水分を逃がさないようにしています。

なぜ葉水をするのですか

これがコツ！

夏、葉の表面に水をかけるとよい効果があります。

草花　樹木

　夏の暑い時期は、植物も人と同様その暑さに耐え忍んでいます。**人が汗をかくのと同様に、植物体の温度を下げるために葉の表面の気孔から水分を蒸散し、温度を下げようとします。**それでも限界があり、高温になりすぎ枯れてしまうこともあります。そこで、**霧吹きやハス口《ぐち》を用いて霧状の水をまき、葉をぬらしてやります。これを葉水といいます。**

　葉に付着した細かい水滴は蒸発するときに気化熱（水分が気化する際に必要とする熱）を奪うので、植物体の温度が下がることになるのです。

　また、葉水には葉の表面についたほこりを取り除く効果もあります。ほこりを取り除いた葉は生き生きとして、さらには空中に水分が拡散し、乾燥防止にもなります。冬や室内も乾燥しやすく、こんな場面でも葉水は必要になってきます。

　乾燥した環境下では、植物の大敵、ハダニも発生しやすくなります。じつは、**このハダニには葉水が効果的なのです。ハダニはもともと水を嫌いますので、葉裏にハダニを発見したら、霧吹きなどで葉裏に水を散布し、ハダニを退治してみてください。**

　このように、夏の高温による植物体の温度上昇を抑えるためや、乾燥防止、ハダニの退治などに葉水は効果があるのです。

効果的な葉水の与え方

葉の上から霧状に水を与え、葉についたほこりを洗い流す。
葉の裏から水で洗い流すと、ハダニ退治に効果的。

花弁や葉に水をかけてはいけない植物はありますか

これがコツ！

葉にたまった水がレンズ代わりになってしまい、焼けたり、しみになることがあります。

このように植物によっては弁や葉に水をかけてはいけないケースもありますので、注意したいものです。

葉水は盛夏の植物体の温度を下げる効果がありますが、植物によっては水と葉の細胞液との温度差が原因で、葉に障害を起こす場合があります。

たとえば、**室内鉢物として栽培されるセントポーリアでは、夏の高温時に冷たい水をかけると、細胞と水との温度差で障害が起こります。**ちょうど輪状に葉が褐変するので、リングスポットともいいます。

また、**葉肉がやわらかい草本植物や花弁がやわらかい植物に、日が強い夏季に上から水やりし、葉や花弁に水滴が残ると、それがレンズの役目をして、葉や花弁が焼けることがあります。**

植物を栽培している環境が低温多湿になると、灰色かび病がつきやすくなります。花弁に小さな斑点がつき、症状が進むと灰色のカビで覆われるようになります。**カビの被害にあわないためにも、けっして花弁に水をかけないようにしましょう。**

シクラメンやセントポーリアの水やり

葉に水がかからないように、手で株を押さえて水やりする。水は直接、土に与え、下から出るくらいたっぷりと。

Ⅳ章

剪定・ピンチ

枝や芽を摘む作業は、植物の栽培管理の中でも、
特に知識や技術が求められるジャンルです。
知っているか知らないか、実施したかどうかで、
生育に大きく差が出ます。
さあ、ワンランク上の栽培を目指しましょう。

植物には剪定、ピンチが必要ですか

草花 樹木

これがコツ！

姿を美しく整え、花つきや生育を促進するためには剪定、ピンチが欠かせません。

観賞を主たる目的とする植物では、その姿・形が観賞価値を高くするように整っていてほしいものです。枝が伸びすぎてバランスが悪くなったり、枯れ枝や病気の枝がそのまま残っていると見苦しくなります。そのため、定期的に植物を剪定します。剪定が必要な理由を整理してみますと、およそ以下のようになります。

①木（株）の姿を、見栄えがよくなるようにバランスを整えます。全体的に見て、徒長している枝を切り戻したり、枝が欲しい空間に枝を出させるようにするため、芽の位置をよく見て剪定します。

通常は、仕上がりの樹形をイメージして、仕立てていきます。仕立ての形には、自然樹形、株立ち、玉づくり、円錐形、円柱形、生け垣などがあります。剪定の仕方には、すかし剪定、切り戻し剪定、刈り込みなどがあります。

②花数を制限し、大きくりっぱな花を咲かせるためや、逆に花芽をたくさんつけるように剪定を行います。

花木では、花芽ができる時期と枝上の位置をよく知ったうえで、できるだけ花芽を残すように剪定すれば、たくさん花を咲かせることができます。花芽ができる時期と位置には、樹種による違いがあり、いくつかのタイプに分けることができます。

フジやボケでは、短めの新梢の先端に花芽がつき、ウメやコデマリでは、新梢の葉のつけ根に、ツバキやモクレンでは新梢の先端付近に花芽がつき、翌年の春に開花します。

バラやサルスベリでは、新梢の先端付近に花芽がつき、その年に開花します。

短めの新梢に花芽がつく木では、長く伸びた枝を切りつめ、その枝から短い枝が伸びるように剪定します。

ほかにもいろいろな花芽のつき方があり、それに合わせて残す枝、切る枝を選んで剪定します。

③木（株）を更新するために行います。木が老化して勢いがなく、また、花があまりつかなくなっている場合、思い切って剪定して低い位置から強い芽が出るように若返りを図ります。

④木（株）から枝がたくさん出て、全体に混み合っている場合、枝を間引くように剪定します。古い枝や弱い枝から切り取っていきます。そうすることにより、風通しもよくなり、枝も伸ばしやすくなります。

まとめると、剪定の主たる目的は、その木が植えられた目的の効果を高めるために行うのです。おもな目的としては、花や葉を観賞するため、果実を収穫するため、生け垣のように外から見えにくくするため、ほかに緑陰樹やつる植物のような強い日差しよけなどがあります。

また、**大事なこととして、大きさを抑えることがあります。住宅であれば、枝や葉が伸びすぎて近隣に迷惑がかからないように剪定し、大きさを制限します。**

剪定やピンチで形の整った姿に美しい花を咲かせて、その植物の持ち味を十分に楽しみたいものです。

アメリカリョウブの花数をふやす剪定

花後すぐに、花がら摘みを兼ねて花の咲いた1～2節下で切る。

翌年までに株が充実して枝数がふえ、花数がぐんとふえる。

不要な枝（忌み枝）のいろいろ

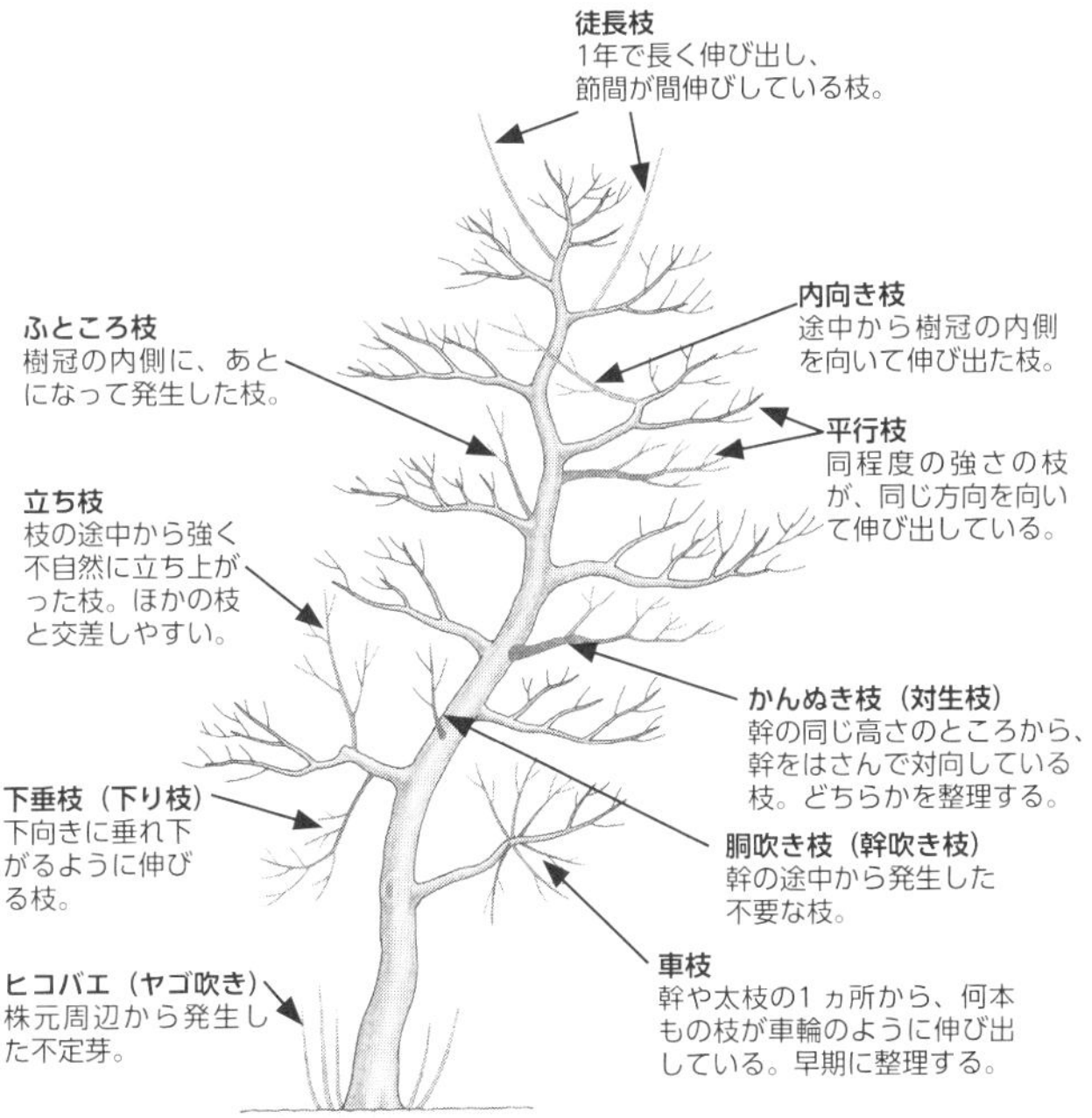
徒長枝
1年で長く伸び出し、節間が間伸びしている枝。
内向き枝
途中から樹冠の内側を向いて伸び出た枝。
ふところ枝
樹冠の内側に、あとになって発生した枝。
平行枝
同程度の強さの枝が、同じ方向を向いて伸び出している。
立ち枝
枝の途中から強く不自然に立ち上がった枝。ほかの枝と交差しやすい。
かんぬき枝（対生枝）
幹の同じ高さのところから、幹をはさんで対向している枝。どちらかを整理する。
下垂枝（下り枝）
下向きに垂れ下がるように伸びる枝。
胴吹き枝（幹吹き枝）
幹の途中から発生した不要な枝。
車枝
幹や太枝の1ヵ所から、何本もの枝が車輪のように伸び出している。早期に整理する。
ヒコバエ（ヤゴ吹き）
株元周辺から発生した不定芽。

なぜピンチをすると草花はよく育つのですか

これがコツ！

正しいピンチを繰り返すと、花いっぱいの株に育てることができます。

草花はできる限り長く咲かせ、よい状態で観賞し続けたいものです。そのためにもこまめに咲き終わった花を摘み、茎を切り戻して、新しい茎を出させます。

ピンチして直下の腋芽が動き、伸長してくると、それに合わせて根も伸長していきます。新しい根から吸収された養水分が芽の伸長と花芽の形成にまわります。

ピンチをしないで、そのままにしておくと、咲き終わった花は種子をつけるようになり、エネルギーは新たな生長にまわらず、結実のほうにまわってしまいます。

思い切って低く切り下げてみてください。その場合、腋芽の上でピンチすることが大切です。節と節の中間でピンチすると中途半端な茎が残って見苦しくなります。

また、ピンチするときに高さをそろえておくと、その後伸長してくる茎の高さもそろえることができます。

このようにピンチは新たな生長を促し、若返りも図ることができます。

ピンチを繰り返して株を育てる（ゼラニウム）

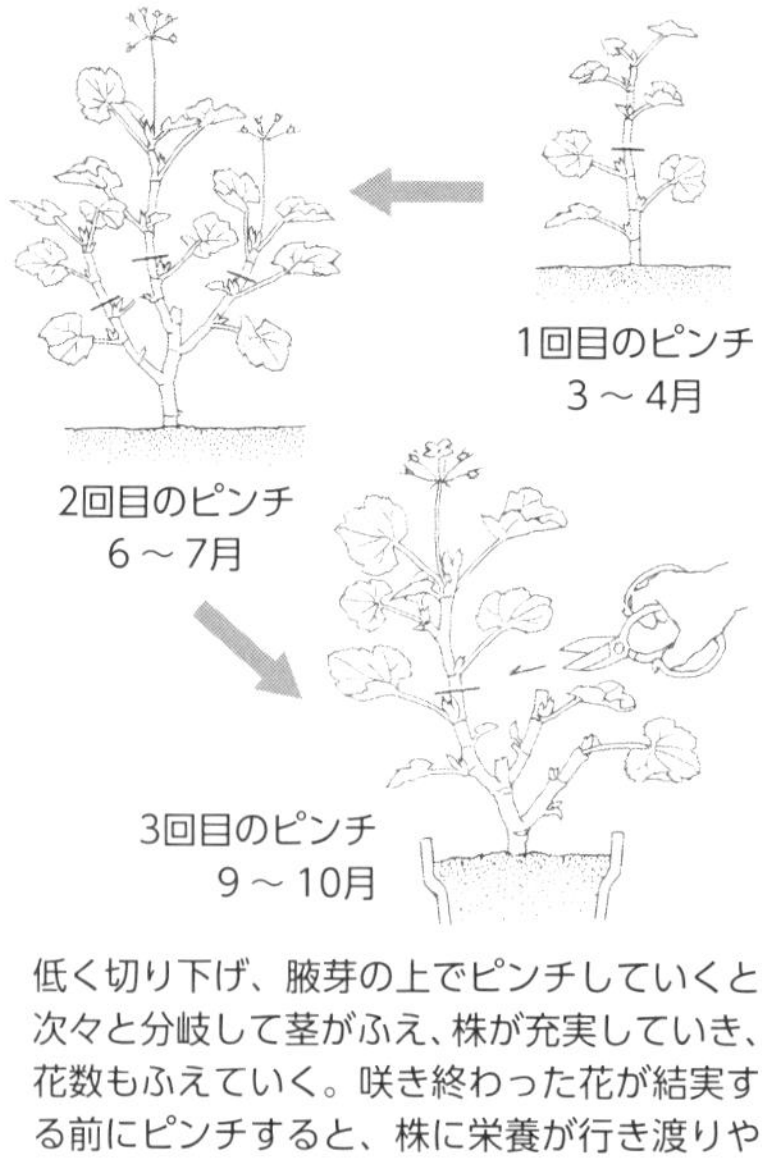

1回目のピンチ
3～4月
2回目のピンチ
6～7月
3回目のピンチ
9～10月

低く切り下げ、腋芽の上でピンチしていくと次々と分岐して茎がふえ、株が充実していき、花数もふえていく。咲き終わった花が結実する前にピンチすると、株に栄養が行き渡りやすいので、花がら摘みを兼ねて行うとよい。

ピンチで花数をふやして高さもそろえる

ペチュニアやペンタス、バーベナなどは、伸びすぎた茎を切り戻すと花数がふえ、株姿も整って、こんもりと茂る。

草花

どうして花がら摘みをするのですか

草花

これがコツ！

こまめに花がらを取り除くと、病気にかかりにくくなり、次々と花が咲き続けます。

美しい花が咲いたあと、枯れた状態で残っているのは見苦しいものです。また、**湿気があると花によっては枯れた花にカビが生えて病気になることがあります。**病気に感染させないためにも早く花がらを除去しましょう。

花はそのままにしておくと果実となり、中に種子をみのらせます。この**結実にはエネルギーを使いますから、花を咲かせることにエネルギーを仕向けるためにも、咲き終わった花は結実する前に摘み取りたいものです。**

花は通常、茎の先端につくことが多く、先端の下の腋芽が伸長して、その先端に次の花を咲かせます。終わった花を早めに摘むと、次の腋芽も早く動きます。

また、品種改良された新しい品種の中には、セルフクリーニング性が高いことを特徴にしているものもあります。これは、自ら古い花を落下させて、きれいにしてくれるという意味です。開花後、自然に古い花がらが落ちますので、下に落ちた花がらを取り除くだけですみます。つまり、管理の楽な品種なのです。しかし、まだ、このような品種はそれほど多くないので、通常の品種では、花がら摘みが必要です。

できる限り切れ目なく長い期間、美しい花を観賞するためにも、こまめに花がら摘みを行いたいものです。

花がら摘みのいろいろ

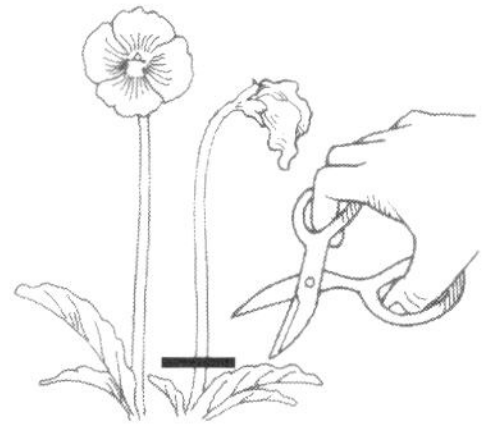

A

株がロゼット型で、その中心から花茎を伸ばすタイプ

花茎を元から抜くか、株もと近くで切り取る。(パンジー、ビオラなど)

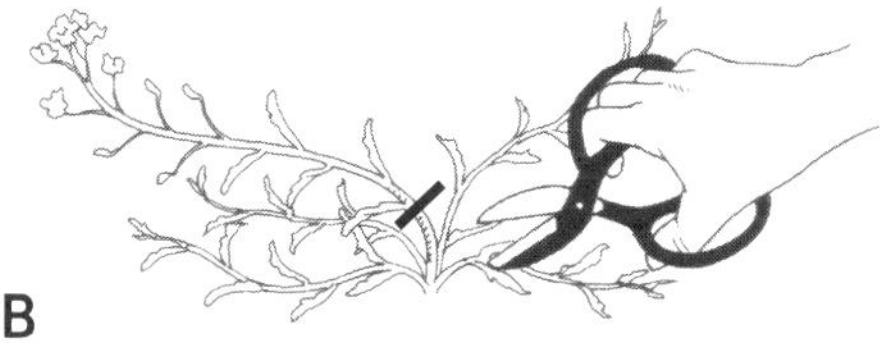

B

花茎を伸ばした先端に房状に花が咲くタイプ

花房が咲き終わったら、花茎の下のほうの腋芽の上で切り戻す。(スイートアリッサム、イベリスなど)

なぜ庭木は剪定したほうがよいのですか

樹木

これがコツ！

日当たりや風通し、景観を向上し、病害虫を防除するためには剪定が欠かせません。

日本のような狭い緑地空間しか得られない国では、樹木をのびのびと生育させることができません。個人の住宅の限られた空間では、本来の樹形を見せるために、なんらかの方法で枝の伸長を制限しなければなりません。当然、枝を剪定することになります。

樹木も年々老化するので、若い元気のよい枝を伸長させるためには、切り戻してやる必要があります。花木では、剪定して若返りを図ることで、花つきをよくすることもできます。

庭木をまったく剪定せずに放任しておくと、お化け屋敷のようになって庭の景観を損ねます。枝が伸びて葉が茂ると、結果として日当たりが悪くなり、風通しも悪くなるため、やがて枝葉が傷んで枯れ込んだり、病害虫が発生しやすくなります。

このような状態になるのを避け、庭木を健全に保つためにも、庭木には剪定が必要なのです。

Column 自然が織りなすお花畑の美しさ

海外の園芸専門家が、日本の自然の中での植物の組み合わせに注目しています。海外の方を伊吹山に案内したときに、そのことに気づかされました。

伊吹山は日本の山として特殊な環境にあり、冬の気候は、日本海側から吹きつける季節風により、植物にとって非常に厳しいものです。積雪が多く、１９２７年には、世界記録となる１１・８２mもの雪が積もっています。山の高さは１３７７mとそんなには高くはないものの、頂上周辺にはお花畑が広がっています。

もともと伊吹山は織田信長がつくらせた薬草園で、栽培された外来薬草と伊吹山固有の野草がもとになってできたお花畑です。自然が織りなす植物の組み合わせが希有なバランスを保ち、何の違和感も感じさせないのです。とくにその花色の組み合わせは絶妙です。今回、案内した海外の園芸専門家は、ガーデンデザインにこのような自然からヒントを得ているそうです。

常緑樹を冬に枝を切ってはいけないのですか？

樹木

これがコツ！

常緑樹は本来、暖地に自生しているため、寒さが苦手。暖かくなり始めたころに剪定します。

一年中、葉をつけている常緑樹は、もともとは暖かい地域に自生している樹木で、冬の寒さは苦手です。落葉樹と異なり、常緑樹は冬でも休眠せずゆっくりと活動しています。その冬に身にまとっている枝葉を取り除くような強い剪定をすると、寒さで木を傷めたり、切り口から枯れ込んでしまうことがあります。

冬は枯れ枝の整理程度にしておき、基本的な剪定は少し暖かくなり始めた、新梢が伸び始める3～4月に行います。盛んに生育している夏の時期も強い剪定を行いません。夏芽の伸び始める前の6月～7月上旬、この夏芽の伸長が止まる9月は剪定することができます。

ただし、ツバキやツツジなどは開花後の春に剪定を行います。また、マツやスギなどの針葉樹も常緑樹同様、**冬の剪定は避け、春になり、活動しだしてから、古葉を落とし、新芽を発生させ、樹形を整えます。**

常緑樹の剪定例

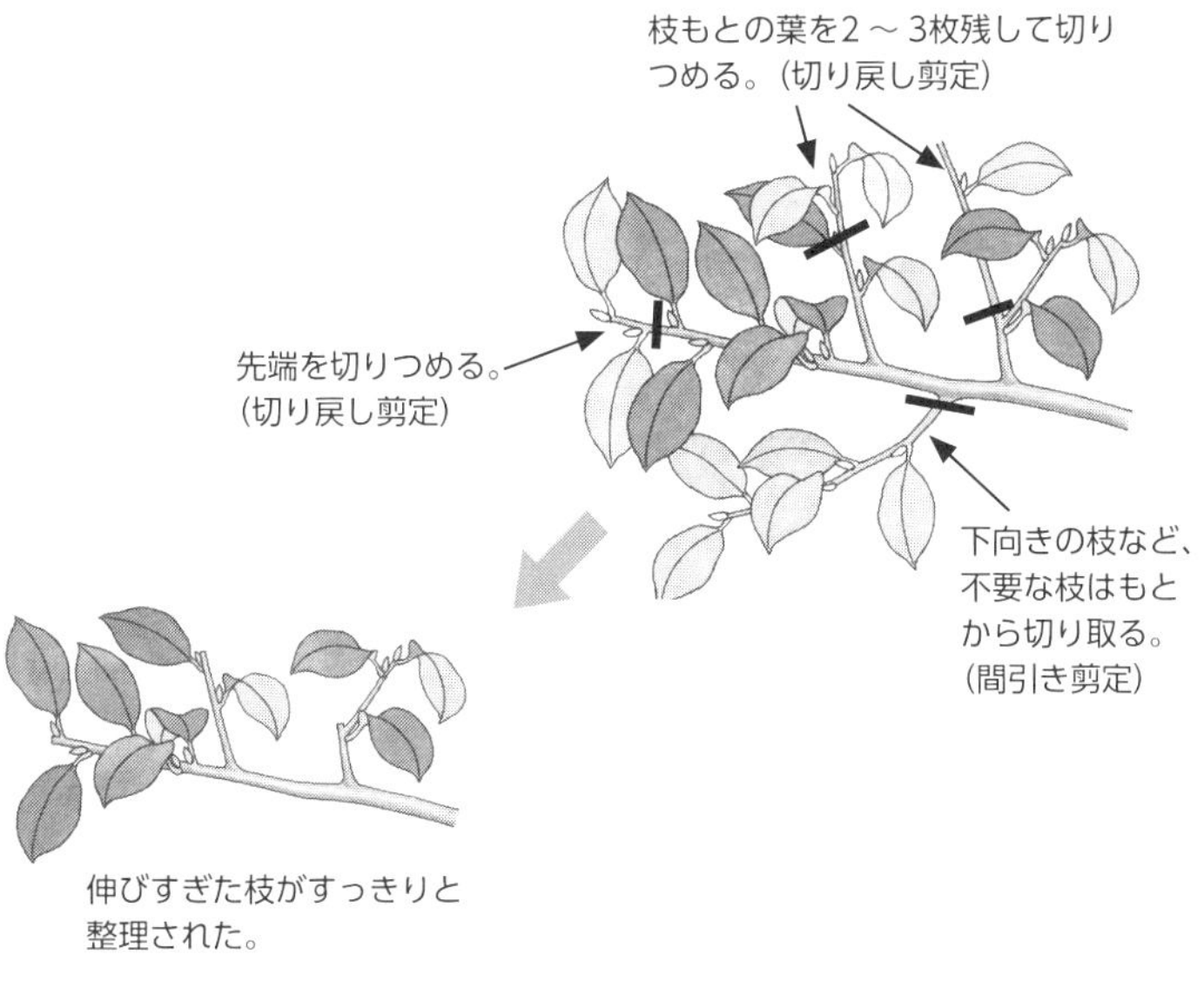
枝もとの葉を2～3枚残して切りつめる。（切り戻し剪定）
先端を切りつめる。（切り戻し剪定）
下向きの枝など、不要な枝はもとから切り取る。（間引き剪定）
伸びすぎた枝がすっきりと整理された。

なぜ剪定したのに花が咲かないことがあるのですか

樹木

これがコツ！ **剪定方法が間違っていたり、すでにできている花芽を切り落としたら花は咲きません。**

花芽分化とは、枝の芽の中で花芽ができていくことです。枝の先端や腋芽の芽の中には、生長点という常に細胞分裂を行っているところがあり、細胞分裂をしながら、葉や枝をつくっていきます。そして、この細胞分裂が花芽をつくるように生殖生長へ転換するのが花芽分化です。

その転換は、植物が気温や日の長さなどの環境の変化を感じ取ることから始まります。**たとえば花木を剪定するには個々の樹種の花芽分化の時期を知っていなければなりません。つまり、いつ枝上のどの芽で花芽分化が起こり、花芽が完成するのかということを知っておく必要があります。**

まず、花芽分化は生長点の細胞分裂が花芽をつくるように変化します。形態的には、生長点がドーム状に肥大していくので判断できます。花の外側の器官から、がく、花弁、おしべ、めしべの順につくられ、花芽が完成します。つまり、この花芽が完成する時期と花芽のつく枝上での位置を知ったうえで剪定しなければなりません。

花芽のつき方は大きく2通りに分けられ、前年に伸びた枝に花芽がつく旧枝咲きと、今年伸びた枝に花芽がつく新枝咲きがあります。旧枝咲きの花木では、多くが7月から8月に花芽分化し、花芽をつけたまま冬を越して翌春から初夏に開花します。

それに対し、新枝咲きの花木では、その年に伸びた枝に花芽がつき、夏から秋に咲きます。

このような花芽のついた枝を落としてしまわないためには、開花が終わってから次の花芽がまだない時期に剪定します。**ポイントとしては、旧枝咲きの植物は開花が終わったら早めに、新枝咲きの植物では冬の休眠期が剪定の適期ということになります。**

つまり、**剪定したのに花が咲かないのは、花芽ができている枝を切ってしまったか、枝を切ったため花芽分化すべき芽を除去してしまったかのどちらかだということです。**

花がほとんど咲かない剪定の例（ドウダンツツジ）

ほとんどの花芽を切り落としてしまったため、翌春は花がほとんど咲かない。

秋から冬にかけて、枝の先端から均一に深く刈り込んでしまった。

花芽が頂部のみにつくタイプの花木（ライラック）

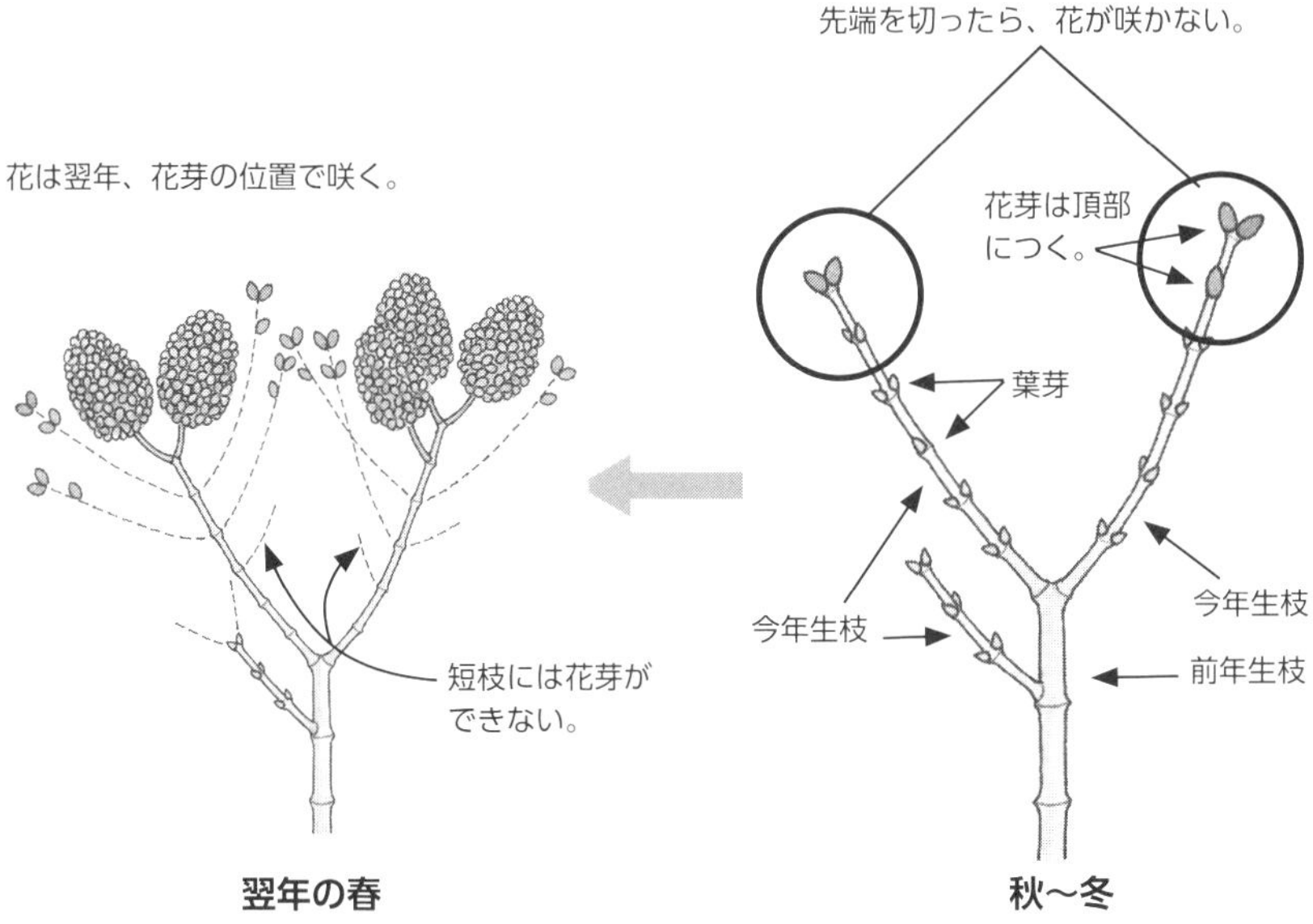
先端を切ったら、花が咲かない。
花は翌年、花芽の位置で咲く。
花芽は頂部につく。
葉芽
今年生枝
今年生枝
前年生枝
短枝には花芽ができない。
翌年の春
秋〜冬

なぜ落葉樹は冬に剪定するとよいのですか

樹木

これがコツ！ **休眠している冬は切ってもダメージが少なく、枝がよく見えるので剪定しやすいです。**

落葉樹は夏に十分な栄養を蓄え、冬には一斉に葉を落とし休眠しています。そのため、剪定は寒さで枯れ込みやすい1～2月の厳寒期を除き、落葉後の冬季に行います。

養分の蓄えを休んでいる冬季であれば、少々強く剪定しても木へのダメージが少なく、その後の生長には問題がありません。さらに、誤って切りすぎても枯れる心配はありません。また、落葉しているので、その樹形、枝ぶりが見やすく、バランスよく剪定できます。

サクラやカエデは特に剪定時期が重要で、11～12月に剪定します。サクラ類は、夏には花芽がついていますので、強く剪定した翌年は花が少なくなります。

茂りすぎたら、枝が細いうちに、まめに間引き剪定をします。カエデは、休眠から覚めるのが早く、1～3月に剪定すると切り口から樹液がしみ出てきて枯れてしまうこともありますので、とくに注意が必要です。

このように**落葉樹では、休眠している冬に剪定を行います。**

サクラの枝の切り方の基本

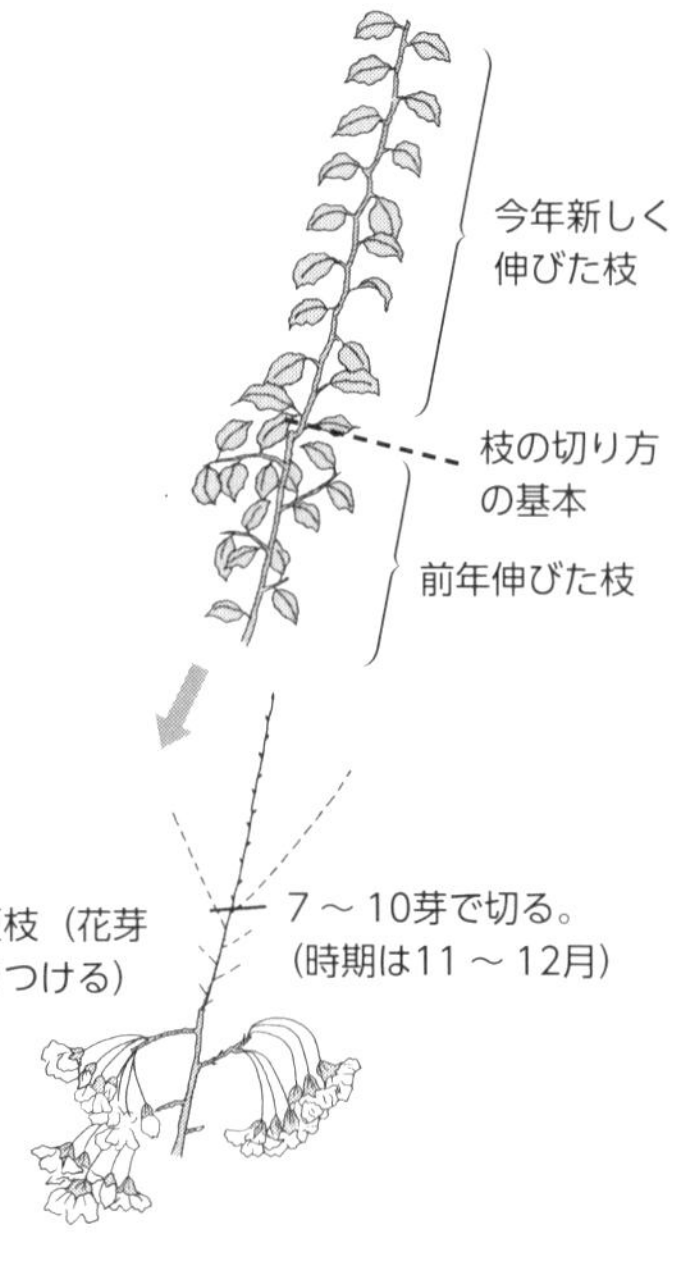
今年新しく伸びた枝
枝の切り方の基本
前年伸びた枝
短枝（花芽をつける）
7～10芽で切る。（時期は11～12月）

カエデの基本的な剪定

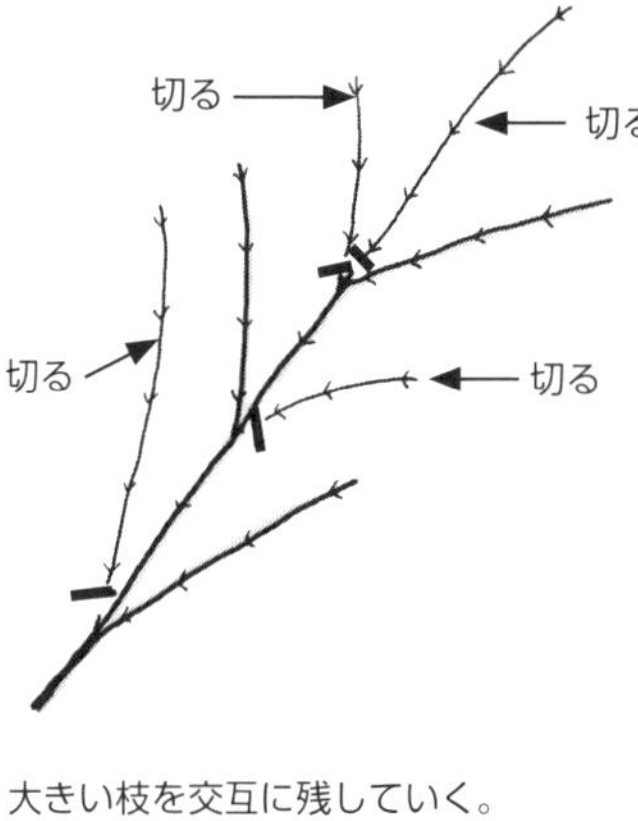
切る
切る
切る
切る

大きい枝を交互に残していく。（11～12月が適期）

Column

落葉樹と常緑樹の生育サイクル

落葉樹の年間管理カレンダー

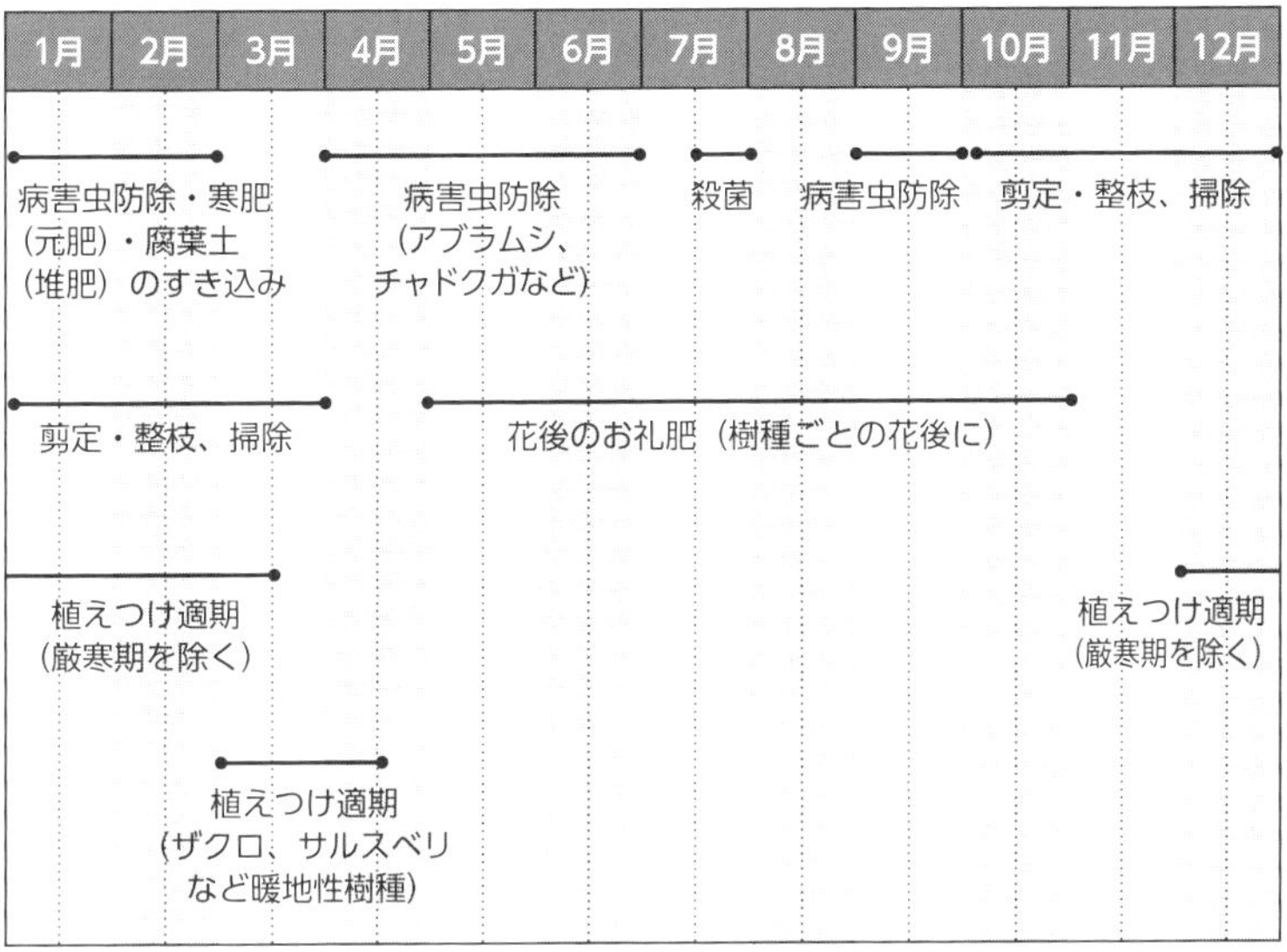
1月
2月
3月
4月
5月
6月
7月
8月
9月
10月
11月
12月
病害虫防除・寒肥（元肥）・腐葉土（堆肥）のすき込み
病害虫防除（アブラムシ、チャドクガなど）
殺菌
病害虫防除
剪定・整枝、掃除
剪定・整枝、掃除
花後のお礼肥（樹種ごとの花後に）
植えつけ適期（厳寒期を除く）
植えつけ適期（厳寒期を除く）
植えつけ適期（ザクロ、サルスベリなど暖地性樹種）

常緑樹の年間管理カレンダー

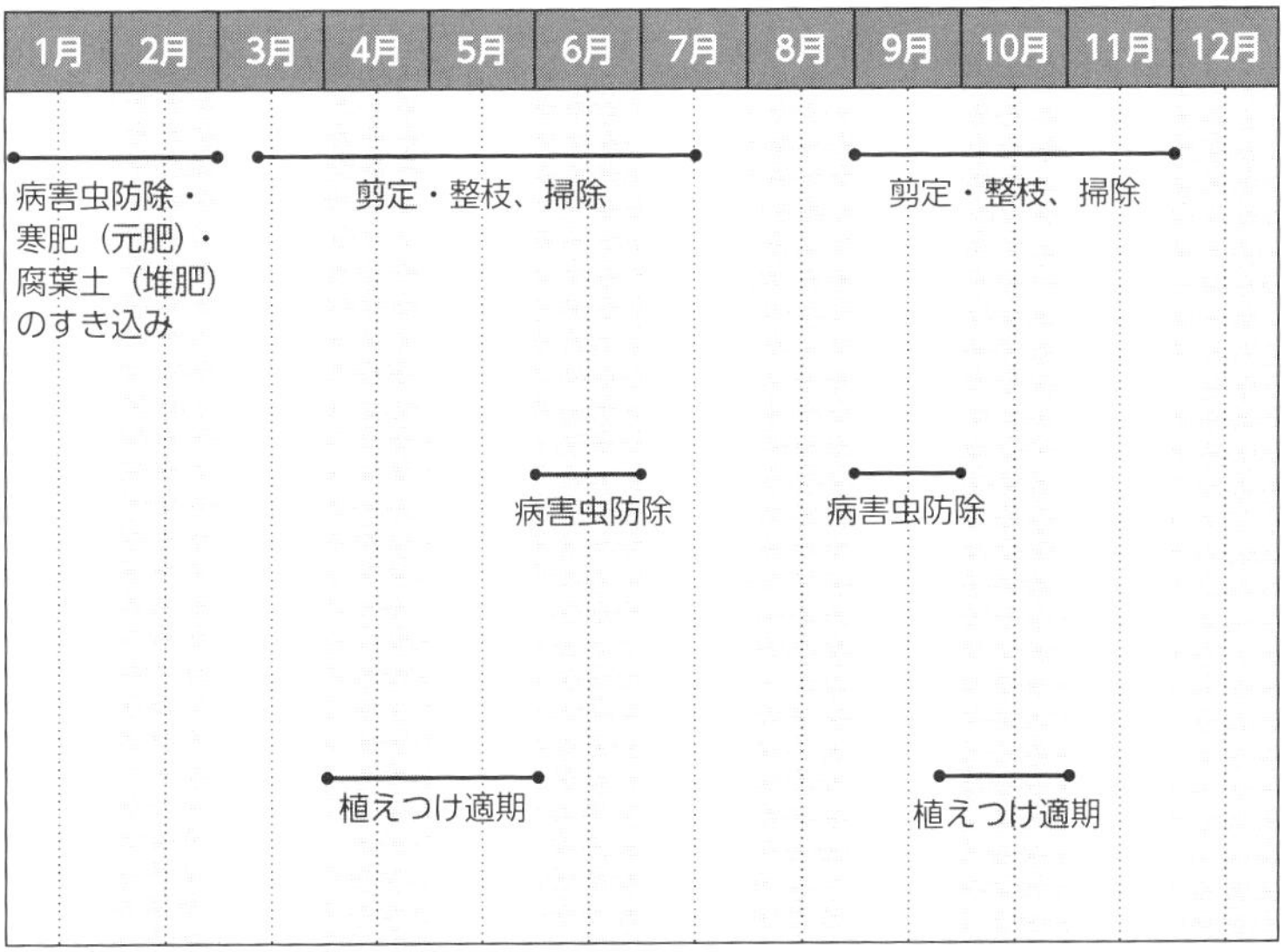
1月
2月
3月
4月
5月
6月
7月
8月
9月
10月
11月
12月
病害虫防除・寒肥（元肥）・腐葉土（堆肥）のすき込み
剪定・整枝、掃除
剪定・整枝、掃除
病害虫防除
病害虫防除
植えつけ適期
植えつけ適期

剪定と切り戻しは違うのですか

樹木

これがコツ！ **剪定の方法には3通りあり、切り戻しは剪定のやり方の一つです。**

剪定にはいろいろな方法があり、大きく「すかし（間引き）剪定」、「切り戻し剪定」、「刈り込み」に分けられます。

切り戻しは、樹形を小さくしたり大きさを維持するために、伸びた枝を短くなるように剪定することです。切り戻すと、その下から新しい強い枝が伸長してきます。また、強く切り戻すほど強い枝が出てきます。そのため、強い枝を出させたいときは強く切り戻し、弱い枝を出させたい場合は、軽く切り戻します。

すかし（間引き）剪定は、剪定の基本になるもので、間引くように枝をもとのところから切り、枝の本数を減らす方法です。まず、明らかな太い不要枝を切り、その後、混み合った部分の細い枝の剪定を行います。樹形の全体像を見て、枝の密度をそろえるようにします。

刈り込みは、生け垣など、表面全体を伸びた枝の先端から均一に切る剪定です。刈り込みバサミなどで表面が平らになるように切りそろえます。

このように、**切り戻しは剪定の中の一つの方法だということです。**

切り戻し方の基本

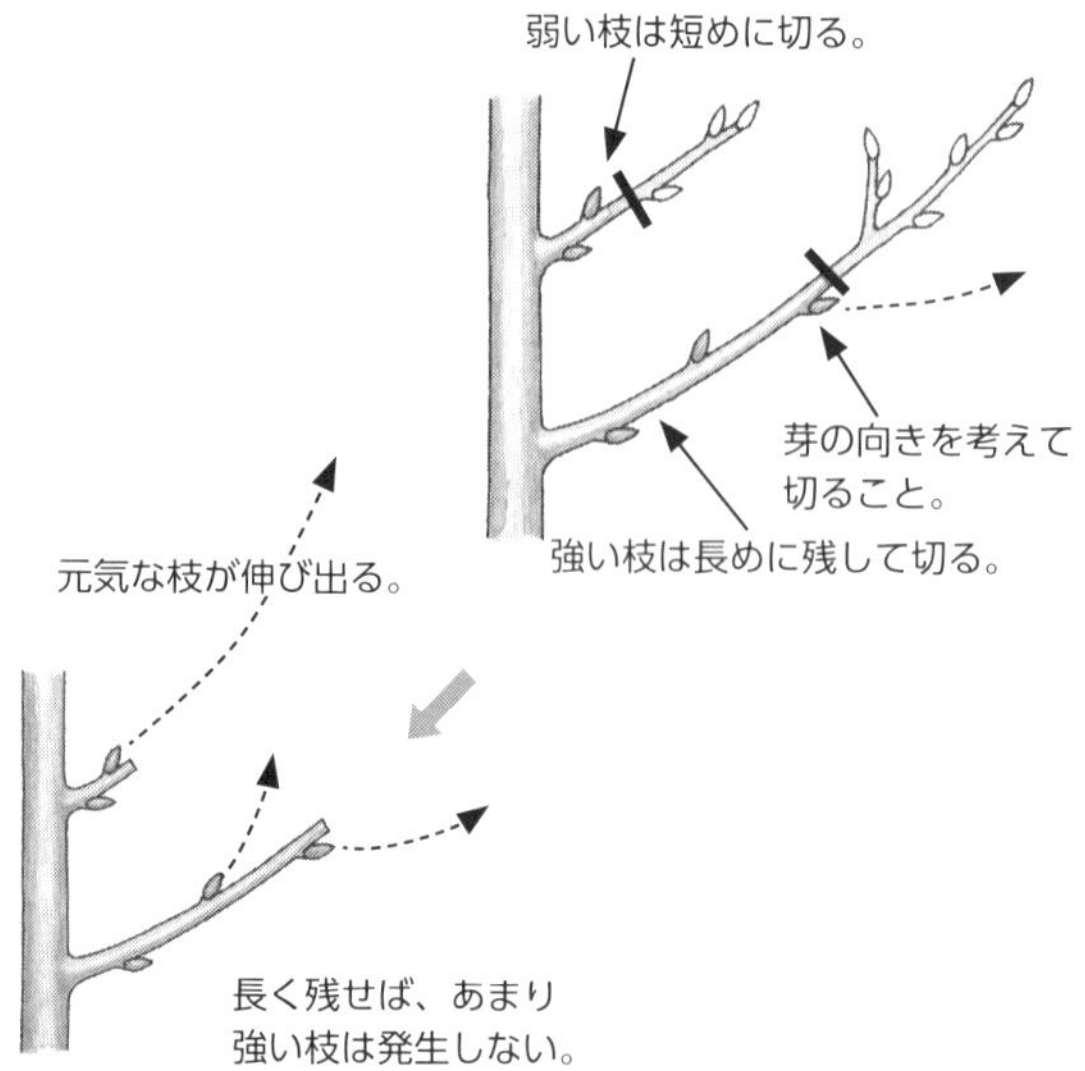

弱い枝は短めに切る。
芽の向きを考えて
切ること。
強い枝は長めに残して切る。
元気な枝が伸び出る。
長く残せば、あまり
強い枝は発生しない。

すかし（間引き）剪定と切り戻し剪定

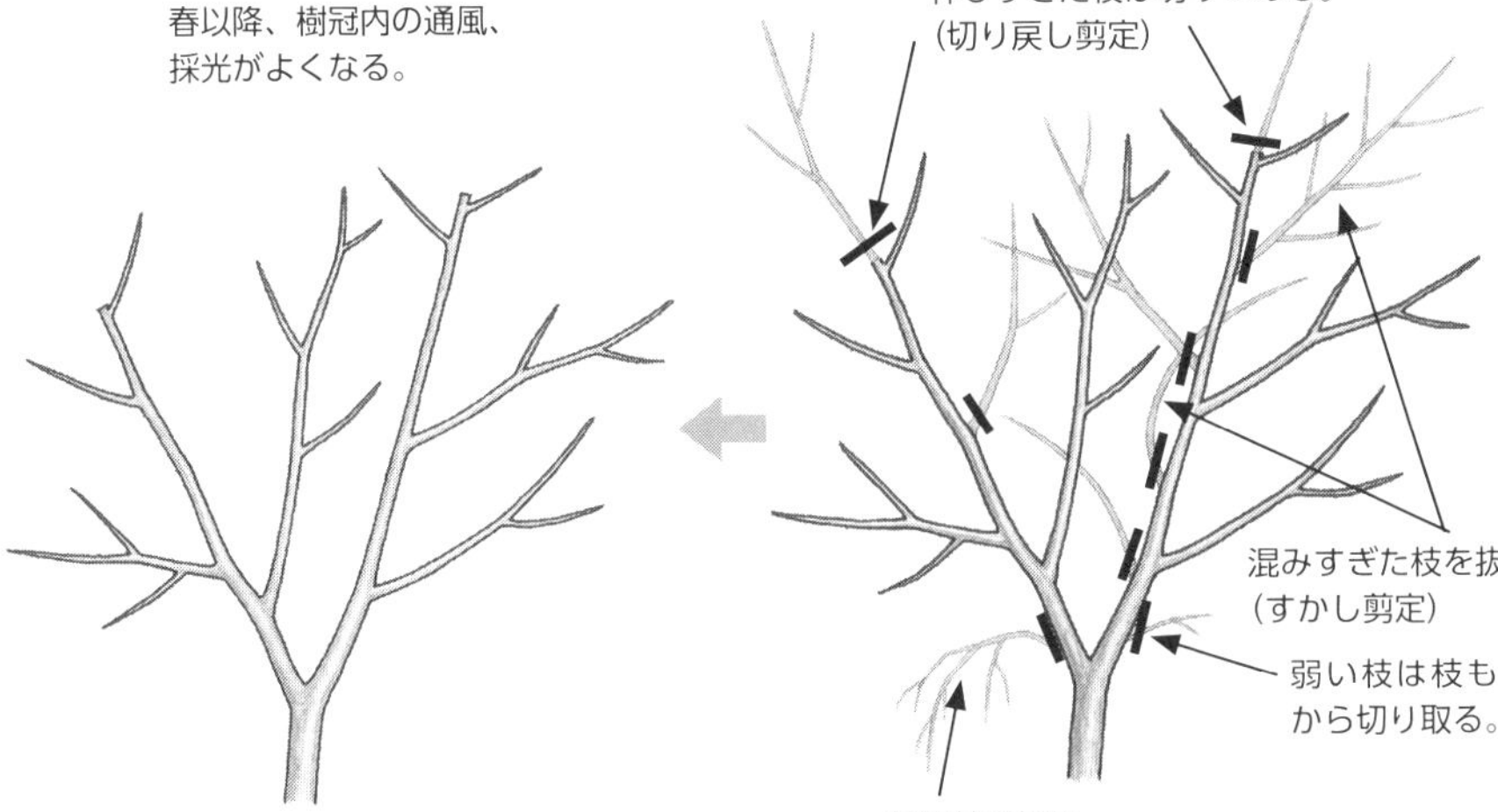
春以降、樹冠内の通風、
採光がよくなる。
伸びすぎた枝は切りつめる。
（切り戻し剪定）
混みすぎた枝を抜く。
（すかし剪定）
弱い枝は枝もと
から切り取る。
枯れ枝は切る。

刈り込み剪定のやり方

ベニカナメモチの生け垣仕立て

年間に3回ほど、上の点線からはみ出した部分を刈り込みバサミで刈り込む。刈り込むと、赤い芽が萌芽して美しく茂り、楽しめる。刈り込みバサミは、切る面に平行に当てて動かすとよい。

ドウダンツツジの玉仕立て

6月上～中旬ごろ、樹冠から飛び出して徒長した枝を刈り込みバサミで切る。

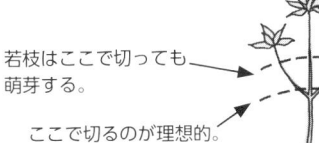

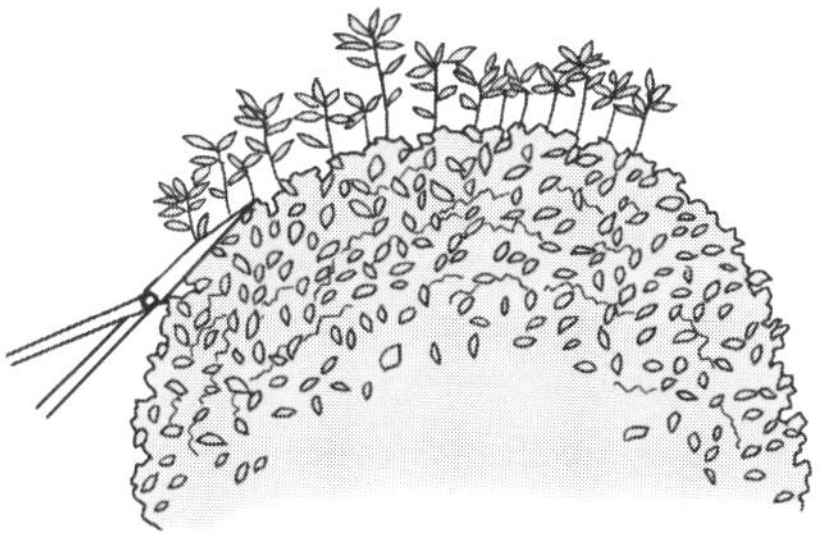

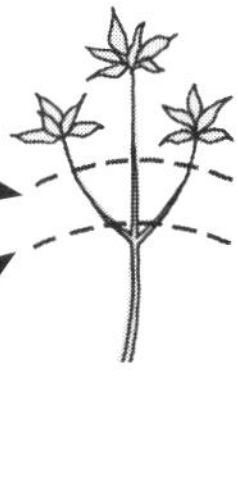
若枝はここで切っても
萌芽する。
ここで切るのが理想的。

枝を切る位置はどこがよいのですか

樹木

これがコツ！

切る位置は個々の樹形を考え、その後伸びてくる枝の強さを想定しながら決めましょう。

枝を切る位置については3つの注意点があります。

①外芽の上で切る　外芽というのは木全体を見て、木の外周に向かって枝が伸長する芽のことをいい、その反対の内側へ向かって伸長する可能性のある芽を内芽といいます。枝は芽の向いている方向に伸びますので、内芽の上で切ると木の内部へ枝が伸び、樹形が崩れたり、他の枝と交差してしまいます。外芽の上で切れば、空間のあいた外へ枝が伸びていき、木の姿がつくられて、枝どうしがぶつかることもありません。

ただ、枝が枯れ込んだりして不自然な樹形となり、内側の空間があいてしまっている場合は、内芽の上で切る場合もあります。

②枝の途中で切らない　枝を切るときは、芽の少し上（5㎜～1㎝上）で切りましょう。途中で切ると枝が枯れ込みます。逆に、あまりにも芽に近い位置で切ると芽が乾燥してしまったり、枯れることがあります。

なお、枝を切る際は、通常は枝の向きに対して垂直にハサミを入れます。

③切る位置で伸びてくる枝の強弱が異なる　枝先で切る（弱剪定）と短い枝が、枝もとで切ると長く強い枝が出てきます。徒長枝を深く切り戻すと再び徒長枝が出てきます。

切る位置は樹形を考え、その後伸びてくる枝の強さを想定しながら決めることになります。

その他、混み合った枝をすかす場合、樹木の枝のつき方によって、残す枝を考えて切ります。枝に互い違いに側枝が生える互生のつき方をする場合は、枝の間隔が狭いところを中心に混み合ったところを切ります。枝が対になってつく場合、互い違いになるように切ります。枝に1ヵ所から3本以上、輪生する木では、枝が重ならないよう2～3本を残すように間引きます。

以上のような切り方を心得て剪定をしましょう。

徒長枝の処理

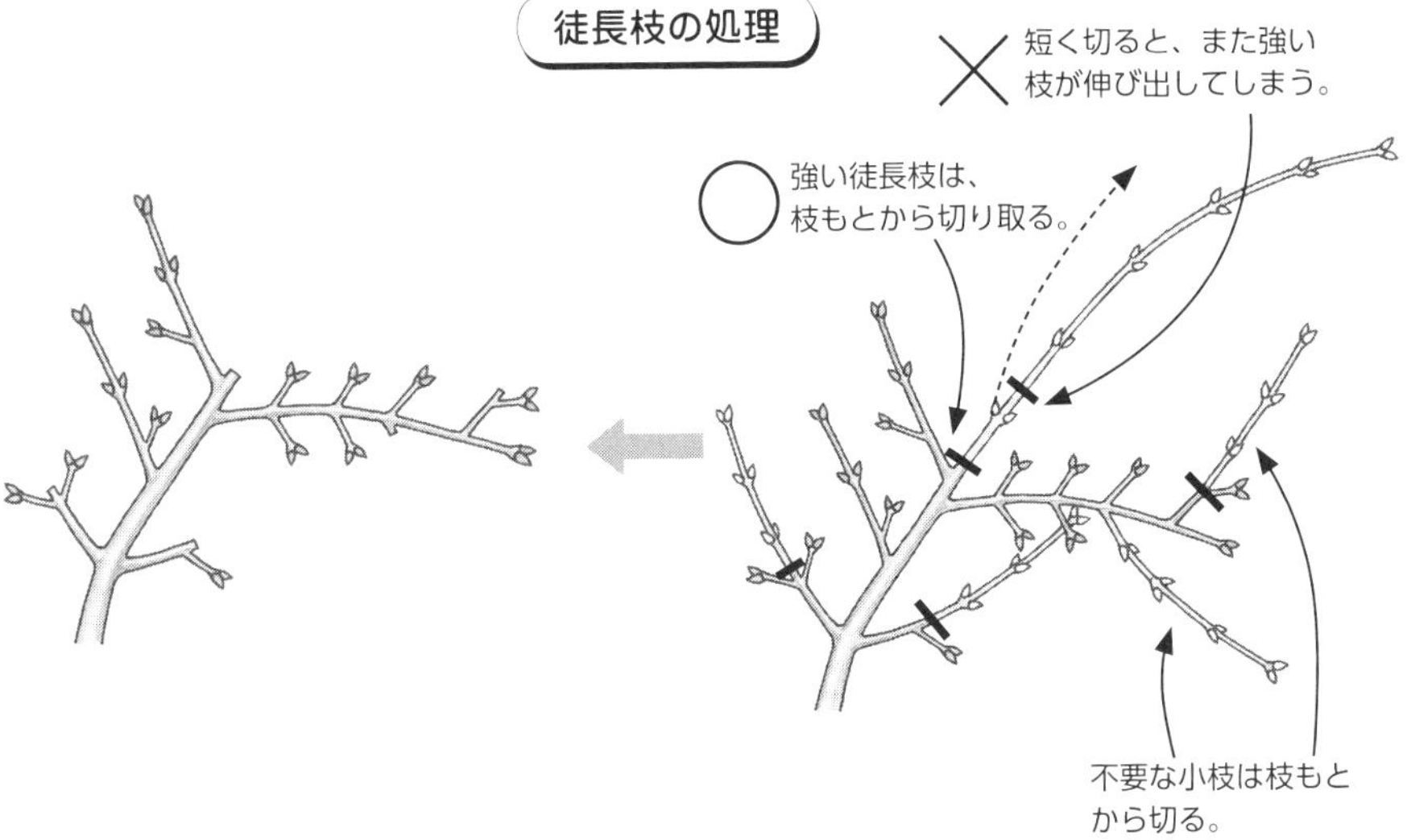
×
短く切ると、また強い
枝が伸び出してしまう。
○
強い徒長枝は、
枝もとから切り取る。
不要な小枝は枝もと
から切る。

芽の位置と切ったあとの伸び方

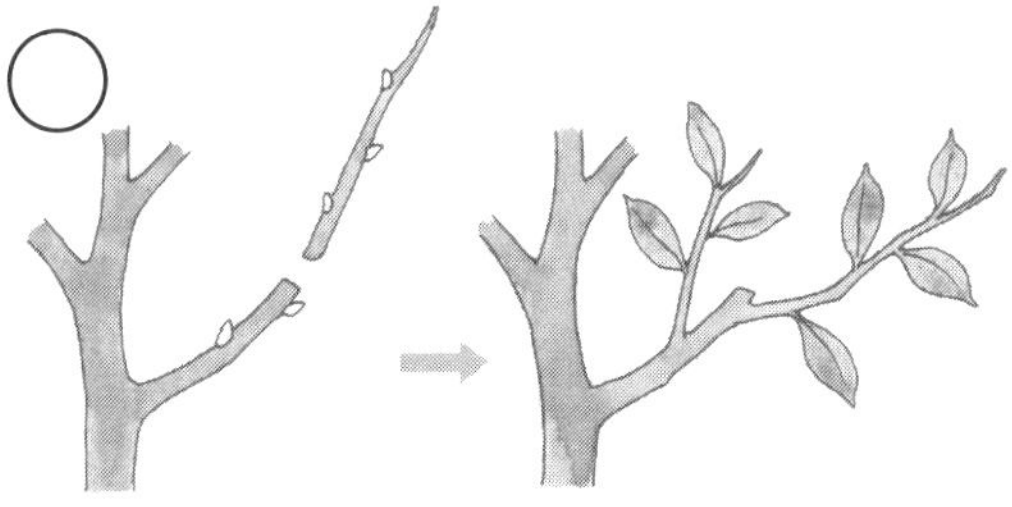

外芽の上で切った場合
外側に向かって伸びやかに枝が生え、自然な樹形になる。

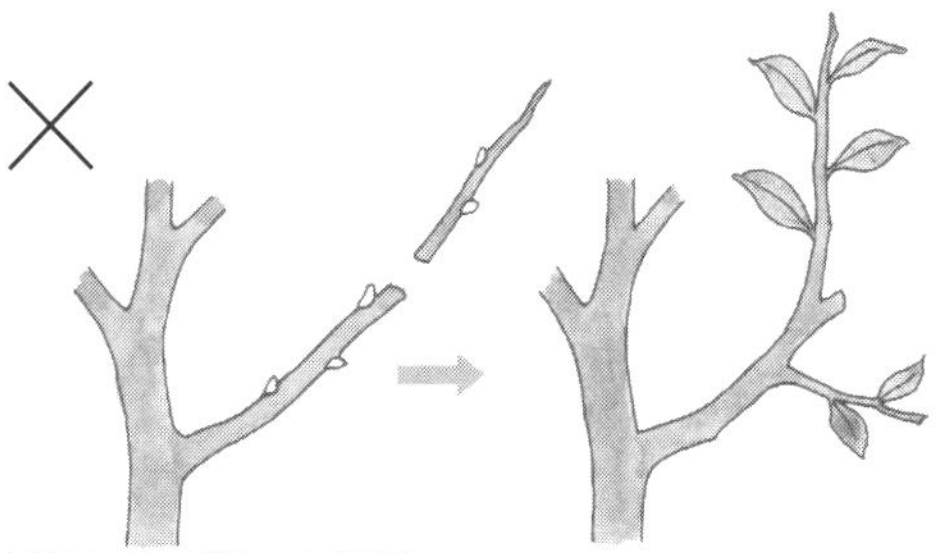

内芽の上で切った場合
立ち枝や向きの悪い生え方になってしまい、樹形が乱れる。

太い枝の切り方

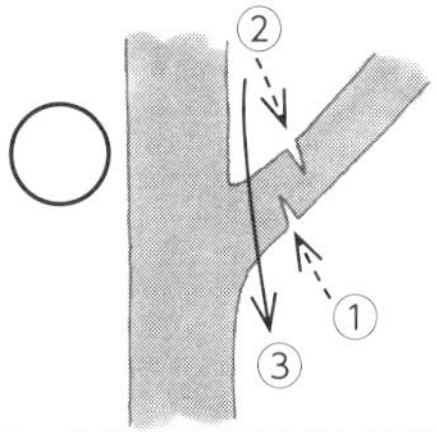
○
②
①
③

①切る位置の少し手前に下側から1/3程度切り込みを入れる。
②枝の上側から切り落とす。
③幹の近くを切り直して切り口をきれいにする。

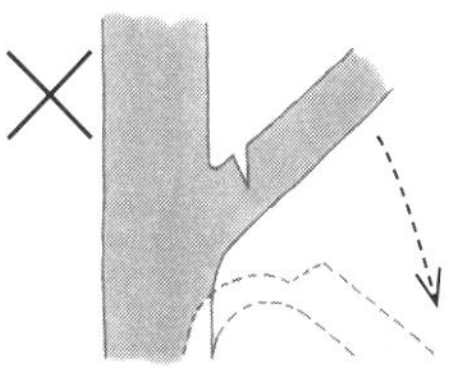

下から切れ目も入れずに一気に切り落とそうとすると、枝の重みで幹の近くまで裂けてしまい、株を傷めたり枯れたりする原因になる。

切ったら枯れてしまった！　なぜですか

これがコツ！

不適な時期に剪定をすると、枯らしてしまうことがあります。

本来、樹木は丈夫な植物で、切ることにより枯れてしまうことは、そんなにありません。それでも、**一度に強い剪定をしてしまうと、根と枝葉とのバランスが崩れ、枯れてしまうことがあります。**そのような剪定をしてしまった際には、根も一緒に切る必要があります。

また、**樹木には剪定の適期があり、不適な時期に剪定をしてしまって枯らしてしまう場合もあります。**たとえば、冬でも活動している常緑樹を冬に剪定してしまった場合や、本来、休眠している冬に剪定すべき落葉樹を、春から夏に剪定して、樹液が出てきて木が弱り、枯れてしまうというようなことです。

いずれにせよ、**無理な剪定や時期はずれの剪定をしてしまって枯らしてしまうことがあります。**また、枯れ込みやすい樹木では、**剪定後の傷口には腐らないように殺菌剤の入った癒合剤を塗っておきたいものです。**

ゴールドクレストの芽摘み

ゴールドクレストをトピアリーに仕立てる

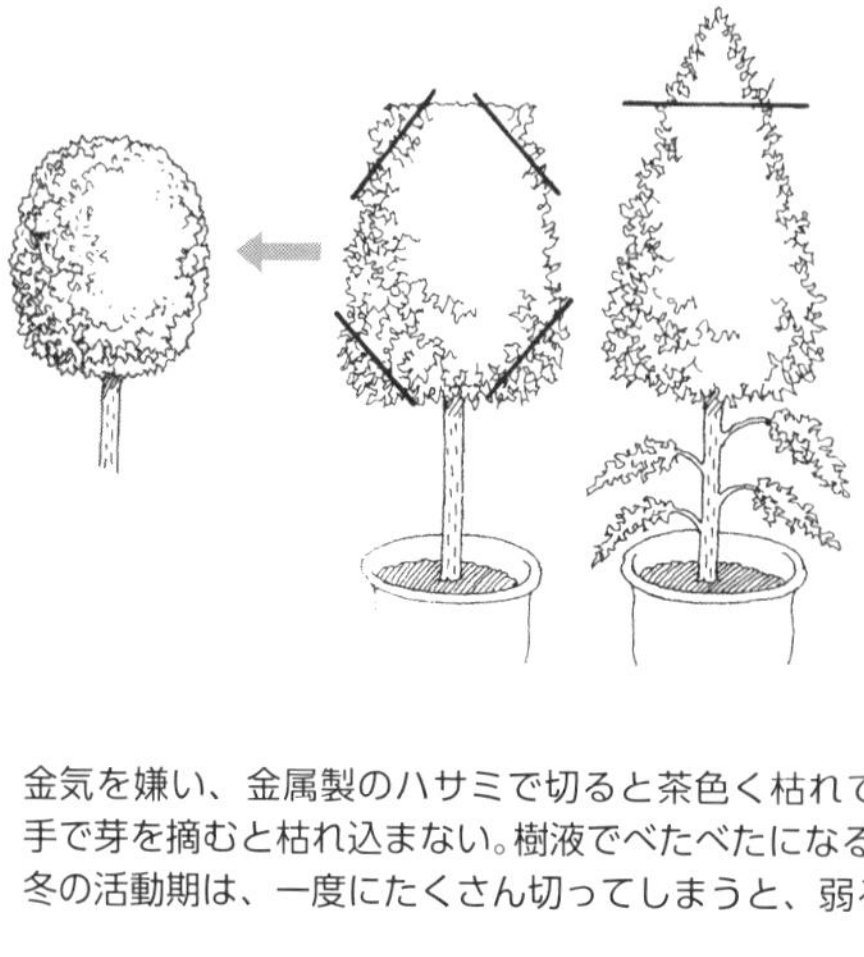

金気を嫌い、金属製のハサミで切ると茶色く枯れてしまうゴールドクレスト。手で芽を摘むと枯れ込まない。樹液でべたべたになるので、手袋をはめるとよい。冬の活動期は、一度にたくさん切ってしまうと、弱ることがあるので注意する。

樹木

Column

剪定後、切り口に木工用接着剤（癒合剤）を塗る

樹木

太い枝の切り口は、しっかり切り残しを削り落として木工用の接着剤を塗ります。

庭木や花木を剪定した場合、その切り口はできる限り早く治しておきたいものです。**切り口に新たな細胞が増殖して表面を覆ってしまわないと、雨などによって切った部分から病原菌や腐敗菌が入ってしまい、その枝が枯れ込んでしまうことがあります。**

市販の癒合剤（農薬）は、殺菌剤の入った樹木専用のペースト状のものですが、わずかな本数しか庭木がない場合や、木が若くてあまり切る箇所がない場合は、**木工用の接着剤を塗ることでも代用できます。**

サクラはとくに、枝を切ったあとの切り口が枯れやすい代表的な植物で、「サクラ切る馬鹿」と言われるほどです。切り口には必ず癒合剤を塗ってください。

特に、**太い枝の切り口は傷みやすいので、癒合剤を塗るのを忘れないようにしたいものです。**また、癒合剤の塗り残しがないように、切り口から外側の周縁部まで、まんべんなく塗ります。

太い枝を落としたあとのケア

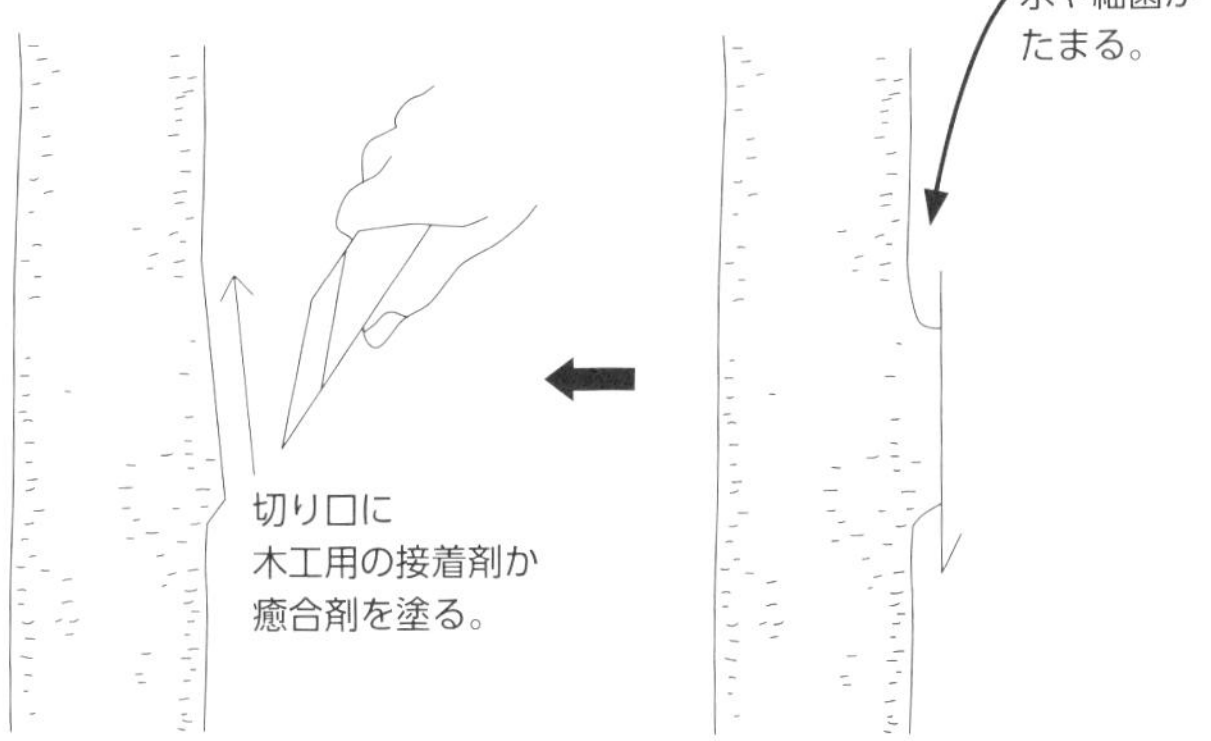

小刀で切り口を滑らかに削り、凸凹がないようにする。

切り口が出っ張っていると、そこに水がたまって腐りやすい。

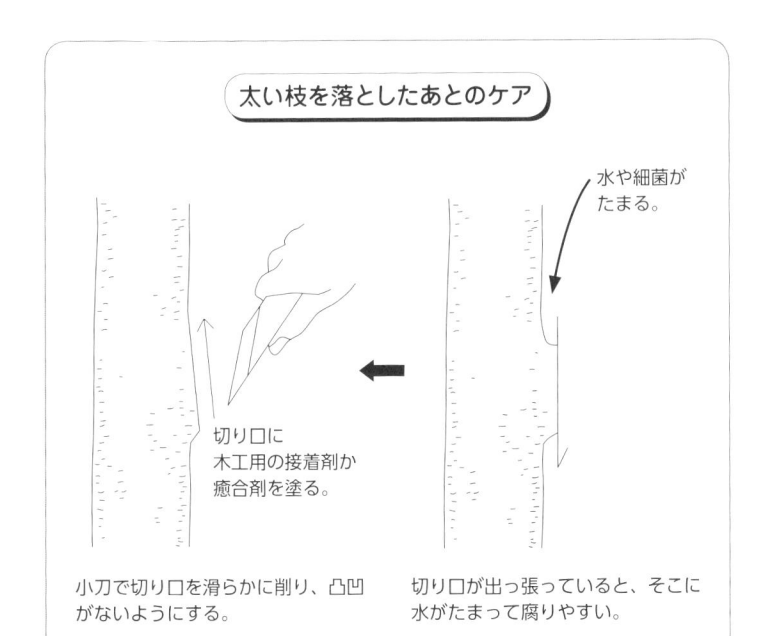

花つきをよくする剪定方法はありますか

これがコツ！

樹種ごとに適切な時期に花芽をつける枝を残し、花がふえるように剪定を行います。

植物の種類ごとに、花芽をつける枝や花芽をたくさんつける枝に違いがあります。また、枝のどの位置に花芽をつけるか、つまり、枝の先端にだけ花をつけるもの、枝の上部に花をつけるもの、さらには枝の先端から基部にまで花をつけるものなどがあります。花芽をつける時期も植物の種類ごとに違ってきます。これらのことを知ったうえで剪定を行わなければなりません。

たとえば、ウメの場合、花芽は短い枝（短枝）につきますので、短枝を残すような剪定を行います。3月の花のあと、芽吹き前に絡み合っている太い枝をノコギリで切り取って間引き、ハサミで徒長枝を基部の数芽を残し切り戻します。また、実のつく6月ごろにも春以降に伸びてきた徒長枝を切り戻します。ただし、実ウメでは、果実を収穫後、冬に軽くすかす程度の剪定を行います。

これらの花芽のつき方、つく時期などは樹種ごとに違いますのでそれらを見極め、適切な時期に花芽をつける枝を残すよう、花がふえるように剪定を行います。

ウメの花をたくさん咲かせる剪定

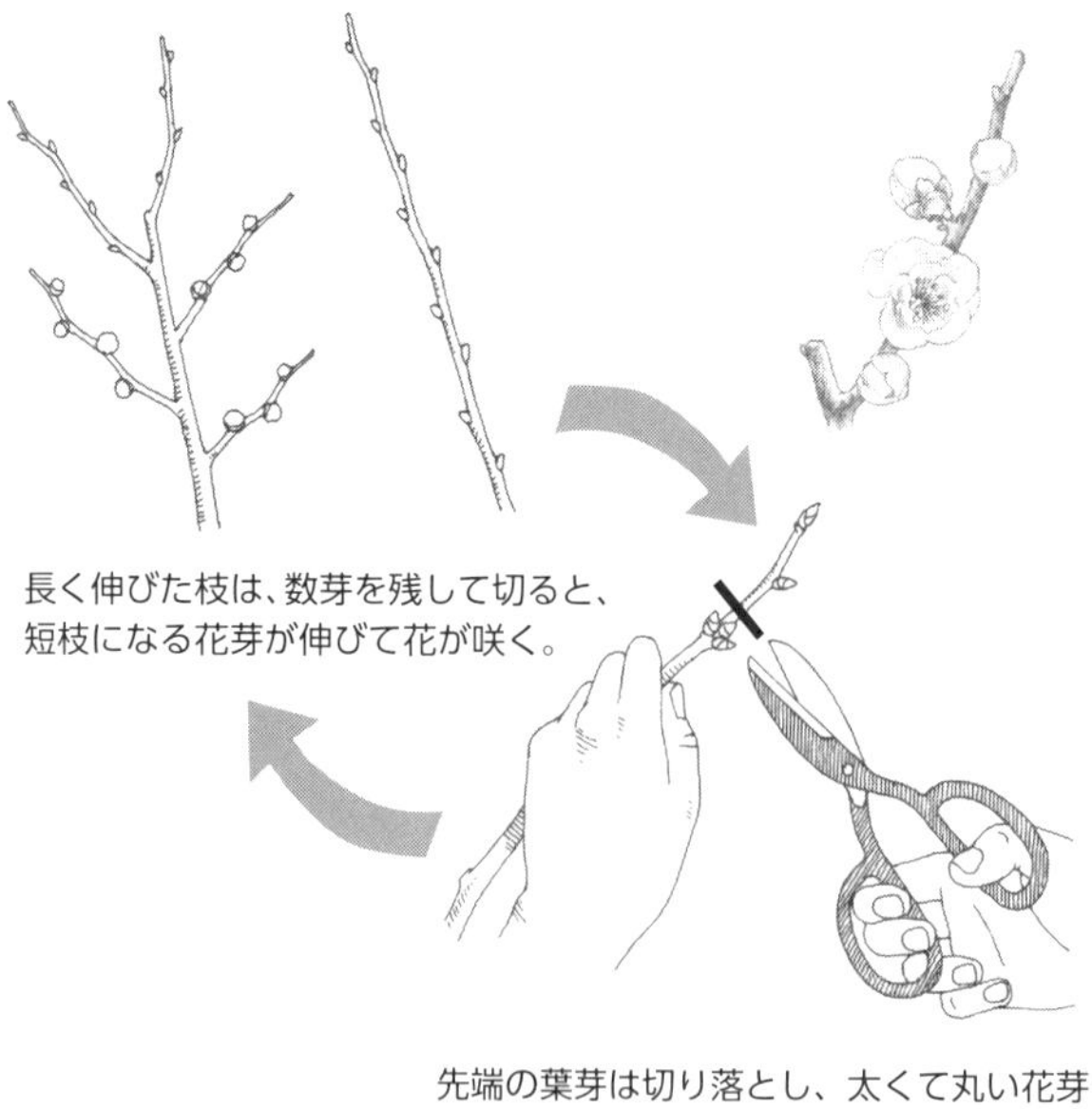

長く伸びた枝は、数芽を残して切ると、短枝になる花芽が伸びて花が咲く。

先端の葉芽は切り落とし、太くて丸い花芽の上で切る。

樹木

アジサイの冬の剪定

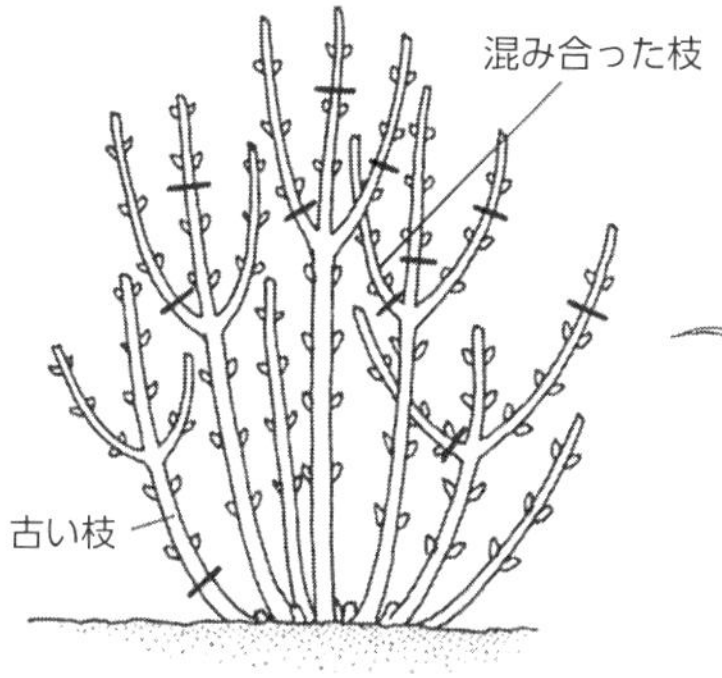
混み合った枝
古い枝

冬は古い枝や混み合った
枝を整理する程度に。

フジの剪定

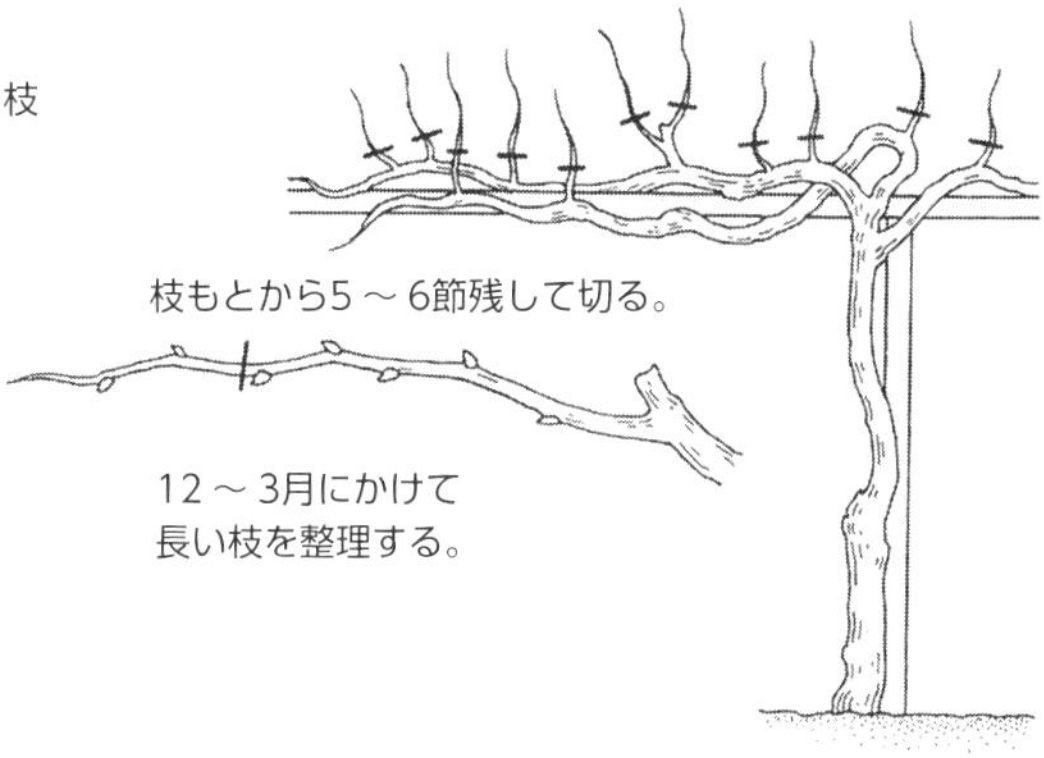
枝もとから5～6節残して切る。
12～3月にかけて
長い枝を整理する。

サルスベリの剪定

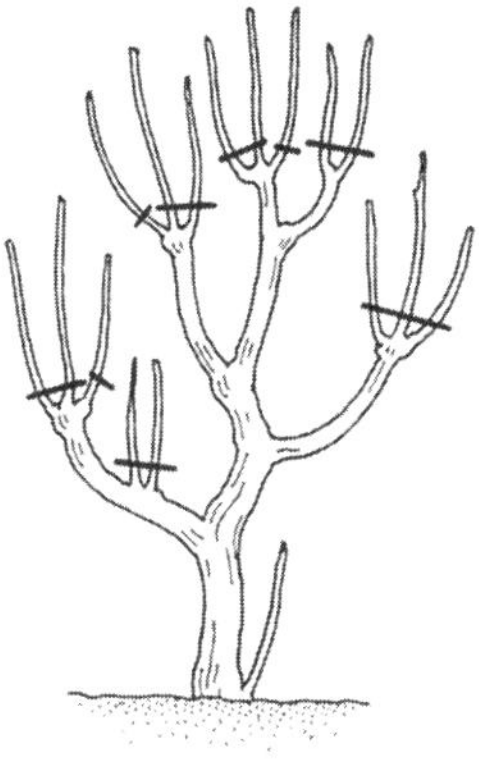

11～3月にかけて、前年伸びた枝
を全体的に思い切って整理する。

ツバキの剪定

若木の場合は、花後すぐに
葉を2～3枚残して切り戻す。

なぜバラは系統により剪定方法が違うのですか

これがコツ！

系統により枝の伸長の仕方や花のつき方が異なるため、それに合った剪定を行います。

バラの生育の仕方は、樹形により大きくブッシュタイプ、シュラブタイプ、クライミングタイプの3タイプがあります。ブッシュタイプにはハイブリッドティー、フロリバンダ、ミニチュアなどの系統が含まれ、木立状となります。シュラブタイプにはシュラブ系統、オールドローズや野生バラの多く、イングリッシュローズなどが含まれ、シュートが長く伸び、半つる状になります。クライミングタイプは言葉のとおり、よりシュートが長く伸び、支柱があるとそれに絡んで伸びていき、支柱がないと地面を這って、いわゆるつるバラになります。**この木のタイプにより生育の仕方、花のつき方が異なります。**

野生種やオールドローズの多くは、一季咲きといい年に一度しか開花しません。冬に強く剪定してしまうと、花芽をつけるべき枝も少なくなり、花数が少なくなってしまいます。そのため、枯れた枝や細い枝など一部の剪定にとどめます。

ブッシュタイプのハイブリッドティーやフロリバンダ系統のバラは春から秋まで開花を繰り返す四季咲き性ですので、冬に強く剪定しても腋芽から伸びてくる枝の先端と周辺の枝には必ず花がつきます。

クライミングタイプはつるバラのことですが、ほとんどの品種が一季咲きです。長いつるの腋芽が翌春に伸長し、伸びた枝の先端やその周辺に花をつけます。古い枝や弱い枝を間引き剪定し、残したよく伸長したしっかりした枝を斜めになるよう誘引していきます。枝を倒さないで上に伸ばしたままにしていると、先端のほうにだけしか花がつかなくなります。枝を倒し、斜めにすることにより、枝の低いところにも花をつけるようになります。

このように、**バラは系統により生育の仕方（枝の伸長の仕方）や花のつき方（開花習性）などが異なりますので、それに合わせて異なった剪定を行います。**

ブッシュタイプの剪定

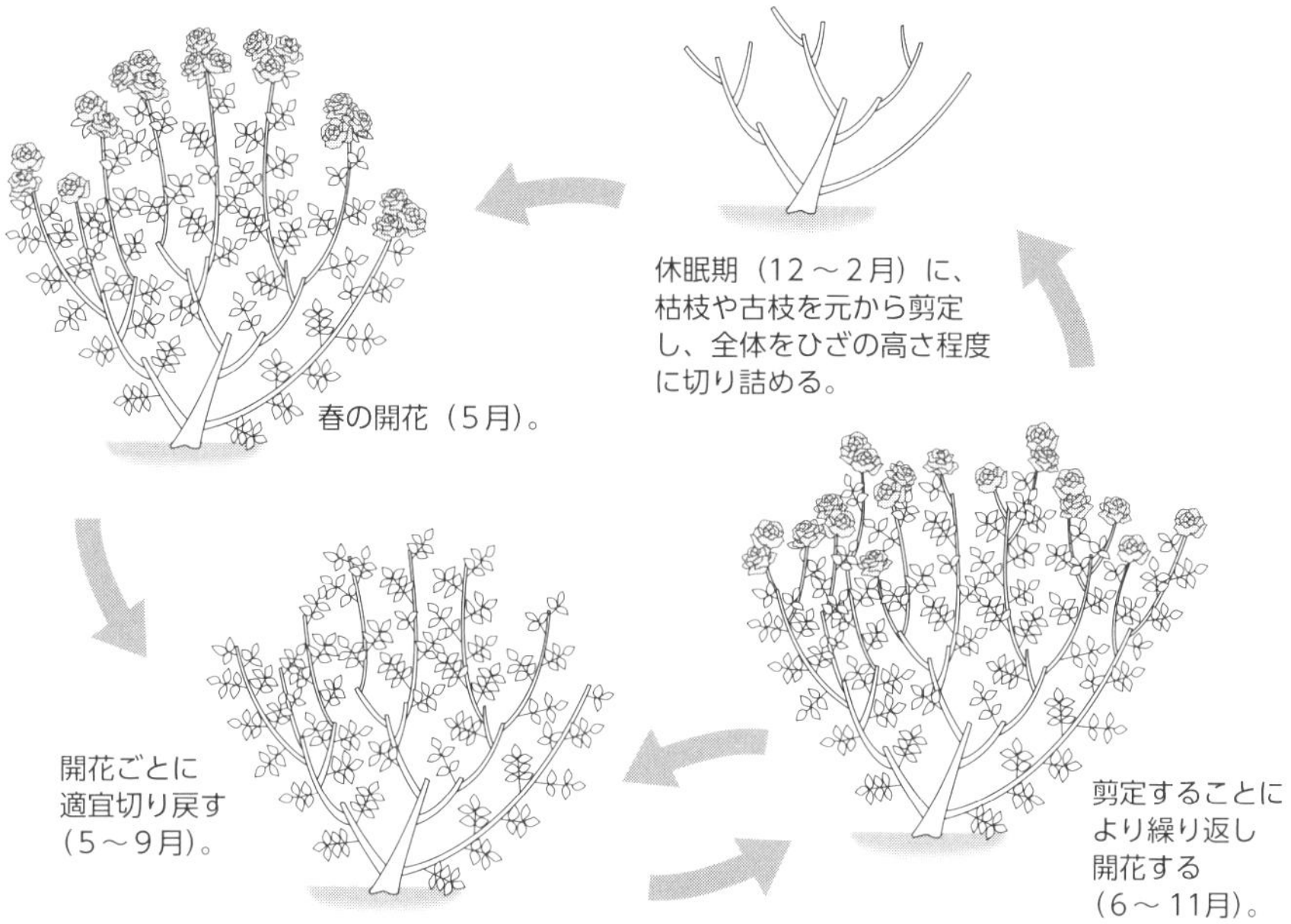
休眠期（12～2月）に、
枯枝や古枝を元から剪定
し、全体をひざの高さ程度
に切り詰める。
春の開花（5月）。
開花ごとに
適宜切り戻す
（5～9月）。
剪定することに
より繰り返し
開花する
（6～11月）。

クライミングタイプの剪定

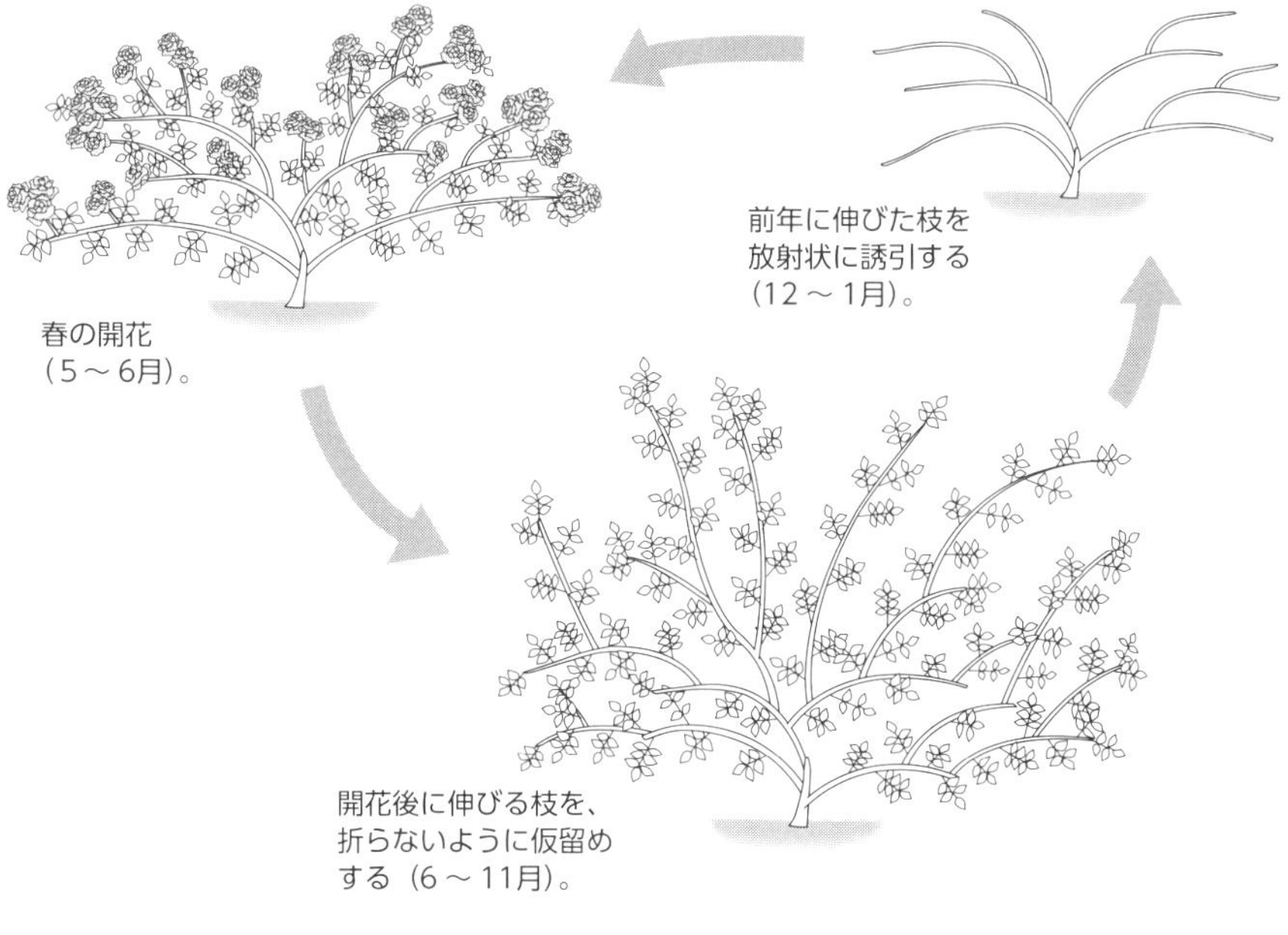
前年に伸びた枝を
放射状に誘引する
（12～1月）。
春の開花
（5～6月）。
開花後に伸びる枝を、
折らないように仮留め
する（6～11月）。

なぜ四季咲き性のバラの剪定はおもに夏と冬に行うのですか

樹木

これがコツ！

花のピークである春と秋に合わせてたくさんの花をつけさせるためです。

バラは剪定せず放任しておいても花を見ることはできます。シュートの先端に花がつき開花すると先端の生長は停止しますが、その直下の腋芽が伸長し、その先端にまた、花をつけます。このようにして四季咲き性をもつバラは年間を通じて花を繰り返し咲かせ続けます。ただし、四季咲き性といっても、バラの生長が止まる冬の休眠期には開花しません。また、野生バラや多くのオールドローズは一季咲き性ですので、繰り返し花を咲かせることはありません。

四季咲き性のバラはこのような性質をもっていますので、剪定しなくとも咲き続けることはできます。しかし、**開花する枝は木の上のほうへいきますので、細い枝に小さな花しか咲かなくなっていきます。**

そこで、太い枝から伸びるシュートに大きな花を咲かせるために、低い位置に切り戻してやるのです。

時期として夏では、8月下旬から9月上旬（残暑のころ）に、冬は1月中旬から2月の休眠時におもな剪定を行います。

四季咲き性のバラは**盛夏にはエネルギーを消耗してしまい、花が咲いてもよい花が見られないので、木を休ませるためにも春から初夏に咲いた枝を切り戻す夏剪定を行います。**剪定時期は、剪定後に枝が伸びてきて開花するころに気温も下がることを見込んで決定します。通常、本州では8月下旬から9月上旬が適期です。そのころに剪定すると、10月中旬ごろからよい秋のバラを楽しむことができます。

バラの花がいちばん美しいのは春から初夏です。**この時期にいかに花をたくさん咲かせるかが、バラ栽培の秘訣です。そのため、休眠している芽が動きだす直前の1月中旬から2月に強い剪定を行います。**

このようにバラの花のおもなピークである春と秋に数多くのりっぱな花を咲かせるために、夏と冬に思い切った剪定を行うのです。

バラの夏の剪定

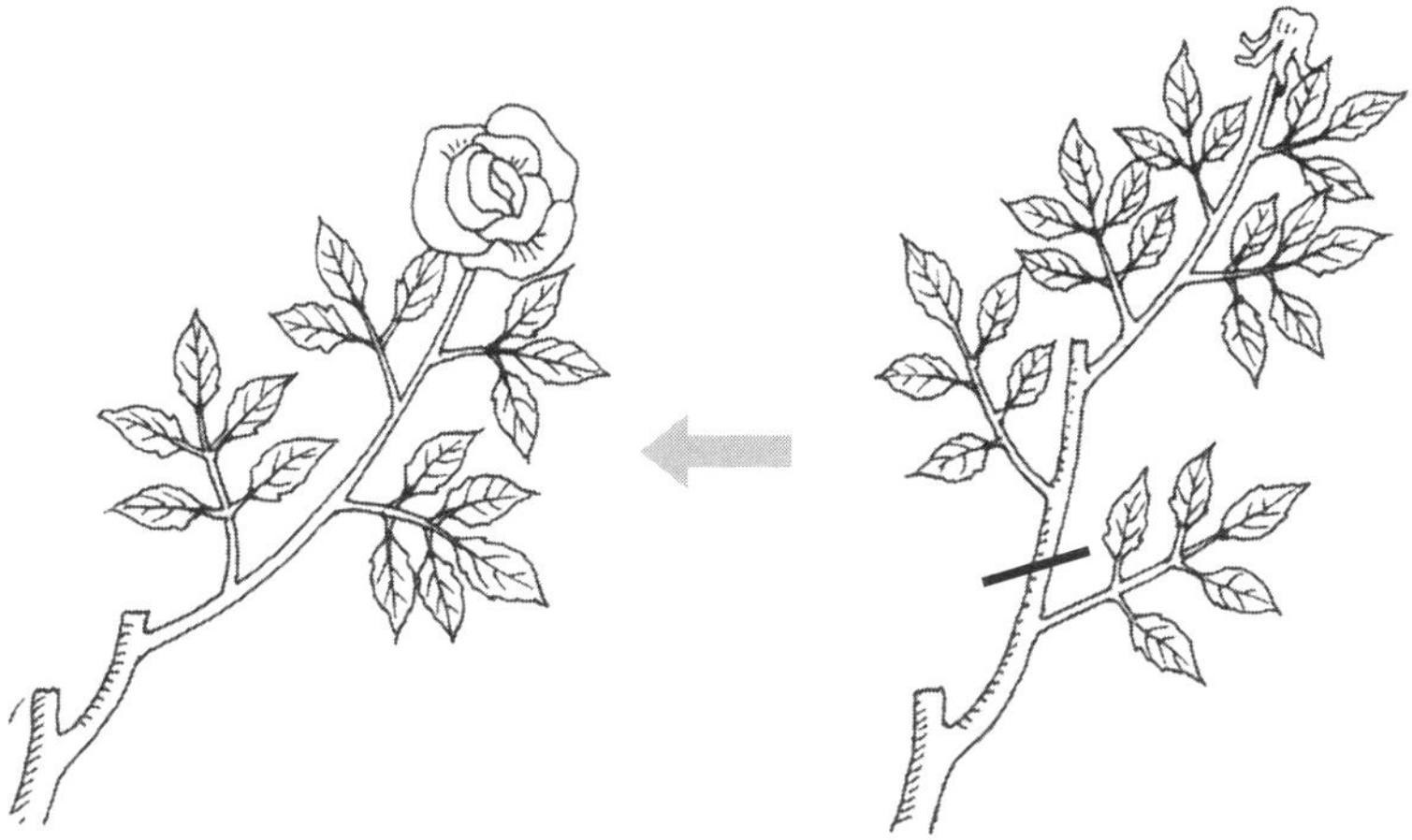

春から初夏にかけて開花した枝を切り戻す。時期は8月下旬～9月上旬が適期。

バラの冬の剪定

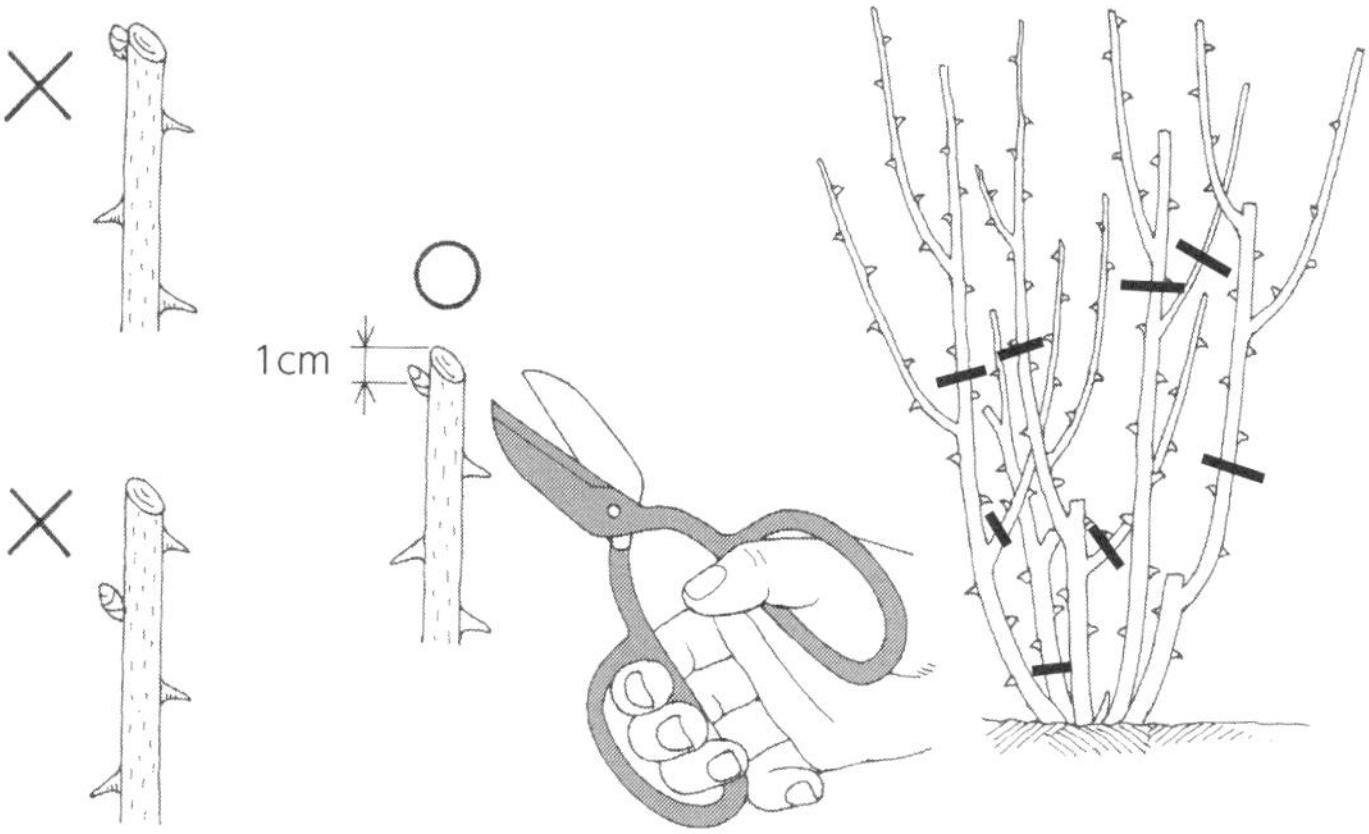

枯れ枝や古い枝は株もとから切り、内側の混み合った枝を整理すると効率よく日が当たり、葉がよく展開する。時期は1月中旬から2月の、芽が動きだす前がよい。
芽と切り口の間隔は1cm程度確保しておくと枯れ込みにくい。

剪定バサミを使う際には刃を株もと側にするのですか

これがコツ！

切る刃を株もと側に当て、受け刃を切除側にすると、枝がきれいに切れます。

剪定バサミには切る刃と受け刃があります。三日月形をしていて下側になるのが受け刃、半月形で上側になるのが切る刃です。

受け刃は、刃で枝を切る際に支えになったり、固定する役目をもった刃で、それ自身で切ることはできません。実際には、受け刃に支えられた枝に刃を動かす（刃が移動する）ことによって枝が切られます。

そうすると受け刃に支えられた枝には、受け刃の跡がつくことになります。もし、下から伸びてきている枝に対し、受け刃を下にして（株の基部側に受け刃をおく）切ると、基部側に残った枝に受け刃の跡がつきます。

したがって、このような**受け刃による跡**（**傷**）をつけないようにするため、剪定バサミは株もと側から当て、使う際には切る刃を下に（株もと側に）向けて使用すると、きれいに切れます。

正しい刃の当て方

○

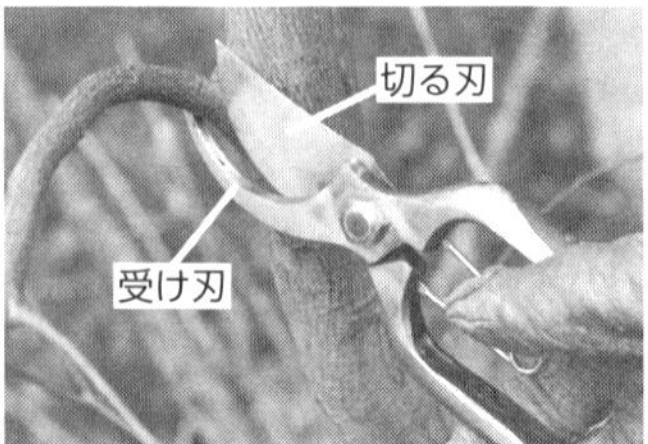

ハサミの大きな半月形の切り刃を株元側、細く三日月形の受け刃は枝側になるように切る枝をはさむ。

間違った刃の当て方

×

上下が逆だと、刃と刃の間に枝をはさみ込んでしまったり、刃が滑ったりして、スパッとうまく切れない。

草花
樹木

V章

繁殖

タネまきや挿し木など、植物の繁殖には生命の科学や進化の知恵が、
たっぷりとつまっています。
タネまき上手は「グリーンフィンガー（緑の指）」への近道。
不思議な繁殖の仕組みをひも解けば、
今よりもっと園芸が好きになることでしょう。

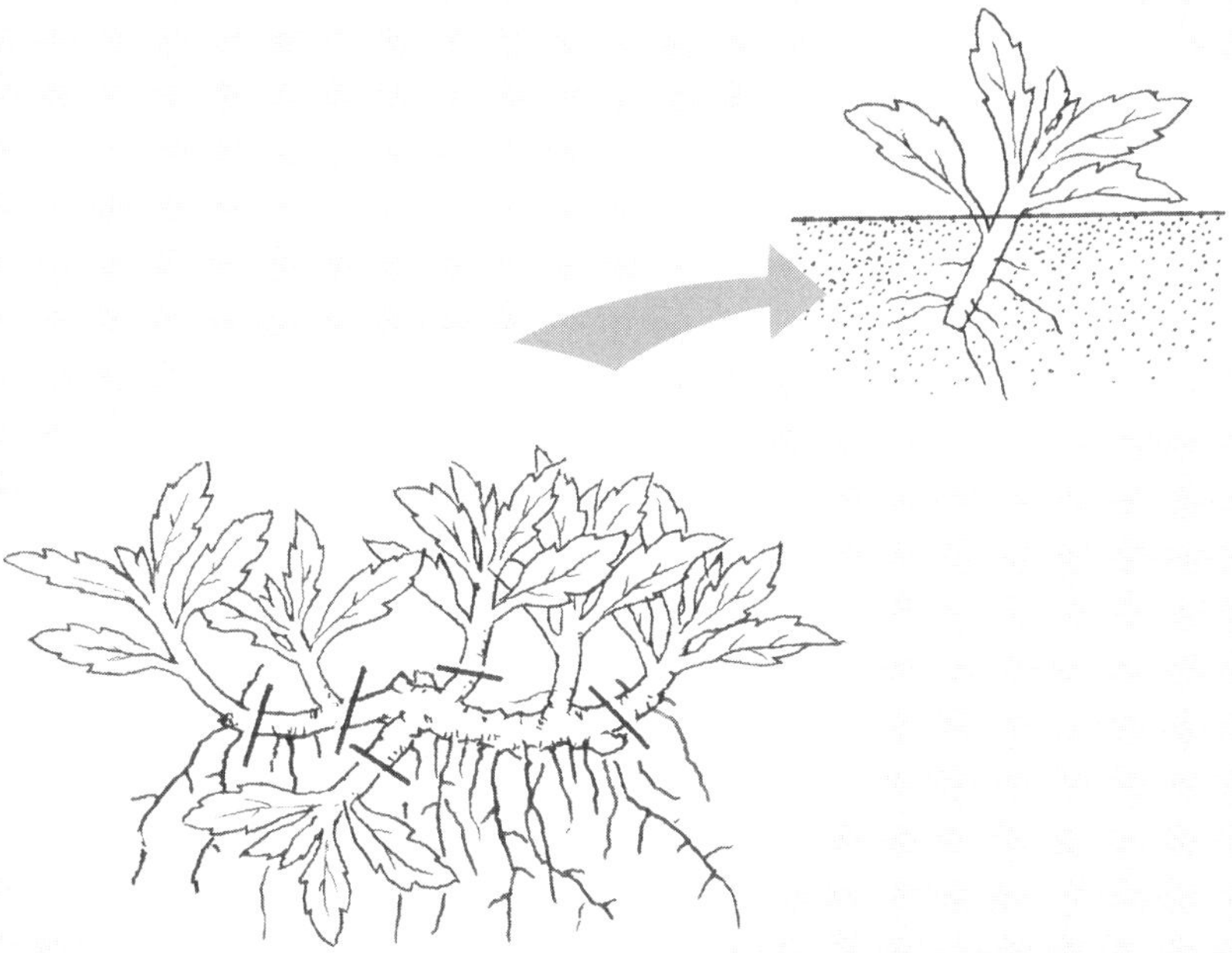

草花　樹木

タネはいつ収穫するのですか

これがコツ！

果実の色の変化で時期を見極め、逃さず収穫したら、採りまきか低温・低湿で保存します。

本来、タネは熟すると、できる限り自分の子孫の生活場所を広げるようにはじけて遠くへ飛んだり、羽のようなものがついていて風に乗って飛んでいったりと、移動できるような機構を備えています。

タネは移動するまでに十分熟しているはずですので、飛んでいく前に収穫しなければなりません。

収穫適期の目安は、タネを包んでいる（保護している）果皮の色が変わったときです。多くのタネは、果実の色が変われば、ほぼ完熟しているので、収穫することができます。

見極めるコツは、たとえば、緑色をしていた果実が赤や黄色に変わったときをとらえることです。果実が肥大しない植物では、タネを包んでいる果皮をすかして観察し、タネの色の変化から収穫時期を判断することもできます。熟すと黒くなるタネなら、そのようすはわかりやすいでしょう。

また、果実がはじける植物では、果皮が継ぎ目で割れてはじけそうになっていたら、ちょうどよい収穫時期の目安です。たとえば、ホウセンカの果実に手で触れたことがないでしょうか。果実の中のタネが黒くなって成熟したものでは、手で触れると果実がはじけてタネが飛んでいきます。ホウセンカの学名をインパチエンスといいますが、これにはラテン語で「我慢できない」という意味があり、まさに果実がはじけることを我慢できなくなって、飛び跳ねていくようすに由来します。

このようなはじけて飛んでいくタイプのタネでは、知らないうちに果実がはじけ、「気がついたらタネがなくなっていた」ということがよくあります。**効率よく収穫するには、果実がはじけてしまう前に、通気性のある袋を用意してタネを包むようにかけておくと、はじけても逃さずに収穫することができます。**市販のお茶パックや麦茶パックが手軽で便利ですが、ガーゼや不織布などでつくった小さな袋を利用することもできます。

使い方は、タネをとる予定の果実全体が入るように袋を上からかぶせ、果柄で絞ってひもやホチキスで固定します。風雨で飛ばされたり、とれてなくならないように、果柄を傷めない程度にしっかり固定することが大切です。果実がはじけて袋の底にタネが落ちていたら、こぼさないように袋を開封し、タネを収穫します。

収穫したタネは、すぐに**採りまきにするか、乾かしてタネ袋に保存するなど、適した保存方法でタネまきの適期まで保管します。**

タネの保存は、低温・低湿条件で行いましょう。そうしないとタネの寿命が短くなってしまいます。高温・多湿条件にタネをおいておくと、どんどんタネの発芽率は低下していきます。家庭用冷蔵庫の2℃くらいの温度でいいでしょう。低湿にするにはシリカゲルのような乾燥剤を利用します。密閉度の高い保存容器や茶筒に乾燥剤を入れ、中に紙袋につめたタネを保存します。このようにすると、植物によっては1年ぐらいは発芽率が大きく低下することはありません。

茶こし袋でタネの飛散を防止する

結実して子房がふくらんできたクリスマスローズの花。

市販のお茶パックで、花ごと包むように袋の中に入れる。

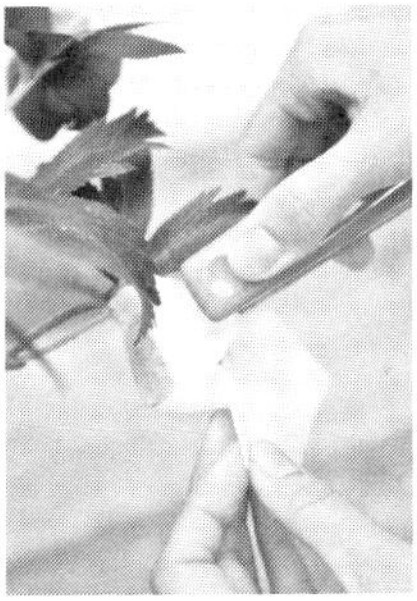
袋の裾を果柄で絞り、開口部を上にしてホチキスでとめる。

タネがはじけると袋の中に落ちる。こぼさないように収穫する。

なぜ春にまくタネと秋にまくタネがあるのですか

草花　樹木

これがコツ！　**その植物の原生地の気候に合わせて、春まきか秋まきにします。**

タネから毎年育てる一年草には、春まきのものと秋まきのものがあります。春まきの代表的な草花には、ヒマワリ、コスモス、アサガオ、マリーゴールド、ヒャクニチソウなどがあり、秋まきにはキンギョソウ、ハボタン、パンジー、ストックなどがあります。

これらの植物をよく見ると、**春まきの植物は冬の寒さに弱い植物ばかりです**。どうして冬の寒さに弱いかというと、**低緯度の暖かい地域または暑いところを故郷とする植物だからです**。自生する環境では低温にならないため、寒さに順応する術をもたないのです。そのため、このグループの植物の多くは霜が降りると組織が傷み、枯れてしまいます。

それに対し、**秋まきの植物は冬の寒さに強い一方、夏の暑さに弱い植物です**。つまり、**秋まきの植物は秋から冬を経て春に花が咲く植物で、温帯原産の植物になります**。多少、凍っても生きていますが、梅雨からの高温多湿には耐えられず、暑さや蒸れで傷んでしまい、枯れていきます。

なお、**タネまきの適期の目安としては、春はソメイヨシノが咲くころで、秋はヒガンバナの咲くころになります**。この基準は、地方が変わってもほぼ同じで、年によって寒暖の変動があっても、大きく狂うことはありません。たとえば、例年よりも1週間早くソメイヨシノが咲いても、その時期にタネまきしておけば十分暖かくなっているという証拠なので、カレンダーを気にせずにタネまきしたほうが順調に育ちます。

このように、**その植物がどこの原産であるかにより、タネまきの時期が異なります**。また、**植物はその原産地の気候に適応してきていますので、それに合わせて、タネをまく適期が決まってくるのです。原生地の気候がどこかで、秋まきと春まきに分かれます。**

春まき一年草と秋まき一年草

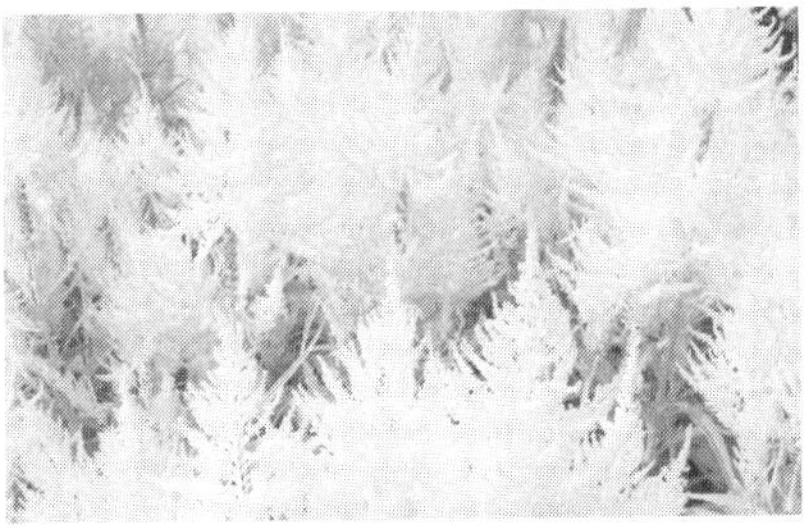

ケイトウ

アゲラタム

コスモス

＊春まきの植物

アゲラタム、アサガオ、ケイトウ、コスモス、サルビア、ヒマワリ、ヒャクニチソウ、ペチュニア、ホウセンカ、マツバボタン、マリーゴールドなど

キンギョソウ

パンジー　ビオラ

ワスレナグサ

＊ 秋まきの植物（温暖地・暖地）

キンギョソウ、キンセンカ、ストック、ダイアンサス、デージー、ハボタン、パンジー、ビオラ、ヒナゲシ、フロックス、マツムシソウ、ロベリア、ワスレナグサなど

なぜ光を好むタネと嫌うタネがあるのですか

草花　樹木

これがコツ！

強い光を好む植物や微細なタネは、発芽するのに光を必要とするものが多くあります。

植物の種類により、そのタネが発芽するのに光を必要とする植物と必要としないもの、光があってもなくても発芽するものがあります。光を必要とするタネを好光性種子（または光発芽種子）、光を好まないタネを嫌光性種子（暗発芽種子）といいます。

ペチュニア、プリムラ類、コリウス、ベゴニア・センパフローレンス、インパチエンスなどは好光性種子で、ヒャクニチソウ、シクラメン、ハゲイトウ、ヒナゲシなどは嫌光性種子になります。

一般に強い光で良好な生育をする植物（陽生植物）では発芽に光を必要とするものが多く、そのような条件で繁殖し生育するため、光のある条件でないと発芽しないように適応してきたものと思われます。

また、貯蔵物質が十分でない微細な種子では、深い土中で発芽した場合、貯蔵物質を使い尽くしてしまって芽生えが地上に到達できない危険性があります。そこで、光が届くところで種子が発芽できる仕組みをもっているほうが生存に有利となります。そして早く地上部で芽生えを展開し、光合成を行うことにより、貯蔵物質が少なくても初期生育を進めることができます。

このように植物が野生の条件でいかに生き延びるかの戦略として身につけてきたものの一つとして、光に対する発芽反応があるのです。

光を好むタネと嫌うタネ

好光性種子の植物
ペチュニア

嫌光性種子の植物
シクラメン

Column

育てる植物によって変わる、タネのまき方

植物の性質やタネの大きさで「ばらまき」「スジまき」「点まき」を使い分けます。

草花 樹木

畑や庭に草花のタネを直にまく（直まき）場合、ばらまき、スジまき、点まきの3つのまき方があります。

ばらまきは、全面にまんべんなく広くまく方法で、ポピー、マツバボタンのようなタネの細かい植物のタネをまく場合に用います。スジまきは、アスター、ストック、ニンジン、ネギなどの中・小粒のタネをまくときに適します。耕し、整地された畑にスジ（条）をつくり、それに沿ってタネをまきます。スジの間隔は、作物の草丈、株張りの具合や栽培の目的によって変わります。芽生えたものは、混み合ったところを間引きます。点まきは、スイートピー、キンレンカ、エダマメ、ダイコンなどの大粒のタネをまくときに用います。一定の間隔にスジをつくり、これに沿って一定の距離をおいて点々と、一ヵ所にタネを2～3粒ずつまきます。

このように、タネのまき方を変えると、あとの管理も楽になります。

直まきの方法と発芽のようす

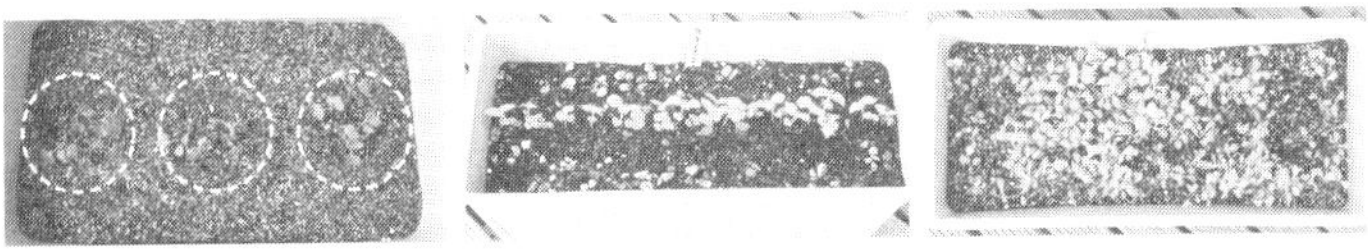

① ばらまき
プランター全体にタネをばらまく方法。なるべく均一にタネまきし、間引きながら育てる。主に小型～中型の葉もの野菜やハーブなど。

② スジまき
スジ状に浅い溝をつけ、スジに沿ってタネまきする方法。適期に間引き、株間を広げながら育てる。大型の葉もの野菜や一年草類など。

③ 点まき
あらかじめタネとタネの間隔をあけ、穴をあけてまく方法。栽培する作物によって、間隔を考える。タネが大きいマメ類やアサガオなど。

植物は水分がないと発芽できないのですか

草花 樹木

これがコツ！

水分はタネがもっている生理機能を発動し、生長を維持するために欠かせません。

タネの発芽には、適度な温度、水分、酸素が必要ですが、中でも重要なのが水分です。水分がないとタネは発芽できません。

タネはたっぷりと吸水し、水を利用しながら発芽に向けて必要なタンパク質を合成し、生理代謝活動を開始します。**水はタネを膨潤させ、細胞内の器官や物質を再活性化させ、いろいろな代謝活動の溶媒として使われます。ですから、この水分が足りなかったり、まったくない状態では、最初のスタートがきれないのです。**

タネの中でも、胚（幼植物体）の生長が始まり、細胞分裂が進むに従って次第に大きさが増します。そして、発芽の物理的障害でもある種皮を、胚が破っていきます。

また、発芽が始まると、幼根と幼芽が生長していき、急激な水分の吸収が起こります。**この水分は細胞を分裂させるために使われます。発芽直後の急激な生長を維持するためにも、水は不可欠なのです。**

そのため、土壌中に水分が十分含まれていないと、タネに水分が供給されないために、ちゃんと発芽しません。また、土壌中に水分が十分含まれていても、土壌中に塩分が多く含まれていると、土壌水の浸透圧が高いために、タネへの水の吸収が阻害されます。塩分が多いというのは、肥料がたくさん含まれているということです。したがって、タネをまく土には肥料分が多く含まれていないものが望ましいということになります。また、タネまき直後の施肥は控えたほうがよく、生長に従って必要な段階ごとに肥料を与えていきます。

水分はタネがもっている生理機能を発動するための要素で、その生長を維持していくためにも、必要不可欠なのです。タネまきしたあと、水やりなどでタネが土壌から水分を吸収したときにはじめて、発芽への営みがスタートします。

Column

すぐに発芽せず、忘れたころに発芽するタネ

草花 樹木

温帯で進化した植物には、必要な低温条件を満たさないと発芽しないものがあります。

温帯性の樹木や宿根草には、タネが成熟したあと、一定の期間、休眠に入るものが多くあります。

なぜかというと、自然の営みの中でタネが成熟して地上に落下する時期は、これから冬に入ろうとする季節になる場合が多く、タネが発芽して幼植物が生育するには適さない環境だからです。

そのため、タネが落下後、すぐに発芽せず、春の温度が上昇するころに発芽するように適応してきました。そのようにしてタネが成熟後、休眠するシステムを得たのです。そして、**この休眠を覚まさせるには、決まった長さの低温期間を必要とします。この低温期間は、本来その植物が自生している場所での冬の期間に相当します。つまり、発芽に適した環境（気温など）になるまでの期間になります。**

このようなタネをまくときは屋外で、通常は一定の寒さを経て翌春に発芽します。ところが翌春に発芽せず、もう1年を経過してから発芽してくる場合があります。これは、1年目の低温では足りず、さらにもうひと冬の低温が加わってやっと必要な低温条件を満たしたため、休眠から覚めて発芽してくるからです。

タネまきした鉢を冷蔵庫に2～3ヵ月入れて、1年目に発芽させることもできます。

このように、**冬のある温帯で進化してきた植物では、タネまきしてもなかなか発芽せず、忘れたころに発芽してくることがよくあるのです。**

タネが休眠しやすい植物

イチゲ、エゴノキ、クズ、クレマチス、ナツツバキ、ナナカマド、ニセアカシア、バラ、マルバノキ、ミズキなど

確実にタネを発芽させる方法はあるのですか

草花　樹木

これがコツ！　**温度、水分、酸素のほか、光の有無や傷をつけるなど、タネに合わせて条件を整えます。**

タネは、おもに温度、水分、酸素の3つの条件が適正であれば、本来、発芽するものです。その他に特別な条件として、光、低温などを要求するものもあります。

植物には発芽適温というものがあり、その植物の故郷（もとの自生地）で自然に発芽する時期の地温に相当します。自然な状態であれば、地温が発芽適温になった時期にタネまきをすることになります。逆に、発芽適温でない時期にタネまきを行うときには、加温（タネまきをしたものを温室で管理する）したり、冷房したりということになります。

タネまきをした床や鉢にはたっぷりと水やりし、乾かさないようにします。タネが小さく、上から水やりするとタネが流されたり、飛び散ってしまうような場合は、底面から吸水させます。鉢まきの場合は、水を張った入れ物につけてやり、表面の土が湿るまでおいておきます。

3つ目の条件の酸素ですが、タネまきを行う用土には水はけ、水もちのよい土を使います。発芽と初期生育用の用土ですから、肥料分はあまり必要としません。発芽に光を必要とする植物では、覆土（タネまき後に土をかける）はしません。**覆土が必要なタネでも、タネの大きさの何倍もの厚さに覆土する必要はありません。覆土する場合、タネの大きさまたはその2倍ぐらいの厚さにします。**

特別な条件として、光を要求するものには、122ページのようにペチュニアやプリムラなどがあります。低温を要求するものとしては、サクラソウや温帯性花木の代表的な植物、バラがあります。ただし、低温にするのは、タネを湿らせた状態でなければ効果がありません。

これらの条件を満たしてもなお、発芽しないものがあり、その場合、タネそのものにひと癖あることがあ

ります。その例として、マメ科植物によくあることですが、硬実種子というのがあります。種皮が硬いため、そのままいてもなかなか発芽してきません。その場合、**種皮に傷をつけたり、ぬるめのお湯にタネを浸して種皮をふやかし、吸水を促すと発芽してきます。**

温帯性の植物では、タネが熟してから休眠に入るものが多く、一端、休眠に入ってしまうとなかなかタネが目覚めてこないことがあります。また、その年にタネまきできなくて放っておいたために、さらに深い休眠に入ってしまう場合もあります。**休眠は植物体内のホルモンにより調節されているので、そのホルモンバランスを変えてやる必要があります。**

よく用いられる方法に、ジベレリンという植物ホルモンの処理があります。ジベレリンに休眠ホルモンの量を低下させる働きがあるからです。ジベレリンを適当な濃度に溶かした液に一晩から1日浸漬することにより、休眠を打破させて発芽させます。ジベレリン処理をしたタネは通常の方法でまきます。ジベレリンはホームセンターや園芸店で粉剤が流通し、使用法に従って規定の倍率に水で溶かして用います。

アサガオのタネまき

外皮に浅く傷をつけ、一晩水に浸して吸水させる。
ポットや鉢にタネまきし、水をたっぷりと与える。

タネまきに注意が必要なもの

＊傷をつける、表面を削る
アサガオ、アルファルファ、インゲン、オクラ、ゴーヤー、スイートピー、ダイズ、ルピナス、レンゲソウなど
＊ 水につける
アサガオ、インゲン、オクラ、スイートピー、ダイズなど
＊ お湯で外皮を洗う
バーベナなど
＊ 冷蔵処理する
サクラソウ、バラなど
＊ 殻をはずす
スカビオサ、センニチコウ、ナスタチウムなど

樹木

挿し木の際には、挿し穂の葉を少なくしたほうがよいのですか

これがコツ!

根が未発達の挿し穂は、水分を吸収する量が少ないため、葉を減らして蒸散を抑えます。

挿し木のやり方は、枝または茎を一定の長さに切った「挿し穂」をつくり、それを土に挿します。

当然ですが、挿し穂には、これまで根から供給されていた水の給水が断たれることになります。しかし、挿し穂は呼吸をしているので、その呼吸に合わせて、葉裏の「気孔」（空気の出入りを行っているところ）から、水分も蒸気となって出ていきます（蒸散）。

この蒸散で逃げていく水分が、挿し穂の切り口から吸水する水分量を超えると、植物体内の水分が不足して、植物はしおれていきます。**挿し穂が切り口から吸収する水分は、根が活発に活動しているときの蒸散量に比べて、その何分の一かというほど、少ない量しかありません。そのため、葉の蒸散量を吸収できる水分の量に合わせて減らす必要があるのです。**

この水分の需要と供給のバランスを保つために、挿し穂の葉を少なくしたり、葉の一部を切除して、蒸散による水分損失を少なくするのです。葉を少なくする場合、残される葉が多いと（または葉面積が大きいと）しおれやすく、逆に少なすぎると（または葉面積が小さいと）発根が遅れてきます。葉の量が多すぎると、挿し穂の蒸散だけでなく呼吸量もふえてしまい、貯蔵養分を消費してしまうのですが、葉を少しでも残すのは、発根に必要なエネルギー（養分）は光合成によりつくられる炭水化物がもとになるからです。葉がまったくないと、炭水化物が合成されませんので、当然、発根は遅れることになります。また、葉では発根を誘導する物質が生産されるといわれており、この物質の生産に炭水化物が利用されることになります。

根が伸びて、一定の量の水分を吸収できるようになるまで、つまり、挿し木が一つの苗として生育するまでは、蒸散と吸収のバランスをとって維持することが、挿し木成功への鍵になります。

緑枝挿し

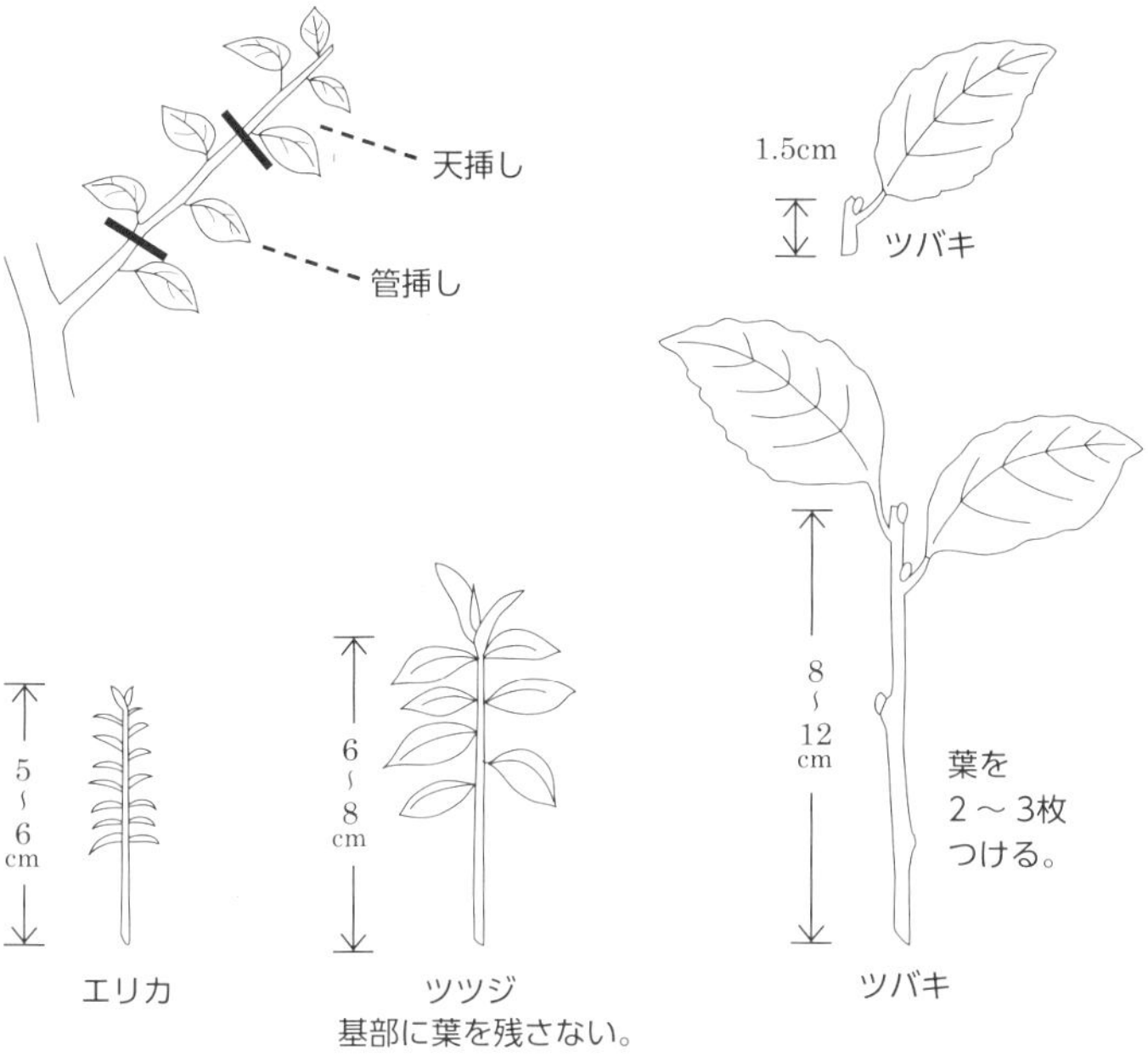
天挿し
管挿し
1.5cm
ツバキ
5〜6cm
エリカ
6〜8cm
ツツジ
基部に葉を残さない。
8〜12cm
葉を
2〜3枚
つける。
ツバキ

枝挿し

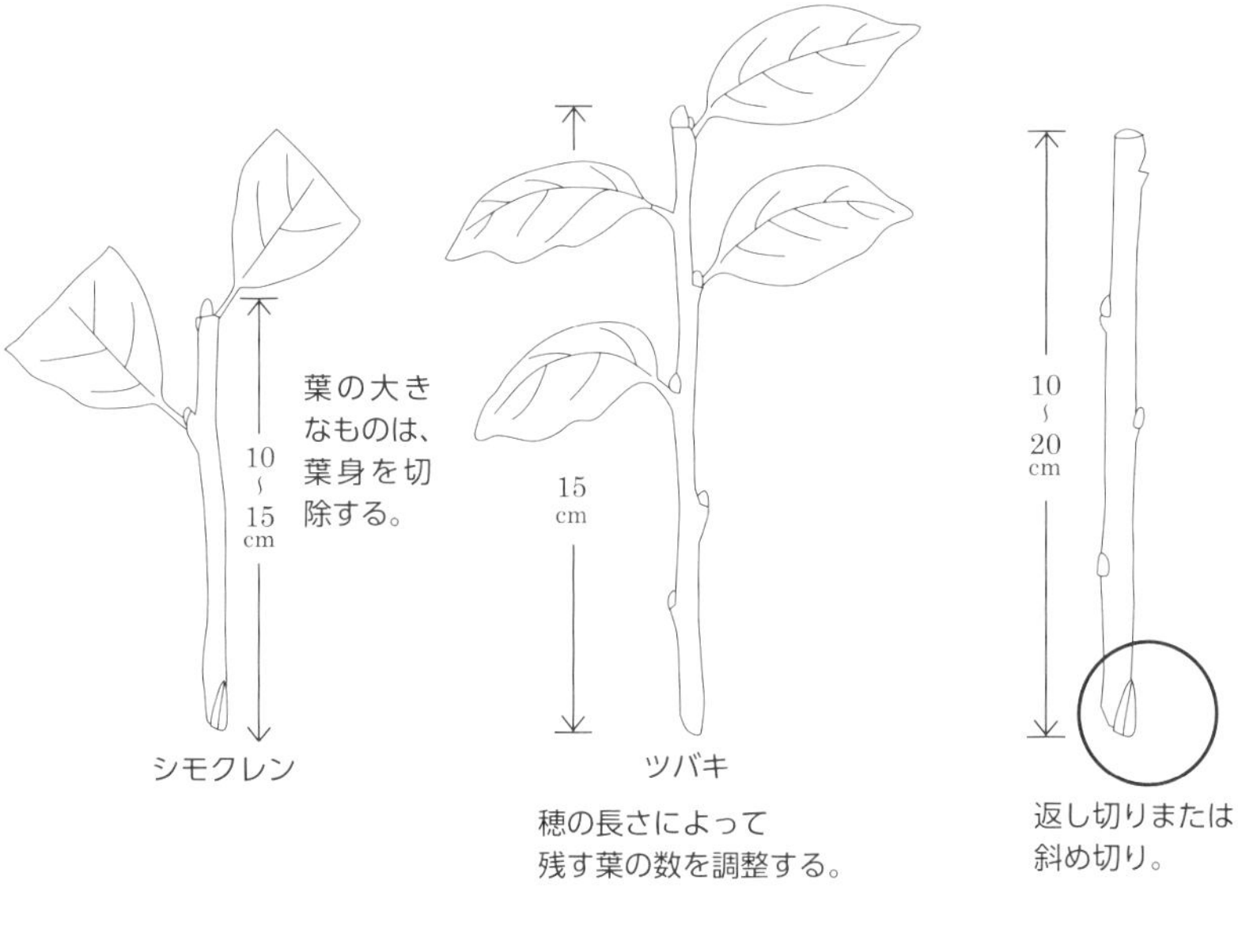
10〜15cm
葉の大き
なものは、
葉身を切
除する。
シモクレン
15cm
ツバキ
穂の長さによって
残す葉の数を調整する。
10〜20cm
返し切りまたは
斜め切り。

挿し木には養分のない用土を使ったほうがよいのですか

草花　樹木

これがコツ！

有機物や肥料分がある用土では、切り口から雑菌が繁殖しやすくなります。

挿し木に適した用土の条件としては、以下のような点があげられます。

①通気性のよいこと、②保水性があり、しかも排水性のよいこと、③菌の繁殖がほとんどなくて清潔なもの、④有機物、肥料分を含まないもの。

用土に有機物や肥料分があると、雑菌が繁殖しやすく、挿し穂の切り口から雑菌が入り込み、挿し穂を腐敗させてしまいます。

また、**挿し穂は発根するまでは活力を失わない状態で生き続けなければなりません。**活力を失わないようにするためにもっとも大事なことは、挿し穂そのものが充実した穂であることです。春に芽が動き、伸長したばかりのやわらかい枝ではなく、開花後、結果し伸長を停止したような、しっかりした硬く充実した枝からの挿し穂です。そして、挿し穂には葉がついている必要があります。発根に必要な養分が葉で行われる光合成でつくられる炭水化物から供給されるからです。

また、葉からの蒸散による水分消失と吸水による水分量のバランスを保つために、挿し穂の葉の量を制限（摘葉）します。

このようなことから、**挿し木には、川砂、鹿沼土、赤玉土、パーライト、バーミキュライトなどの養分のない清潔な用土が適しているのです。**

挿し木に適した用土と改良材

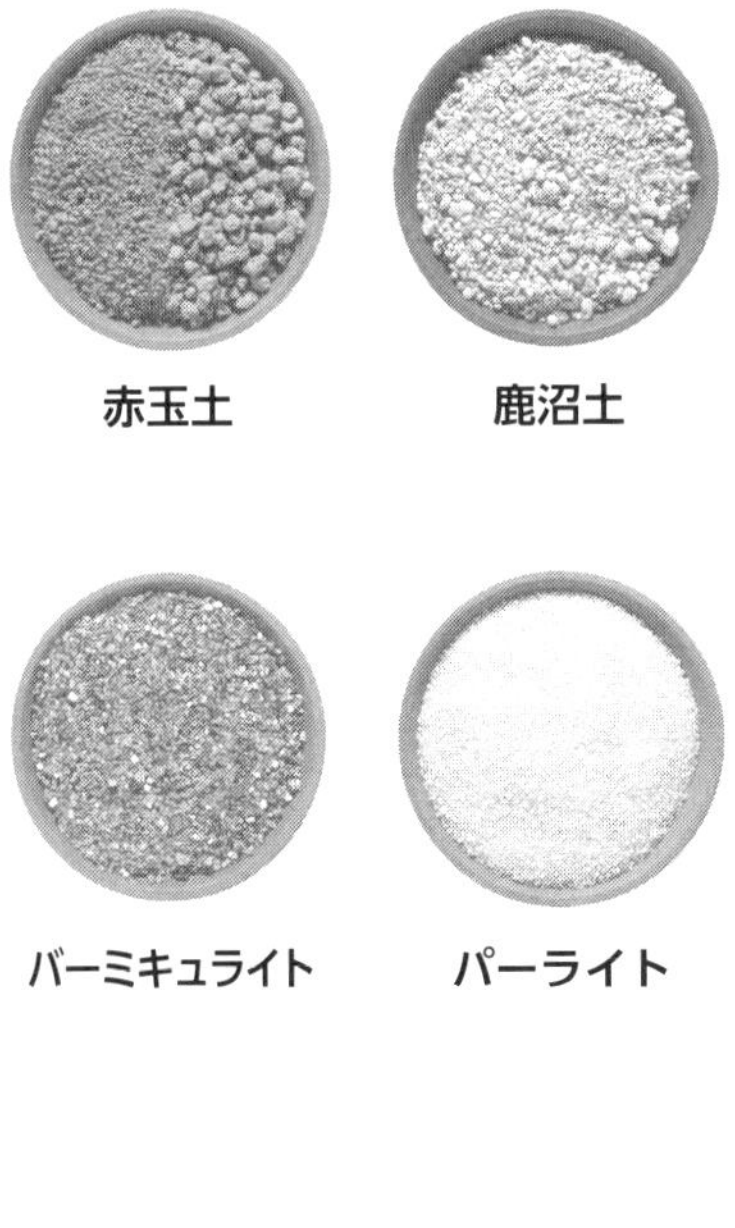

発根剤を利用すると、挿し木がうまくいくのですか

これがコツ！ **挿し穂の切り口に最適濃度の発根促進剤をつけると挿し木の成功の確率が高まります。**

草花 樹木

植物の発根は、葉や芽で発根物質がつくられ、これが挿し穂の茎へ移行し、発根を促進するものと考えられています。このような発根に関わる物質の一つに、オーキシンという植物ホルモンがあります。

挿し木では、挿し穂の切り口でオーキシン濃度が高くなり、発根を促進します。挿し木に使われる発根剤の多くには、このオーキシンが入っているのです。そのため、挿し穂の切り口に発根剤をつけて挿し木を行うと発根率が高まるのです。

ただし、このオーキシンを含む発根剤も、多くつけすぎるとかえって発根が阻害されることもありますので、注意が必要です。その理由として、**発根に有効なオーキシンの最適濃度があるからです。**

このようなオーキシンを含む発根剤は、ホームセンターや園芸店、ネットで購入できます。一般には、粉剤ですが、液剤もあります。「ルートン」または「オキシベロン」という商品名で売られています。また、植物ホルモンの働きではなく、鉄イオンなどの働きにより発根を促す「メネデール」という商品もあります。

発根促進剤の使い方

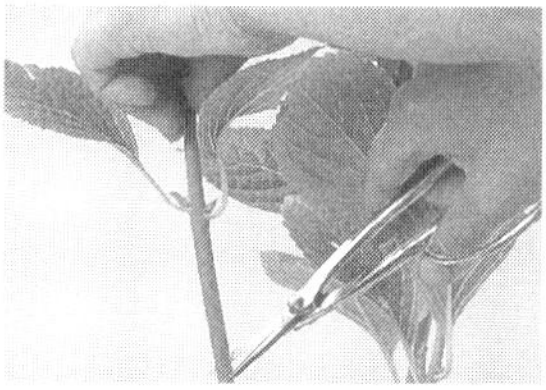

1
挿し穂を切り取る。下部は鋭利なナイフで斜めに切っておく。

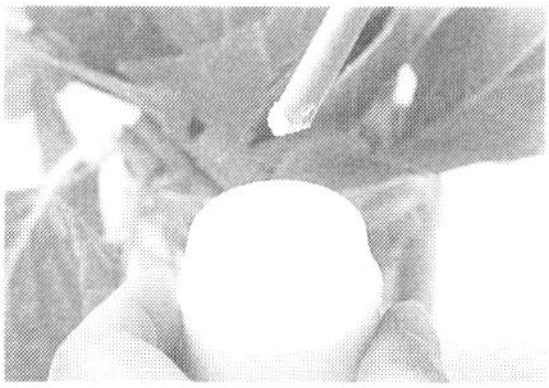

2
1時間水に浸して水揚げし、下部に発根促進剤をつける。

3
割り箸などで用土に穴をあけ、挿し穂を差し込む。

なぜ挿し木後、半日陰におくのですか

草花 樹木

これがコツ！ **通常は日なたにおく植物でも、挿し木後の管理は半日陰のほうが蒸散量が抑えられるため、うまくいきます。**

挿し木では、植物体から水分が逃げていくのを防ぐために挿し穂の葉を少なくします。しかし、葉を少なくしていても、**挿し木をしたあと、すぐに日なたにおくと、葉からの蒸散量はふえます。その結果、挿し穂の切り口からの吸水が追いつかないと、植物体はしおれてきます。**

そこで、**挿し木をしたあとは蒸散を抑えるために（しおれを防ぐために）、半日陰（寒冷紗では、遮光率30〜50％ぐらい）におきます。**日なた（晴れた日）では、光合成をするために葉の表面（裏面に多い）の空気の出入り口である気孔が開き、ガス交換（二酸化炭素の取り込み）が行われます。それに伴い、気孔から水分が蒸発していきます。また、水分の蒸発により、気化熱が奪われ、葉の温度を下げる効果もあります。半日陰におけば、この蒸散量が半分くらいまで抑えられるため、日なたにおくよりも、少ない吸水量で抑えることができます。

挿し木後は、苗床や鉢を半日陰におく

半日陰がない場合は、木枠に寒冷紗（遮光率30〜50％）を張り、倒れないように支えて日陰をつくり、中に苗や鉢を入れて管理する。

挿し木には6月や秋がよいのですか

草花 樹木

これがコツ！

梅雨時や9月の長雨のころなど、暖かくて湿度が高い時期に挿し木をすると成功しやすくなります。

多くの植物では、挿し木は真夏と新梢の伸びている春を除けばいつでもできます。ただし、**6月や秋が適期で、この時期に行うと成功率が高まります。**

6月に挿し木を行うことを「梅雨挿し」ともいいます。新梢の伸長が一時停止して枝も充実しており、良質な挿し穂が得られる時期です。また、**屋外の温度と湿度の条件が挿し木に適した時期でもあるからです。**

発根のための挿し床内の適温は植物によって異なりますが、通常は23〜25℃ぐらいが適当です。挿し木では、葉からの蒸散による植物体内の水分の減少を抑えなければなりません。そのため、蒸散を抑えるために、挿し木後はできる限り高い湿度に保つ必要があります。このような条件からも、6月の梅雨時は、挿し木にとって温度も湿度も適している時期なのです。

一方、**秋は真夏の高温期も過ぎて温度も下がってくる時期で、枝の栄養条件もよい時期です。**ただ、秋遅くなると気温も下がってきて、発根が悪くなります。

冬は挿し木の適期ではありませんが、発根が容易な植物や温室植物などでは、一定の条件下で行われます。通常の温帯植物は休眠に入っていますので、「休眠挿し」ともいいます。

発根率を高める挿し木のコツ

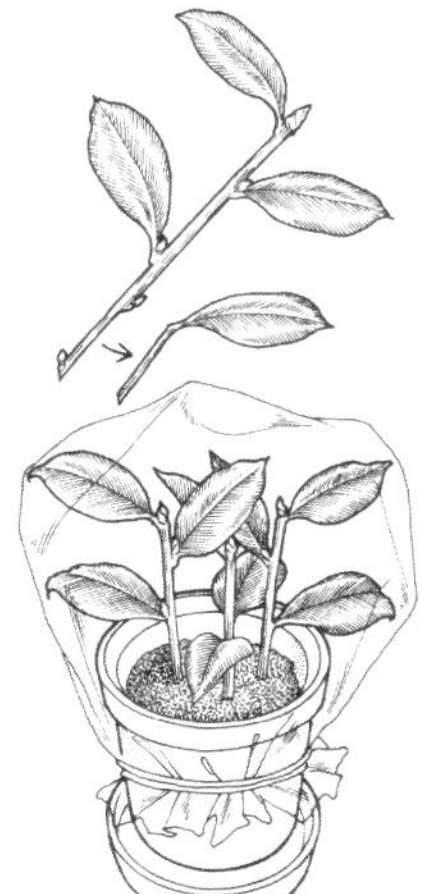

温度と湿度を維持するためには、暖かい窓辺や軒下などにおき、ビニール袋などで覆うと、発根率が高まる。梅雨時に実施するのがよいが、このひと手間で条件が安定する。

取り木や移植で、木の皮を剥ぎ取るのはなぜですか

草花　樹木

これがコツ！

皮を剥いだ部分にたまった養分を利用して新たな根が生えるためです。

取り木では、苗木にする部分の直下の木の皮を剥ぎ取り、その部分に水ゴケなどを巻きつけて乾かさないようにビニールなどで覆い発根させます。このように**木の周囲の皮をぐるっと剥ぎ取ることを「環状剥皮《かんじょうはくひ》」といいます。**

大きな樹木の移植の際に、前年または前々年に掘り上げるべき根鉢より少し大きめに掘り、発根を促す処置がされ、それを「根回し」といいます。その際に、太い根を残して、それ以外の根を切りますが、残した太根に環状剥皮を行い、新たな根を出させます。

じつは木の皮といっても、この皮の部分には、葉でつくられた養分（光合成でつくられた炭水化物など）が植物体の基部へ移動する通り道（維管束の師管）があります。つまり、**木の皮を剥ぎ取ることにより、植物体上部から基部への通り道を遮断していることになるのです。**

通り道が遮断されると、当然、皮を剥ぎ取られた部分の直上の皮の部分に養分がたまり肥大してきます。そして、この養分を利用して新たな根を形成し発根するため、取り木や移植がスムーズにできるのです。

取り木のやり方

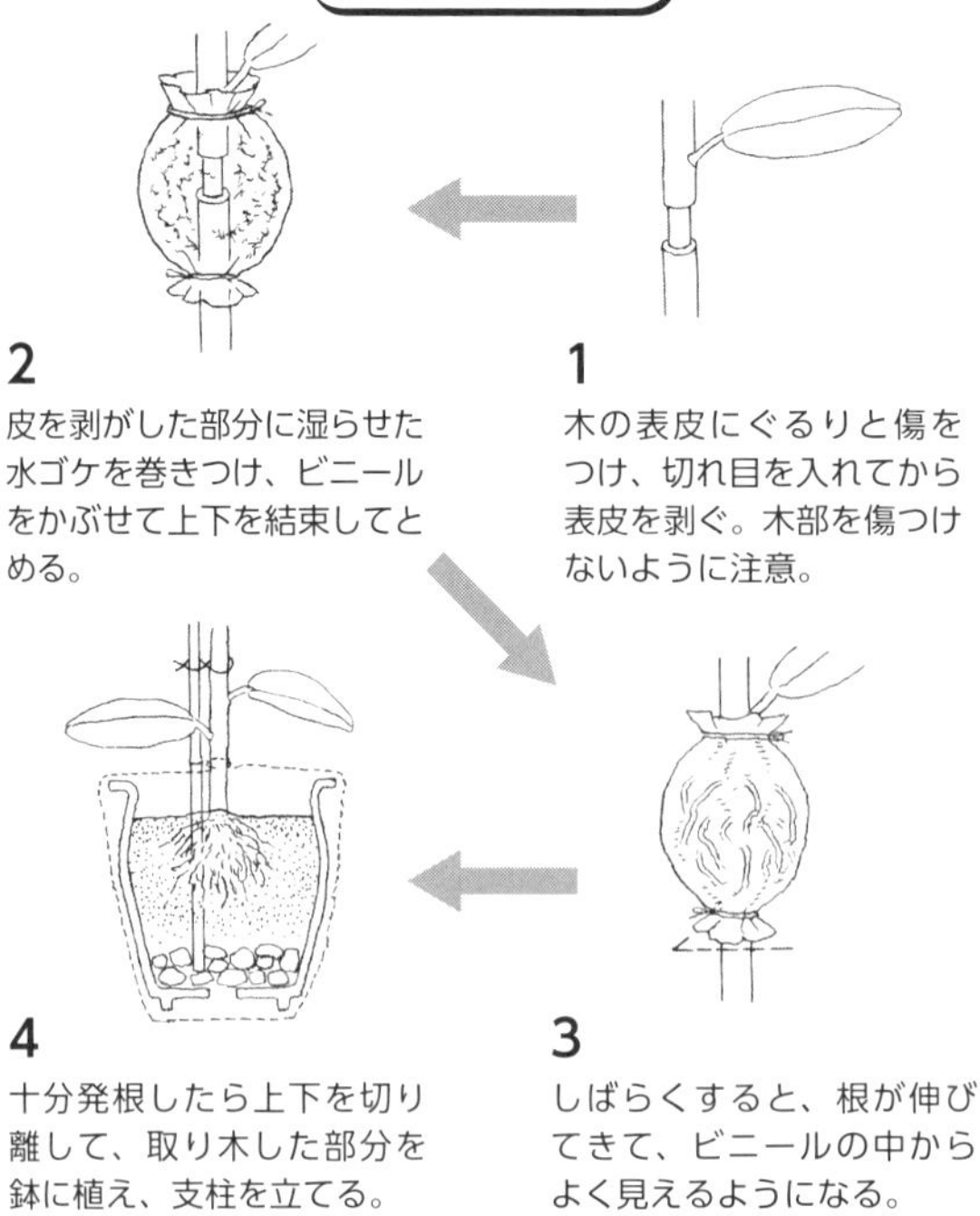

1
木の表皮にぐるりと傷をつけ、切れ目を入れてから表皮を剥ぐ。木部を傷つけないように注意。
2
皮を剥がした部分に湿らせた水ゴケを巻きつけ、ビニールをかぶせて上下を結束してとめる。
3
しばらくすると、根が伸びてきて、ビニールの中からよく見えるようになる。
4
十分発根したら上下を切り離して、取り木した部分を鉢に植え、支柱を立てる。

Ⅵ章

コンテナ栽培

ベランダやテラスでも手軽に植物のある暮らしを楽しめるコンテナ栽培。
移動できる利点を生かし、より効率のよい栽培環境を得られます。
露地栽培より土の量が少ないので、用土や水やりなどを工夫してみましょう。

なぜ植物によって鉢のおき場所が異なるのですか

これがコツ！

日当たりを好む植物は日なたに、半日陰を好む植物は半日陰におきます。

草花
樹木

どの植物にも故郷があり、それぞれの環境で条件が、さまざまに異なっています。

たとえば、日当たりのよいところに自生していた植物もあれば、日陰に生育していた植物もあります。また、乾燥地の場合もあれば、湿潤なところが自生地であったりします。

そのため、**それらの植物を鉢植えにしたとき、その鉢をどこにおくとよく育つのかは、植えた植物の原生地の環境によります。**

つまり、**日当たりのよいところに生育していた陽生植物は戸外に置いて栽培しなければなりません。それに対し、半日陰で生育する陰生植物は室内におきます。**観葉植物の多くが陰生植物ですので、室内で栽培することができます。ですから、**その植物にとって最適な鉢のおき場所を選ぶ際には、故郷がどんな環境なのかを調べ、できるだけ条件が似ているところを探します。**

半日陰を好む繊細な斑入りの植物

斑入りの葉が半日陰を明るく彩るギボウシ、ヒューケラなど。

岩場の乾燥地に育つ多肉植物

南アフリカで、岩だらけの原野にたくましく生えるコチレドンの仲間。

Column

ナショナルコレクション

貴重な園芸植物の遺伝資源を後世に伝えましょう。

ナショナルという言葉は、「国民の」や「国家の」という意味です。今、日本でも植物のナショナルコレクションを整備しようという機運があります。なくなりつつある貴重な園芸植物の遺伝資源を保存し、後世に継承していこうという動きです。

日本人は万葉のころより花を愛で、独自の園芸植物を育んできました。江戸時代には武士から町民までが園芸に関わり、日本固有のサクラソウや中国から渡来したキクやアサガオなどに手を加え、数多くの園芸植物を育成してきました。今、その貴重な園芸植物を早急に保存しなければならない状況を迎えています。一度絶やしてしまうと、再現することは不可能です。

ナショナル・トラストにより景勝地や庭園など、継承する価値のあるものを維持・管理している英国では、植物でも同様な組織を民間レベルで早くから整備してきました。そこでは、植物好きなボランティアにより園芸植物が維持・管理されています。ナショナル・プラント・コレクションとして指定されている保存箇所は英国全土で約650ヵ所、膨大な園芸植物が保存、継承されています。

このコレクションと連動して、英国中で販売されている園芸植物がリストアップされ、種苗業を活気づけているのが、プラント・ファインダーです。このリストには、75000種類以上の植物が掲載されており、どこのナーセリーでどの植物を取り扱っているかが一目でわかります。現代版プラントハンティングが、この一冊でできるのです。

園芸植物は人類が長い年月をかけて育成してきた「生きた文化遺産」です。文化が人類の将来にとっての貴重なインフラであることを再認識しなければなりません。絶やしてはならないものであり、私たちには次代に継承しなければならない義務があります。

草花 樹木

どうして植え替え後は半日陰にしばらくおくのですか

草花　樹木

これがコツ！　**植え替えで根が傷つき、吸水力が落ちるため、蒸散が抑えられる半日陰におきます。**

植物を植え替えると、どんな丁寧に扱ったとしても、多少は根を切ったりして傷をつけます。あまり多くの根を切った場合は地上部も切りつめ、葉を少なくするのが、植え替え後の生育を順調にするコツです。

なぜかというと、根を切ることにより、植物は吸水力が落ちています。そのまま日当たりのよいところに出してしまうと、葉からの蒸散量が根の吸水量を上回り、水分が足らなくなるために地上部がしおれてしまいます。それを防ぐために、植物を植え替えたあとは半日陰にしばらくおくのです。また、このとき、根の水分吸収量が減っているので、水を多くやりすぎないようにします。

半日陰であれば、光合成が日なたよりは活発ではないので、蒸散速度が緩やかです。そのため植物体からの蒸散も抑えられ、根から供給される水分が少なくても水分が不足しません。根と地上部の水分バランスがとれるので、しおれることはありません。

Column　日陰、半日陰などの明るさ別エリア区分

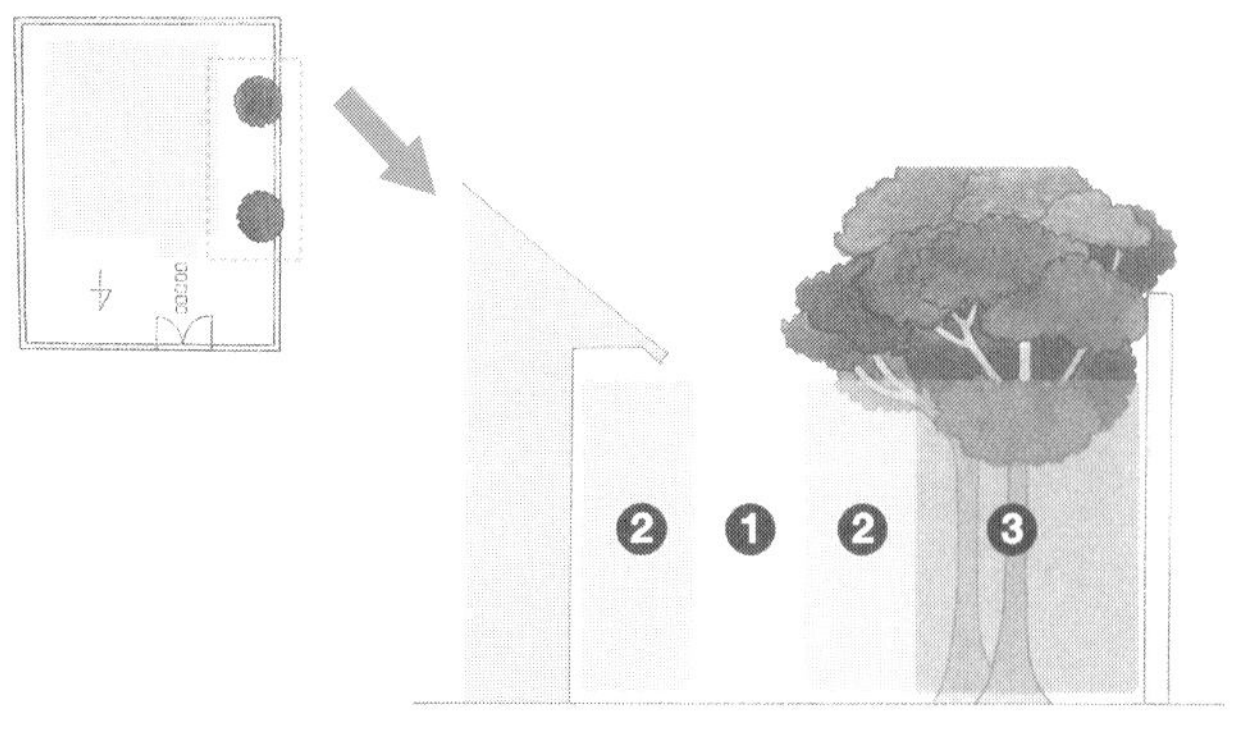

❶明るい半日陰：一日のうち、数時間はやや陰になるか、ほぼ一日中、間接光が当たる。
❷半日陰：一日のうち、4時間程度が陰になるか、半日以上間接光が当たる。
❸日陰：ほぼ一日中、直接光が当たらない。

＊間接光…直射日光は当たらないが、反射などの周囲からまわってくる光。

おき場や建物の位置で変わる、日照条件や風通し

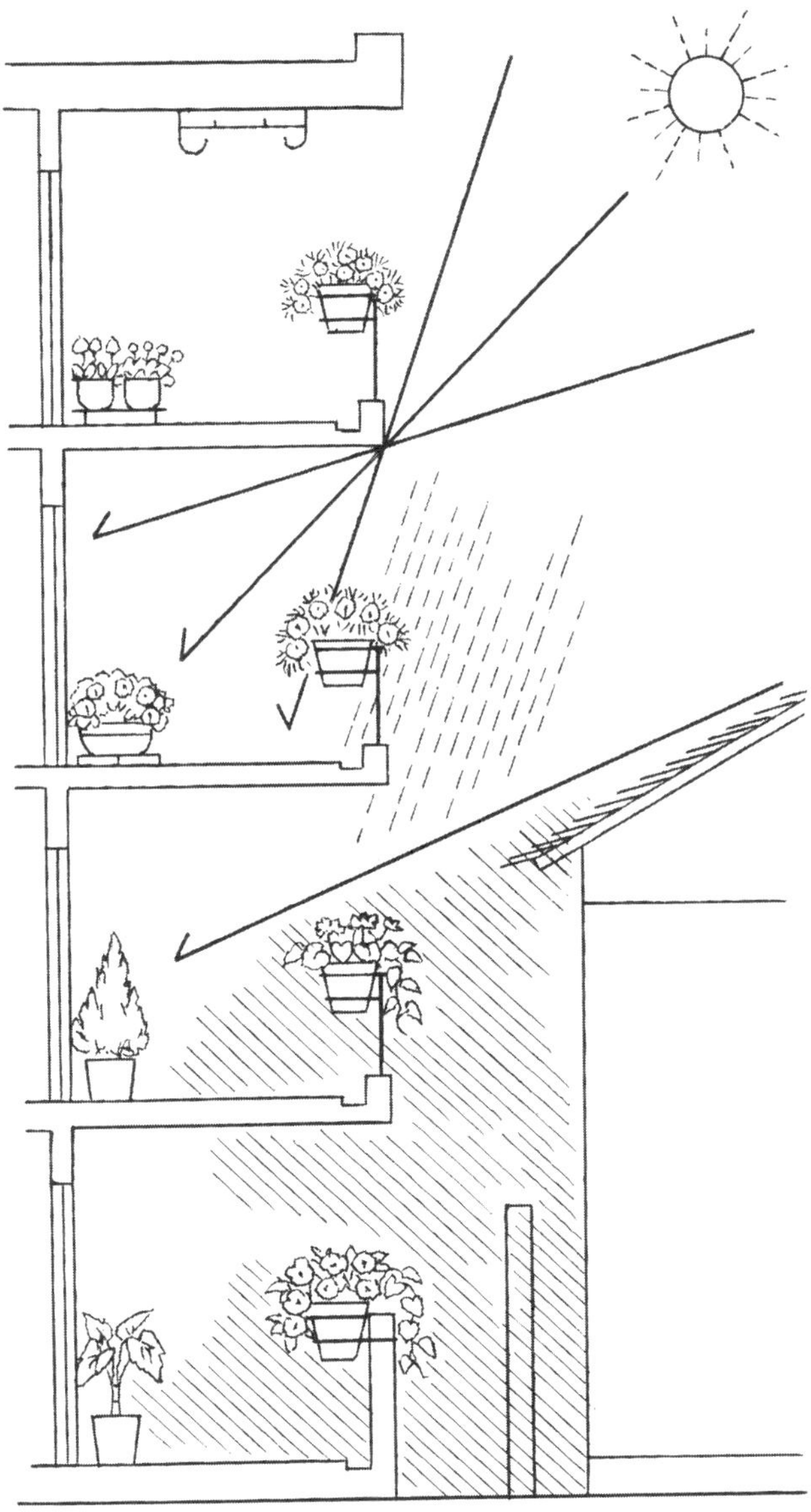

同じマンションの同じ向きの部屋に住んでいても、周囲の環境でかなり日当たりや風通しなどの条件が変わる。

4階：日当たり、風通しともによいが、屋根部分からの輻射熱でダメージも受ける。

3階：上のフロアの天井が陰になるので、時間によって日なたの部分が入れ替わる。

2階：隣家の屋根があるので、建物の近くは直射日光が当たるが、ベランダの大部分はほぼ一日中、半日陰に。

1階：一日中、直射日光は当たらず、間接光がまわってくるのみ。隣家の塀が迫り、風通しも悪い。

なぜ鉢植えに鉢底石を入れるのですか

これがコツ！

鉢底石は排水性や通気性を高めますが、微塵が少ない土なら必要ありません。

草花　樹木

鉢底の穴は、水やりをしたときの余分な水を排出したり、鉢底部への空気（酸素）の供給のためにあります。この鉢底部に鉢底石を入れても入れなくても、土の粒子が細かすぎなければ、植物の生育にそれほど大きな違いはありません。

ただし、市販の培養土には、微塵《みじん》が多く含まれているので、鉢底石を入れたほうが無難です。

微塵が少なく、水はけのよい土に植えられているなら、小さな鉢（5号鉢以下）では、鉢底石は必要ないでしょう。ただし、穴をそのままにしておくと、置き場所によっては、鉢底から害虫やナメクジなどが入ってくることがあるため、穴の大きさより大きな石で穴を封じたり、硬めのネットで鉢底の穴をふさぎます。

最近では、鉢底ではなく、側面に縦に長い穴のあいたスリット鉢といわれるものが出回っていて、このような鉢では通気性がよいので鉢底石は不要です。

スリット鉢の特徴

側面に何本もスリット状に穴があいており、水はけと通気性がよい。多くはプラスチック製。

鉢底石を入れた例

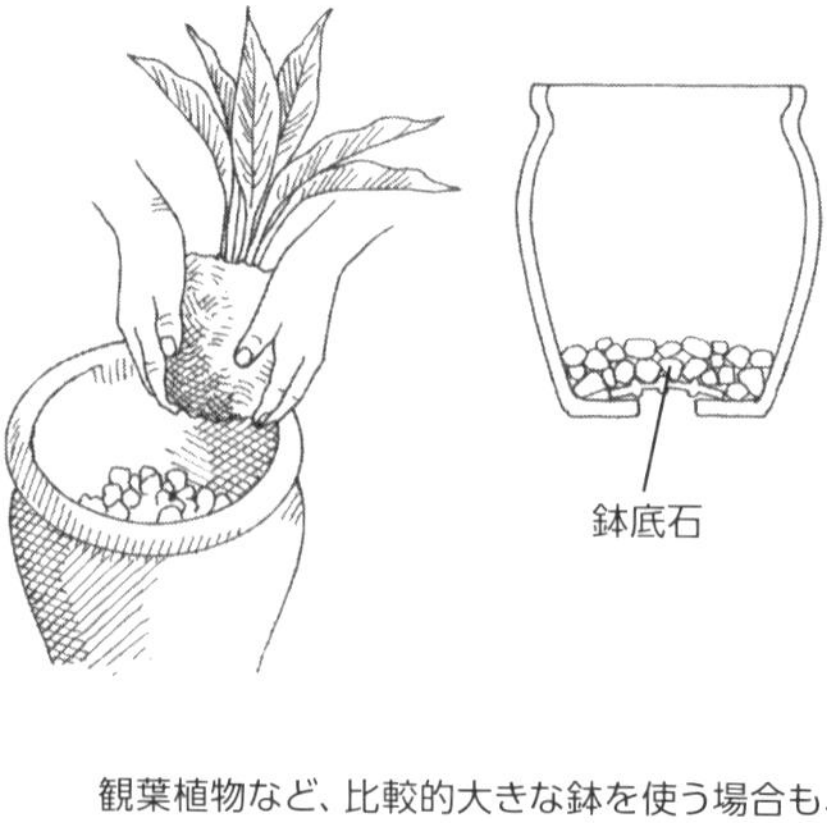

観葉植物など、比較的大きな鉢を使う場合も、通気性を向上させるために鉢底石を入れたほうが管理しやすい。

ウオータースペースは必要ですか

草花 樹木

これがコツ！ **鉢植えには、上から2〜3㎝を水やりしたときに水がたまる場所（ウオータースペース）として確保します。**

鉢植えに水をやるときは、鉢底から余分な水が抜けるようにたっぷりとやりたいものです。たっぷりと水をやることにより、鉢の用土の中の空気が新鮮なものと入れ替わることができます。そのことにより、根に新しい酸素が行き渡ることになります。

もし、鉢の上面に鉢の縁の高さまでいっぱいの土が盛られていると、せっかく水やりしても鉢の上面から水が外にあふれて流れ出てしまいます。その結果、用土に水がしみないので、鉢の中を水が抜けていかないことになってしまいます。

用土にしっかり水を与えるためにも、鉢土の表面と鉢縁の間には空間があり、水やりすると鉢の縁から2〜3㎝の深さで、外に流れ出さずに一時的に水がたまるようにしたいものです。

このようなことから、鉢植えには十分なウオータースペースが必要なのです。

ウオータースペースの役割と断面図

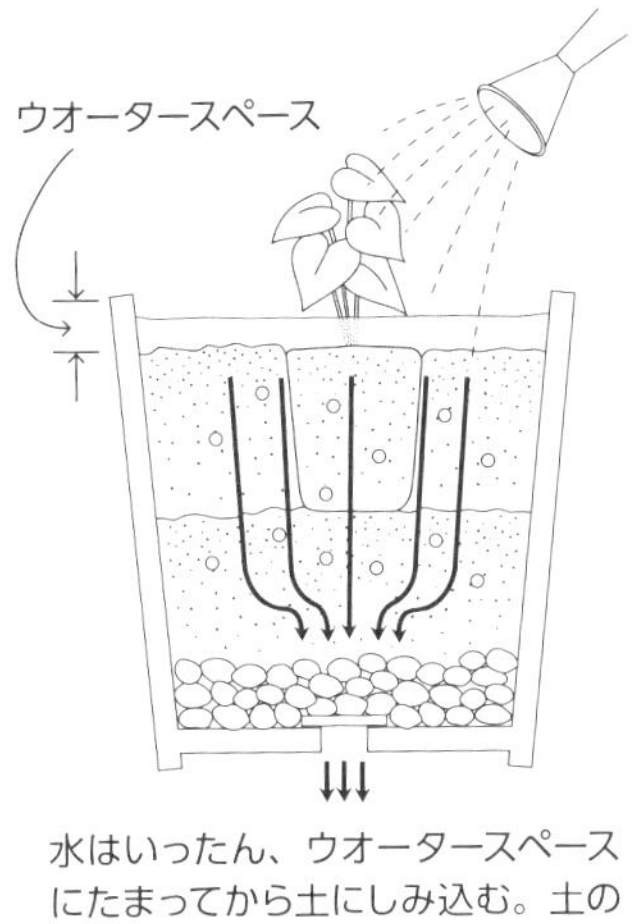

水はいったん、ウオータースペースにたまってから土にしみ込む。土の中に滞留した空気も一緒に押し出し、鉢内の空気も入れ替わる。

上から見たウオータースペースのようす

鉢底から水がしっかり抜けるまで、多めの水をたっぷり与える。表面をさっとぬらすだけでは、鉢内の空気が入れ替わらない。

鉢の素材で管理方法は変わるのですか

草花 樹木

これがコツ！

鉢はさまざまな素材でつくられており、素材によって透水性や通気性が違うため、管理方法が変わります。

鉢の素材として使われているものには、陶磁器、プラスチック、木材などがあります。陶磁器でも陶器か磁器かの違いがあります。また、陶器にはいわゆるテラコッタと呼ばれる素焼き鉢があります。

これらの素材の大きな違いは、透水性があるかどうかです。素材の特性によって、透水性の大きさ、それに伴う通気性が異なってきます。

プラスチック鉢は当然、透水性も通気性もありません。素焼き鉢を除く陶器や磁器も、透水性や通気性はほとんどありません。それに対し、素焼き鉢は透水性も通気性もあります。根も常に呼吸をしていますから、植物にとっては、素焼き鉢がもっとも理想的な鉢だといえます。駄温鉢は、あまり見た目は格好よくはありませんが、価格も手ごろで扱いやすく、入手もしやすいので苗の栽培には好適です。

素焼き鉢では水やりした水は、適度に鉢の表面から蒸発したり、鉢底の穴から抜けて出ていきます。また、風通しのよい場所におけば、より乾きやすい状態になります。鉢をどこにおくかで用土の乾き方は変わってきますが、毎日または乾いたら水やりしなければなりません。そのため、水やりの手間は多めになります。

それに対し、プラスチック鉢や磁器、一般的な陶器では、鉢底の穴以外に水の抜けるところはなく、素焼き鉢ほど乾きやすくはないので、水やりする量や頻度は減ってきます。水やりの手間を多少省きたいのなら、プラスチック鉢のほうが便利です。また、軽いので移動が楽だという利点もあります。値段も経済的です。

しかし、展示会に出品したり、玄関前に飾るのであれば、価格はそれなりにかかりますが、陶磁器やテラコッタなどのほうがすてきです。

目的や使う頻度、水やりの間隔や価格などを総合的に考えて、鉢の素材を決めるとよいでしょう。

素材が違うさまざまな鉢の種類

山野草栽培用につくられた焼き締め鉢

伝市鉢、欅鉢、丹満鉢、オーダーメイド

夏の暑さ対策に効果が期待できる鉢

火山岩の加工鉢、水冷鉢、断熱鉢、
抗火石の加工鉢、コケを固めたコケ鉢

プラスチック鉢とビニールポット

価格が安く、軽くて使いやすい
が、倒れたり土がこぼれやすい。

代表的な駄温鉢

3号、3.5号、4号、5号などが
苗の栽培に使いやすい大きさ。

なぜ鉢替え前に剪定が必要なのですか

樹木

これがコツ!

樹木の苗を、スムーズに植えつけ・植え替えするためには、あらかじめ剪定しておくのが秘訣です。

通常、植物体が大きくなり、鉢内に根がまわったために根づまりを起こしてしまった場合や、根づまりを防ぐために、鉢替えを行います。

鉢替え作業中には、根を切ったり傷をつけることになります。根が切られると、根からの水分吸収量も減り、地上部の蒸散量とのバランスも悪くなります。その結果、蒸散量が吸水量を上回ると植物はしおれてきます。

また、そのような植物では**地上部も大きくなっている**ので、**切りつめる必要性があります。そのため、鉢替え前に植物体全体をよく見て、剪定をしておきたいものです。そうすることにより、植え替え後の植物のしおれを防ぐことができ、また、剪定したあとの枝から伸長してくる新しい枝に合わせ、地下部でも新たな根が伸長してきます。**

つまり、植え替えに伴う根からの吸水量の減少に合わせるために、作業前に地上部の剪定をしておくことが必要なのです。

具体的には、まず株全体を眺め、混み合っている幹(茎)を間引いたり、横に伸びて隣の幹のじゃまをしている横枝をつけ根からはらいます。さらに向きがそろっていない幹を地際から切り倒します。同時に、枯れ枝や病害虫に侵された枝も除去しておきます。

このようにして、形も整えられ、地上部を少なくしたうえで鉢替えを行いましょう。

できるだけ木に負担をかけずに、活着しやすい状態に整えるのがコツ。

植え替え前の枝落としは、こうして切ろう!

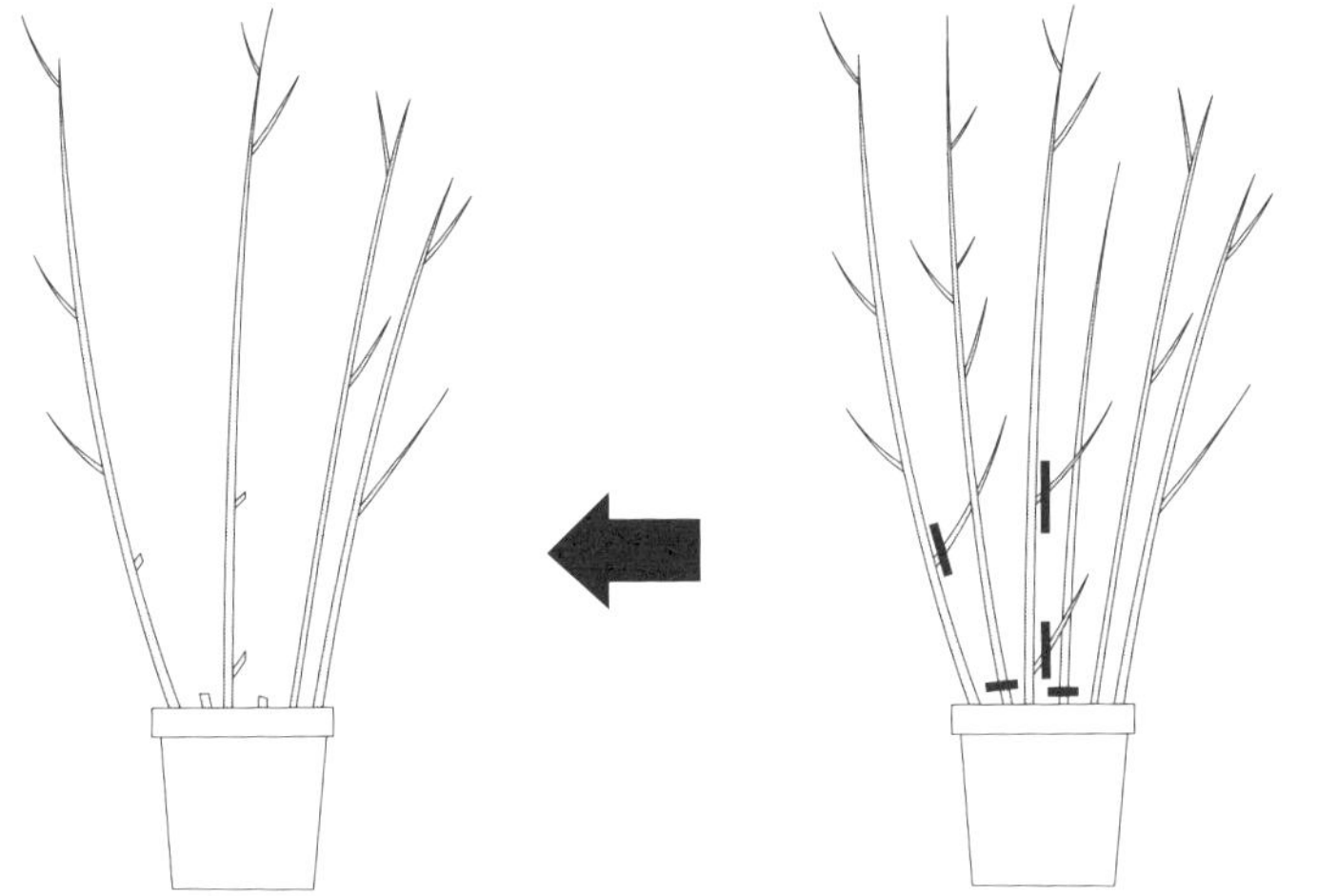

枯れ枝や病害虫の有無を点検してから植えつける。

幹や枝配りを見て、全体の約1/3を切る。

Column 外来植物

ニュージーランドを訪問すると、植物のもち込みの厳しさを知ることができます。たとえ、梅干しであろうと入国時に見つかれば、即罰金です。それほどまでに外来植物に過敏なのには理由があります。

　ニュージーランドは年中温暖な気候で、日照条件もよく、いろいろな植物がとてもよく育つ国です。これまでに入り込んだ外来植物で、侵略的な植物として代表的な3つの植物に、「ラッセルルピナス」、「エニシダ」、「アガパンサス」があります。どれも気候の似た海外から入ってきた植物で、ニュージーランドの自然環境を撹乱しています。中でも、地中海地域原産のエニシダは、山の斜面にびっしりと繁殖し、開花の時期には山が真っ黄色になるそうです。日本でもオオキンケイギクやオオハンゴンソウなどは栽培が禁止されている特定外来植物になります。園芸植物として外来植物を導入する際には、その繁殖力に注意したいものです。

植え替えを一回り大きな鉢にするのはなぜですか

草花　樹木

これがコツ！

植物の生長に比例して根が伸びるため、根の伸びるスペースのあるサイズを選びます。

盆栽のように木をあまり大きくせず、現状の大きさを維持する場合を除き、鉢替えを行う場合は一回り大きな鉢に植え替えます。

なぜかというと、**植物体が生長して大きくなると、それに合わせて地下部の根も伸長します。**鉢という限られたスペースの中では、やがて根の伸びる範囲が限界となり、その結果、根づまりを起こしてしまうことになります。そのため、そうなる前に植え替えをします。

植物体をあまり大きくしたくなくて、元の鉢にそのまま土を替えて植える場合は、根を切りつめてから植え替えます。**通常は植物を大きくしたいために植え替えを行いますので、植え替えた植物が新たな根を伸長させるスペースが必要です。そのスペースを確保するために、一回り大きな鉢に植え替えるとよいのです。**

効率のよい植え替えの手順

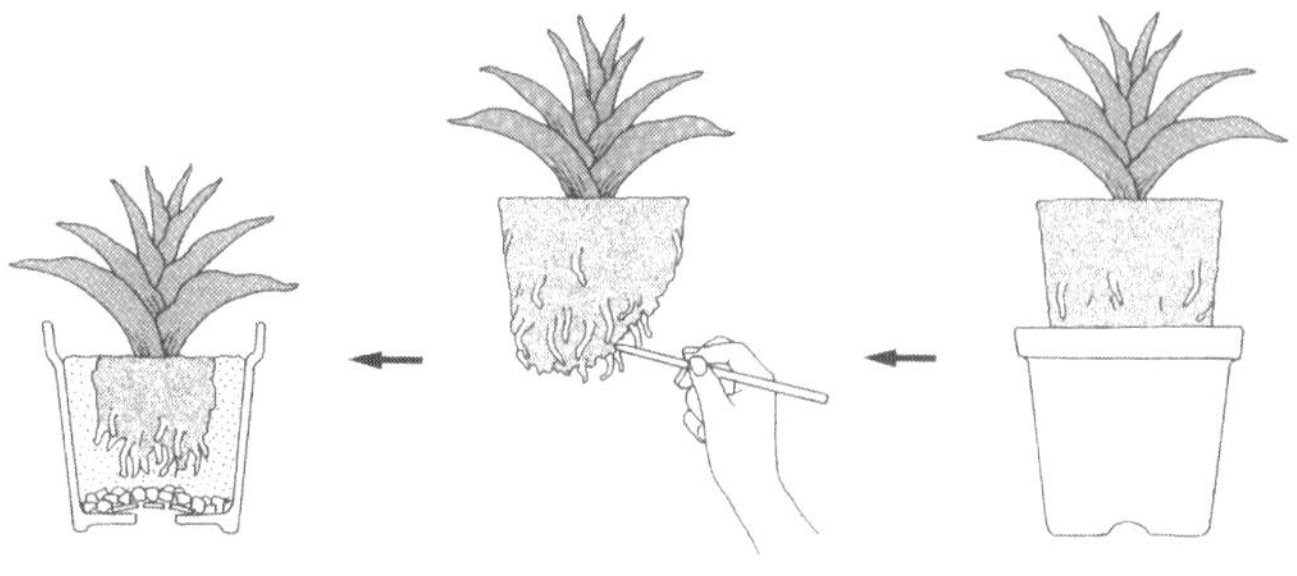

鉢から植物を抜いて取り出す。

箸などで下側1/3程度の根鉢を崩す。

一回り大きな鉢に入れ、まわりに新しい用土をつめる。

樹木

なぜ盆栽では、植物体の大きさに対し小さな鉢に植えるのですか

これがコツ！

小さな鉢では根が伸びないため、植物全体の伸びも小さくなります。

本来、盆栽は厳しい自然界で育っている樹木の姿を鉢の中で再現させるもので、枝を自由に伸長させるものではありません。自然の風情を残しながらもできる限りコンパクトに仕立て、枝葉が伸長しないようにつくらなければなりません。

通常、植物は枝の伸長に合わせて根を伸ばすものです。植物は、根の伸長と地上部の伸長が比例して大きくなるので、枝の伸長を抑えるためには、根が伸びる範囲（根域）を制限してやらなければなりません。

そのため、**植物体の大きさに対して小さな鉢に植えると、地上部の伸長が根の伸び具合に合わせて抑えられるため、枝の生長を制御しやすくなるのです。**

植え替えするときも、今ある根鉢を崩して、古い土を落とし、その間に新しい土を入れますが、鉢の大きさは変えずに育てます。すると、**根が伸びるスペースが少ないので、比例して地上部もあまり伸びません。**

根域と地上部の伸長が比例する

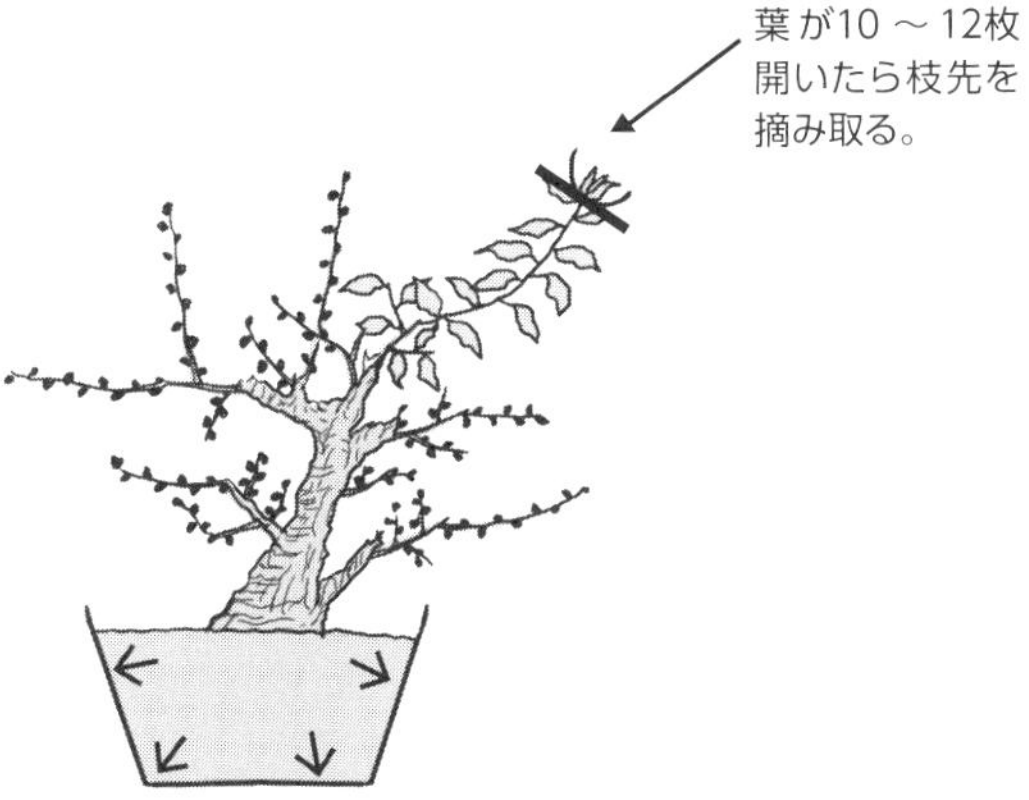

盆栽は、地上部の雄大さに比較して、根鉢の部分が小さく抑えられている。地上部があまり伸びないのは、小さい鉢なので根が張れずに抑えられているから。地上部は枝先を摘み取ると、あまり伸びなくなる。

苗の鉢上げ後は、なぜ水やりを控えるのですか

草花 樹木

これがコツ！ **根は水を求めて伸びるので、鉢の用土がある程度乾いてから水やりをします。**

苗の鉢上げ後は、その作業をすることによって、苗の根を切ったり、傷めたりしています。早くその根を回復させるためには、スムーズに新たな根を出させる必要があります。

根の伸長や新たな根の発生は、水を求めるために起こることです。そのため、根を発達させるには鉢の用土を幾分、乾燥させることが必要なのです。したがって、いつも土を湿らせた状態にしておく（つまり、頻繁に水やりしている）と根がなかなか発達せず、結果として弱い植物体になってしまいます。

よく、「鉢土の表面が乾いたら水をやりなさい」といわれることが多いと思います。これは言い換えれば、「土が乾いていなければ水をやるな」ということです。鉢の中の用土が乾いていないのに水をやり続ければ、根が発達しないままの状態で植物が弱っていくので、やがて根腐れを起こして、枯れてしまいます。

適度に乾燥させると、根は水を求めて根を伸長させます。また、新たな根を出して根群を発達させるのです。この根の発達により、地上部も勢いよく生育し、結果として鉢上げ後に苗が充実して大きくなるのです。

また注意することとして、鉢上げ直後は根と土がなじむようにするという点から、また、しおれさせないようにするために、鉢底から排出されるよう、たっぷりと水やりを行います。その後は鉢土の表面が乾き、色が変わるまで水をやらないよう（控えるよう）にします。このとき、**いつもジメジメと湿った状態にしないで、乾くまで水やりを控えることが、根を発達させるポイントです。**もちろん、その後も植物のようすを見ながら適度に水やりを行います。そうすることによって、徐々に新たな根の発達が促されます。

このように鉢上げ後は、新たな根の発達を促すために水やりを控えます。

用土の中で苗の根が伸びていく仕組み

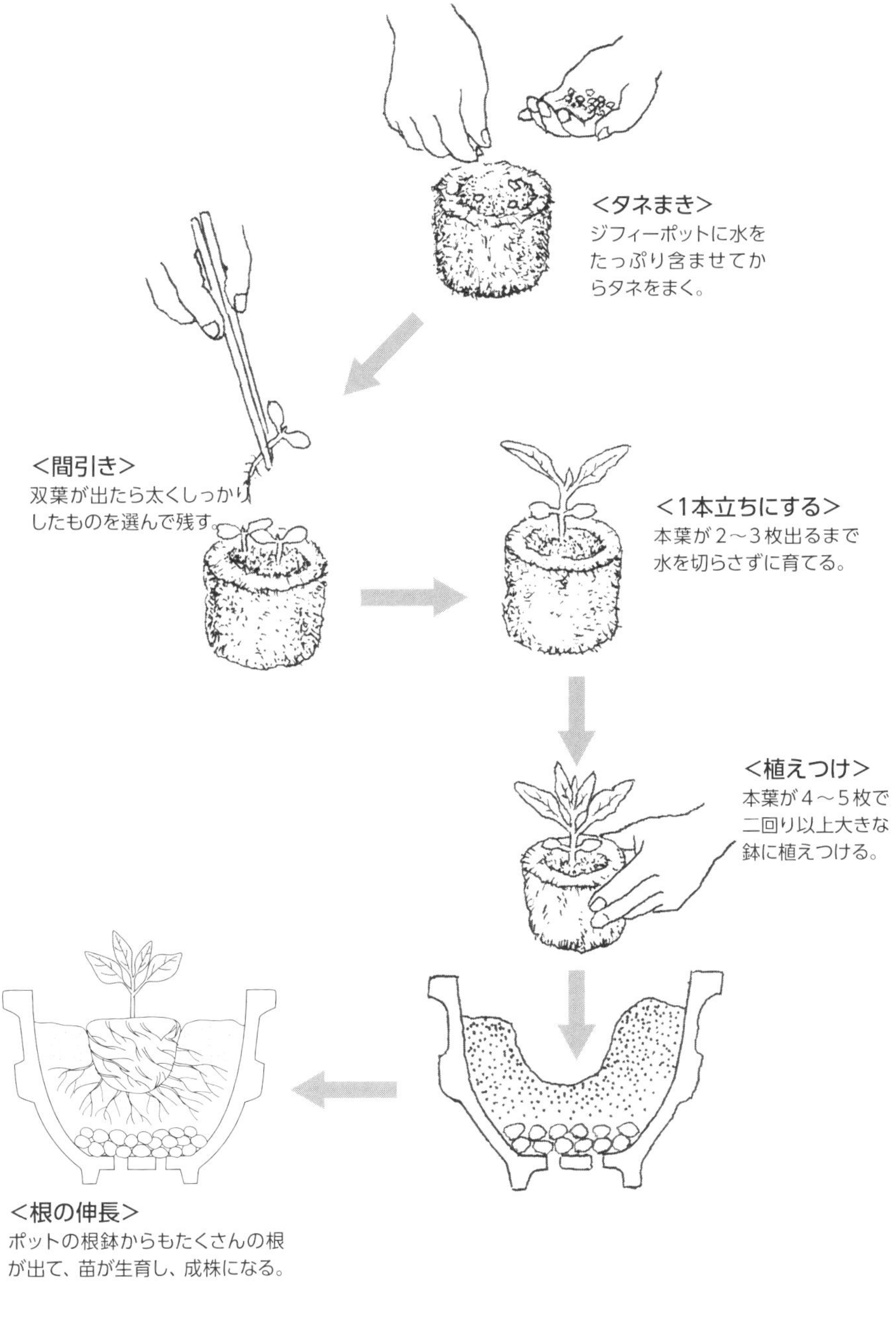

<タネまき>
ジフィーポットに水をたっぷり含ませてからタネをまく。
<間引き>
双葉が出たら太くしっかりしたものを選んで残す。
<1本立ちにする>
本葉が2〜3枚出るまで水を切らさずに育てる。
<植えつけ>
本葉が4〜5枚で二回り以上大きな鉢に植えつける。
<根の伸長>
ポットの根鉢からもたくさんの根が出て、苗が生育し、成株になる。

鉢皿に水をためてはいけないのですか

草花
樹木

これがコツ！

鉢皿に水がたまったままになっていると、枯れる原因になります。

植物は根からいろいろな老廃物を排出します。当然、根そのものも枯れていきます。地上部でつくられた光合成産物の一部も根から出ていくといわれています。

これらの**排出物が水の中に出ていくと、水中の菌類はこの排出物を栄養源として増殖します。そのために水が腐敗することになります。もし、鉢皿に水がためられていると菌類の格好のすみかとなり、その水が腐敗してきます。**

また、鉢底の穴は与えられた水が下に抜け、鉢内の空気や水が入れ替わるためのものでもあります。その穴の部分に常に水がためられていると、鉢内の環境も悪くなっていきます。さらに、**鉢皿の水は、夏になると高温になり、植物が傷んでしまい、やがて枯れる原因になることもあるので注意が必要です。**

このようなことから、鉢皿には水をためないほうがいいのです。

水やりの基本と注意

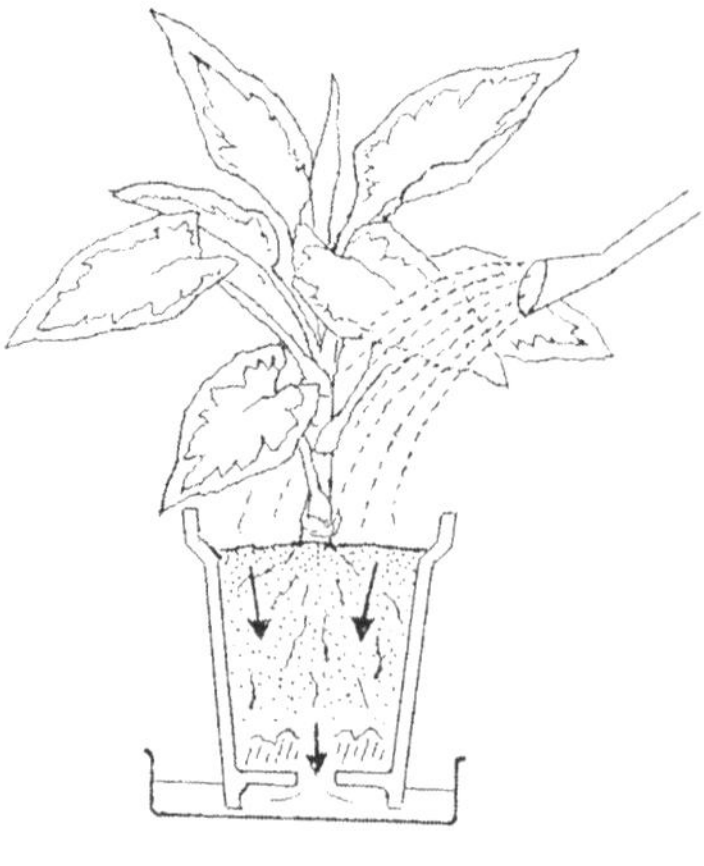

鉢皿にたまった水は捨てる。土がいつも湿った状態だと、根が呼吸できなくなり、根腐れの原因となる。

鉢底の穴が小さい鉢と大きい鉢では育ち方が異なるのですか

草花 樹木

これがコツ！ 多くの植物では鉢底の穴が大きいほうがよく育ちます。

植木鉢の底の穴は、大まかな規格はあるものの、すべて同じではありません。同じ素材でもメーカーが異なれば、穴のサイズは異なります。

鉢底の穴が小さければ水が抜けにくくなるため、排水性が悪くなり、穴が大きければ、排水は促されます。排水性のよい場合は、灌水のたびに鉢中の用土の間にある空気が水の通過により入れ替えられ、根圏はいつも新鮮な空気に満たされていることになります。それに対し、鉢底の穴が小さく排水性が悪い場合は、空気の入れ替えが少ないことになります。

さて、鉢底の穴の大小で植物の育ち方が異なる場合とあまり影響を受けない場合があり、それは鉢に植える植物によっても左右されます。しかし、**酸素を欲しがる根を発達させる植物では、穴の大小により植物体の生育は異なってきます。多くの植物は根が酸素を欲しがるので、穴は大きいほうがよく育ちます。**

穴の大きさが違う鉢の例

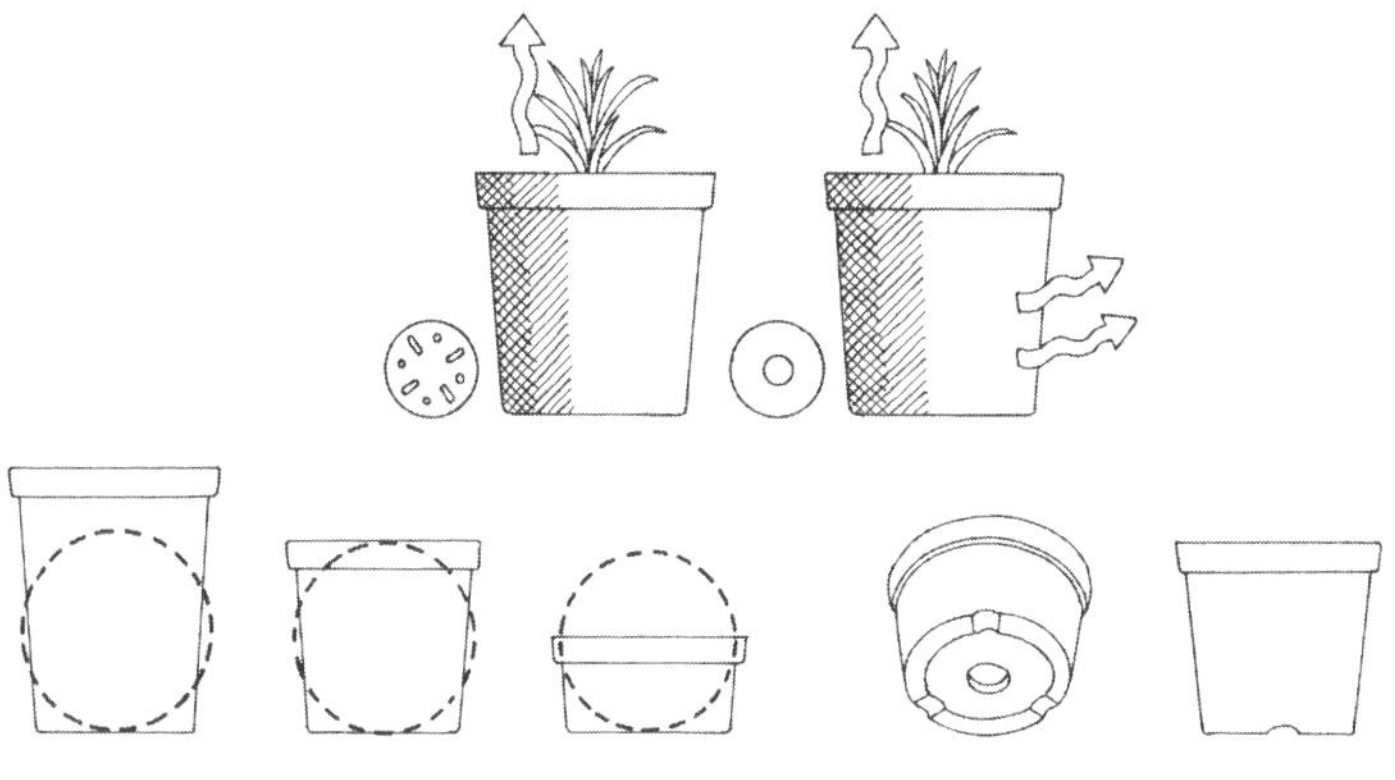

左の鉢はプラスチック製、右は駄温鉢。素材にもよるが、底穴の形状は鉢によってさまざま。

植物別の育てやすい鉢、育てにくい鉢を知りましょう

草花　樹木

これがコツ！

さまざまな植物の性質に合わせて、鉢の素材や形状を選びます。

鉢の素材としては、植物の生育から見ると、通気性、**透水性に優れた素焼き鉢が栽培にもっとも適しています。**

とくに、**根が空気を好む着生ラン（樹木や岩石などについて生育するラン）では、通気性が非常によい素焼き鉢が適している**ため、栽培の現場ではとても重宝されています。

それに対し、**湿地性の山野草など、水分を多く保持する環境の植物を育てる場合では、素焼き鉢では乾きが早すぎます。このタイプの山野草では、鉢壁が厚めで、水分を含みやすい材質のものが適しています。**たとえば、抗火石をくりぬいて加工した、抗火石鉢や素焼き製で鉢壁を厚くし、気化熱による冷却効果がある断熱鉢などがよく用いられます。

また、**涼しい高山に自生する高山植物は、日本の夏の暑さに耐えられる涼しい鉢で育てることが大切です。**おもに断熱鉢や抗火石鉢を使い、夏の暑い時期は一日分の水を薄く鉢皿に張り、腰水栽培にして気化熱で鉢内の温度を下げると、夏越ししやすくなります。

特別な環境に育つ植物には特別な鉢を用いますが、植物の根の伸長を考えた汎用性の高い鉢もあります。

最近出回っているスリット鉢は、プラスチック製で表面の通気性はないのですが、鉢底の角に縦長のスリット状の穴があいており、通気性に優れています。また、鉢全体が健全な根の伸長に適するようにつくられていて、根が鉢と土の間を垂直に底面に向かって伸びていきます。しかも、鉢底に伸びた根が周囲を旋回するサークリング現象を起こすこともありません。なぜなら、スリット鉢では鉢底の中心部が高く、空気層ができるので、鉢底に達した根は旋回せず止まってしまいます。すると側根が出てきて根が充実してきます。

スリット鉢では自然に近い状態で根が発達しますので、丈夫な植物体に育ち、花つきもよくなります。

夏の暑さや水切れに弱い植物には

鉢皿に一日で蒸発する量の水を張り、鉢ごとつけて水を吸わせる腰水栽培をする。

通気性重視の着生ランを育てるには

沖縄や東南アジアなどで樹木や岩に着生して育つナゴラン。素焼き鉢に水ゴケを入れて植えつける。

鉢の素材ごとの適した植物一覧

植物名	鉢の種類
フウラン、ナゴラン、セッコクなどの着生ラン	素焼き鉢
サギソウ、トキソウなどの湿地性植物	抗火石鉢、断熱鉢
ダイモンジソウ、イワタバコなどの岩場の植物	抗火石鉢、焼き締め鉢
チゴユリ、バイモなどユリの仲間	焼き締め鉢、素焼き鉢などの深型
シクラメン、シダ類など	焼き締め鉢、駄温鉢などの浅型

湿地の植物や水切れ、暑さに弱い植物には

抗火石鉢には、微細な穴がたくさんあいているので、水分を含みやすい。水分が蒸散することで冷却効果もある。

Column

ジョゼフィーヌ

ジョゼフィーヌがいなければ、今日のバラはありませんでした。

バラの愛好者なら誰もが知っているジョゼフィーヌ。ナポレオン皇帝の皇后で、バラをこよなく愛し、その当時で集められるだけのバラ、約２５０種類を、その邸宅であるマルメゾン宮殿に植栽しました。このバラのコレクションと、このとき集められた職人たちが、その後のバラを変えたといわれています。

園芸家、植物学者、植物画家などの中から秀でた者たちをかかえて腕をふるわせ、その当時のバラがわかる図譜も残されています。１７００年代の終わりから１８００年代の初めにかけてのことです。

ジョゼフィーヌが亡くなったのが、１８１４年で、マルメゾン宮殿のバラに関わった職人は、その後、フランス国内にちらばり、バラの育種や生産を始めたと思われます。

花の育種の世界では、その成果がこのように一人の情熱家に負うことはよくあります。そういう意味でも、バラの改良史において、ジョゼフィーヌの果たした功績は計り知れないものがあります。

ダヴィッド
〈皇帝ナポレオン一世と皇后ジョゼフィーヌの戴冠式
（Couronnement de l'Emoereur et de l'Imperatrice）〉
ルーヴル美術館蔵

VII章

病害虫

どんなに好適な環境で植物を栽培していても、
必ずといっていいほど現れるのが病害虫です。
なぜ、病害虫が発生するのか、その仕組みや繁殖のメカニズムを知り、
原因を突き止めて根本から解決していきましょう。

植物の病気にはどのような種類があるのですか

草花 樹木

これがコツ!

原因が病原体か環境によるものか、また病原体ならどの種類かを知ることが、解決への近道です。

植物の病気にはその原因により、「病原体によるもの」と「環境の変化による生理障害からくるもの」があります。まず、この2つの違いから説明しましょう。

病原体には大きく分けて3種類あり、カビ(糸状菌)、細菌、ウイルスになります。これら3つは極めて小さな生物で、植物体内で繁殖することによって、さまざまな病害が引き起こされます。ですから、**この微生物たちの繁殖を食い止めることが防除の決め手になります。**

病原体による病気では、病原体が感染して発病するので、病気はうつります(伝染します)。

生理障害からくるものには、養分過多や不足による栄養障害、温度変化による高温障害、低温障害などが原因で生育が異常になる場合です。**栄養障害の場合は、過不足している栄養素を適切な量にすること、温度変化による場合は、快適な温度環境を調べて、その温度下で管理することが解決の糸口になります。**

生理障害は、病原体がもとで発病する伝染性の病気ではありませんので、伝染はしません。しかし、このような**障害がもとで植物が軟弱に育ったために、伝染性の病気にかかりやすくなることはあります。**

植物がかかりやすい病気の中で、通常の個人の庭での発生がもっとも多いのは、病原体が引き起こす症状で、中でもカビによる病気が目立つのではないでしょうか。カビが原因の病害には、うどんこ病、黒星病、さび病、べと病、灰色かび病、疫病などがあります。これらの病気がひどくなると、患部が変形、腐敗したり、毛のような菌糸が生えたり、表面に胞子が粉状になって見えてきます。

細菌による病気の中で発生しやすいものには、根のつけ根にコブのような塊ができる根頭がんしゅ病、元気だった株が突然しおれるように枯れる青枯病、根もとからとろけるように茶色く腐ってくる軟腐病などがあります。**患部はていねいに取り除き、庭に捨てたり落としたりせずに適切に処分することが、感染拡大を防ぎます。**

ウイルスによる病気では、全体が萎縮するように育つ生育障害が起こったり、葉に斑入り状の濃淡ができたり、縮れて葉の表面がモザイク状になります。また、一度ウイルスに感染してしまった株は、残念なことに元には戻りません。**このウイルスの感染は、アブラムシやスリップスのような、葉や茎から汁を吸う害虫が媒介することが多いので、できるだけ害虫を防除することが感染を防ぐことになります。**実は近年になって、ウイルスより小さいウイロイドという病原体の存在が明らかにされています。キク矮化病などが、この病原体によるもので、草丈が大変低くなり、葉に黄色い斑点が出ることもあります。低温時には発症しにくく、高温になると出てくることがあります。

いずれにしても、**原因がなにかを特定するためには、日ごろから栽培している植物をよく観察し、早期に異常を発見することが大切です。**

病原体とおもな病気

カビ（糸状菌）	赤星病、疫病、うどんこ病、黒星病、さび病、灰色かび病、べと病など
細菌	青枯病、根頭がんしゅ病、軟腐病など
ウイルス	ウイルス病、モザイク病など
生理障害など	尻腐症、葉焼け、養分欠乏症（鉄欠乏、カルシウム欠乏など）など

※キク矮化病についての詳細は、愛知県農業総合試験場のサイトを参照。
http://www.pref.aichi.jp/nososi/seika/singijutu/singijutu.html

なぜ植物は病気にかかるのですか

草花 樹木

これがコツ！ **庭や畑は自然の生態系が崩れているため、病気が発生しやすい状態です。観察を怠らず早期発見に努めます。**

本来、自然の生態系の中では動植物のバランスがとれていて、特定の生物がふえたり、減ったりするものではありません。害虫には必ず天敵がいて、害虫の数がふえすぎたり、植物へ大きな被害を及ぼすことはありません。

ところが**畑や庭は人間がつくった人工的なものなので、そこには自然界で見られるバランスのとれた生態系はありません。そのため、特定の病害虫や微生物が入り込むと急激に均衡が崩れ、植物への甚大な被害や生育への悪影響を及ぼすのです。**

病気になるということは、もちろん、植物が病原体に触れたり、病原体が植物を攻撃してきたことが直接的な原因です。しかし、人間と同様、植物が健全に育っていないケースや、弱っているために病気に感染しやすくなっているという場合もあります。

また、病原体が入り込みやすい栽培環境にある場合は、それも病気にかかりやすい理由になります。

植物の病気の多くは、カビによって起こりますが、カビは高温多湿を好むので、そのような栽培環境におかれると、より病気にかかりやすいことになります。日本の多くの地域は高温多湿なので、カビが繁殖しやすい環境です。一度発生すると他の植物にも感染し、やがて周囲に蔓延《まんえん》していきます。

感染を防ぐためには、カビは空気感染するので、発生原因となる感染部位の葉や茎を取り除いて処分し、周囲の風通しを改善することが大切です。

土壌感染する病気では、病原菌を含んだ泥が跳ねて感染することがあります。また、雨により病原体が流れていき、その経路にあった植物に感染することもあります。土壌の表面にワラなどでマルチングを施し、雨でも土が直接、植物に跳ね上がらないようにカバーすると、発生が抑えられます。

ウイルスによる病気では、感染した植物を切った園芸用のハサミなどの用具を介し、汁液伝染することもあります。そのため、用具は常に清潔に管理し、使用後に洗ってから消毒するなどして、感染を予防します。

いずれの場合でも、**病原体を特定することが第一です。その上で感染原因を断ち、周囲に広がらないような予防措置をしていくことで、病気の蔓延を防ぐことができます。また、日ごろから植物を注意深く観察するように心がけ、病気にかかってしまった場合でも、被害が進む前に早めに対処することが大切です。**

植物の病気の主な伝染の仕方

＊風媒伝染---風によって運ばれる菌の胞子や細菌が、植物体に付着する。

＊土壌伝染---土壌や枯れた植物に混入した病原体が、植物の毛根から侵入。または跳ね上がった土から感染する。

＊種子伝染---病原体に感染したタネが混入していたり、感染したタネをまくことで感染。

＊接触伝染---ハサミなどに病原菌が付着しているのを知らぬまま、健康な植物に作業をして感染。

＊水媒伝染---河川や洪水、かんがい用水など、水によって運ばれた菌が植物体に付着して感染する。

＊虫媒伝染---ウイルスに感染した植物の汁を吸った害虫が、健康な植物の汁を吸ってウイルスに感染させる。

病気の感染経路とそのメカニズム

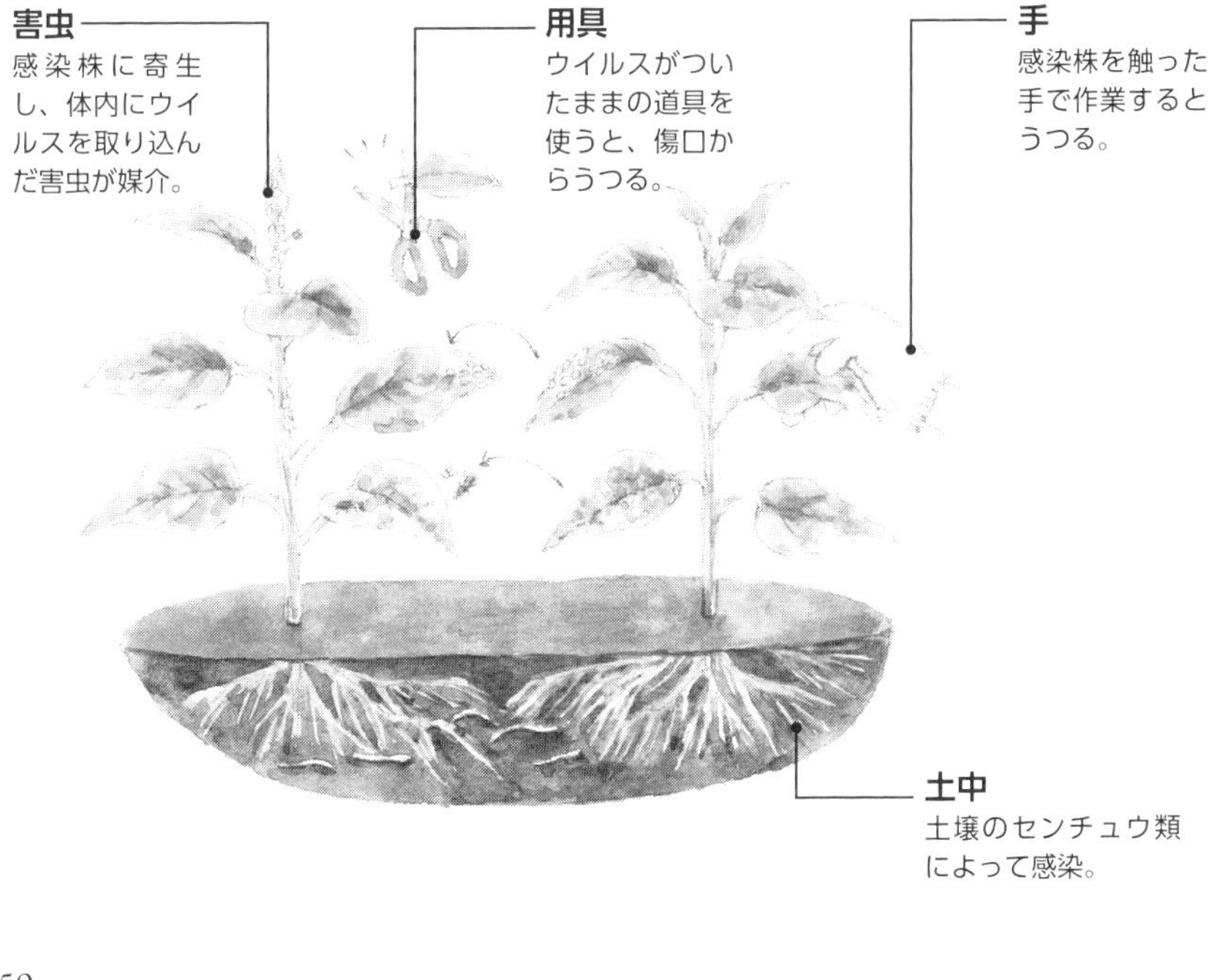
害虫
感染株に寄生し、体内にウイルスを取り込んだ害虫が媒介。
用具
ウイルスがついたままの道具を使うと、傷口からうつる。
手
感染株を触った手で作業するとうつる。
土中
土壌のセンチュウ類によって感染。

害虫にはどのような種類があるのですか

草花 樹木

これがコツ！

植物について汁液を吸う吸汁性害虫と、植物体そのものを食べる食害性害虫があります。

害虫には、植物への加害方法により、大きく分けて2つのグループがあります。植物について汁液を吸う吸汁性害虫と、葉、茎、花、根などの植物体そのものを食べる食害性害虫に分けられます。

吸汁性害虫は、ハダニ、アブラムシ、コナジラミ、スリップス（アザミウマ）、カイガラムシ、カメムシなどで、それぞれは小さくても繁殖力があり、多数の害虫が一度につくと、植物を衰弱させてしまいます。

食害性害虫は、いわゆる昆虫の幼虫や成虫がおもなもので、アオムシ、ヨトウムシ、イラガ、シャクトリムシ、ドクガ、ハバチ類などの幼虫やカミキリムシの幼虫、コガネムシ、ゾウムシなどです。また、ナメクジや根に寄生するネコブセンチュウのような害虫もいます。

また、これらの害虫の被害では、害虫そのものが見えなくても、植物の変化で害虫の被害を受けていることがわかる場合があります。

たとえば、アブラムシやカイガラムシに侵された植物には、害虫の排泄物を目当てにアリが集まってきたり、すす病が発生することがあります。ハダニが多発するとクモの巣状の網が張られている場合があります。カミキリムシの幼虫、テッポウムシが木に入ると、特に地際部の幹から木クズが出てきています。

このような害虫の被害の違いを知っておくと、それに合わせた対処もできます。

吸汁性害虫とその被害

アブラムシ

カイガラムシ

発生しやすいおもな害虫とかかりやすい植物

吸汁性害虫	
ハダニ	草花全般、トマト、ナスなどの果菜類、バラ、果樹
アブラムシ	パンジー・ビオラなど草花全般、バラなどの花木、果樹
スリップス（アザミウマ）	キュウリ、ナスなど、草花全般
カメムシ	エダマメなど
カイガラムシ	バラなど花木・庭木全般

食害性害虫	
アオムシ	キャベツなどアブラナ科の野菜全般
ヨトウムシ	草花全般、野菜全般、バラなどの花木
イラガ	庭木
ドクガ	ツバキ類、サクラなど
カミキリムシの幼虫	カエデの仲間、バラなど

食害性害虫とその被害

イラガ

カミキリムシの幼虫

ヨトウムシ

害虫は小さいうちに駆除したほうがよいのですか

草花 樹木

これがコツ！ **害虫が育つと食害量もふえるので、被害が拡大する前に駆除します。**

病害虫の対策で重要なのは「早期発見、早期対処」だといわれます。たとえば、親となる害虫が産卵した直後、卵ごと処分することができれば、ほとんど被害を受けずに防除することができます。しかし、実際には知らないうちに、目につきにくいところに産卵されることが多く、なかなかうまくはいきません。

次に孵化して間もない幼齢幼虫の段階になります。当然、**害虫が小さい間は茎や葉が食害されても少ない被害ですみますが、成長して害虫が大きくなるほど、その食害量も多くなります。**アオムシなど4齢の大きな老齢幼虫になると、数匹いれば一晩でキャベツ1個をあらかた食い散らしてしまうことさえあります。

幼虫はやがて成虫となり産卵し個体数をふやします。一世代の期間の短いハダニのような害虫だと、1ヵ月で世代交代を繰り返し、異常な数にふえてしまいます。

この**害虫の数は、専門的にも想定されていて、ある一定の数（害虫密度）というのがあり、この数を超えてからでは、被害を防ぐことができなくなってしまいます。**

できる限り早く発見し、小さな幼虫や卵の間に捕殺するか農薬などで駆除します。また、日ごろから庭全体や植物をよく見る習慣をつけたいものです。毎日、よく見ていると植物の変化にも早く気づくことができます。葉や他の器官の食害を見つけたら、すぐにその被害を受けた葉を摘み取ったり、害虫を捕殺するだけで、農薬を使用せずに被害を最小限度にとどめ、害虫の繁殖も抑えることができます。育てている植物に発生しやすい害虫をあらかじめ知っておくことも必要です。知っていると早期発見にもつながります。

つまり、**害虫による食害を少なくするため、また、害虫の数をふやさないためにもできる限り、害虫が小さいうちに駆除したいものです。**

害虫の発生サイクルとその防除ポイント

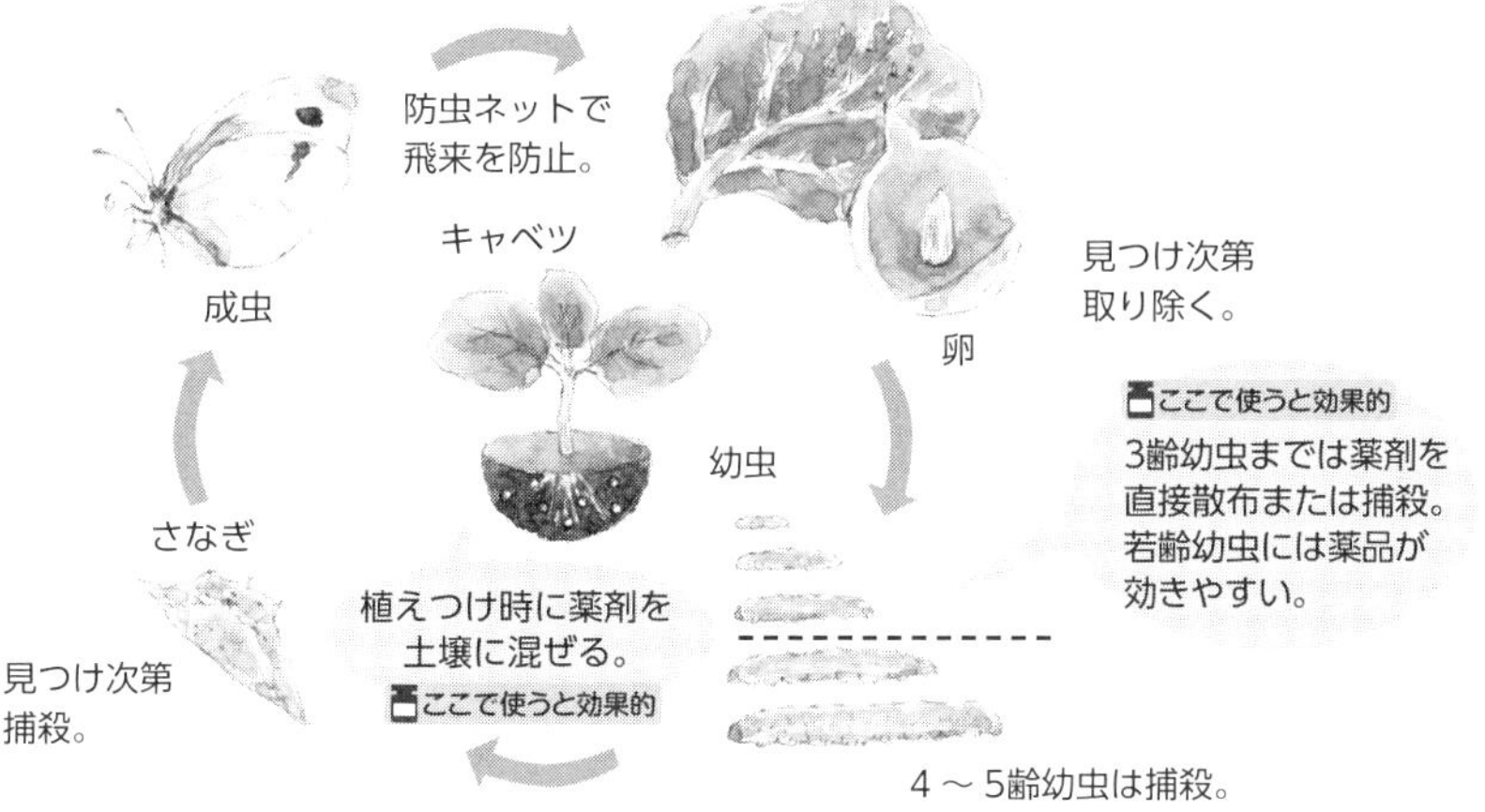
防虫ネットで
飛来を防止。
キャベツ
成虫
見つけ次第
取り除く。
卵
ここで使うと効果的
3齢幼虫までは薬剤を
直接散布または捕殺。
若齢幼虫には薬品が
効きやすい。
幼虫
さなぎ
植えつけ時に薬剤を
土壌に混ぜる。
ここで使うと効果的
見つけ次第
捕殺。
4～5齢幼虫は捕殺。

Column 花苗産業の功罪

ドイツを訪ねたとき、驚いたことがあります。それは園芸店で見た、タネの絵袋の品ぞろえと多さです。多肉植物や盆栽の樹種まで、ありとあらゆる植物のタネが売られていました。日本に帰国後、ある有名な園芸店でタネの販売場所を探してみると、すみっこの狭いスペースに追いやられていました。店主に聞いてみると、最近、タネは売れないとのことでした。

園芸の原点は、タネから植物を育てることです。日本のこの傾向を見るにつけ、園芸の将来が危惧されます。どうして日本の園芸がこのようになってしまったのか、よく考えてみると、1990年の大阪の花博以降のことではないでしょうか。

それ以降、花苗の生産量と販売がふえました。できあいの苗を購入して植物を育てるようになっていったようです。園芸の振興には、もう一度、植物をタネから育てる楽しさを伝える必要があると思えてなりません。

なぜ植物ごとに使ってよい薬剤が異なるのですか

草花　樹木

これがコツ！

同じ薬剤を同じ害虫の駆除に使おうと思っても、植物によって適用がない場合があります。

農薬は国の農薬取締法で、登録を受けた薬品ごとに使用できる植物（作物）と駆除できる病害虫が決められています。ある植物には効果があっても他の植物では効果がない農薬や、植物によっては農薬による薬害が出る場合もあります。

指定された農薬を用い、ラベルに表示されている希釈倍率と使用方法で農薬を的確に散布すれば、植物への薬害も人への影響もほとんどなく、安全に使用できます。

ところが、この「作物名」として対象になる植物の個別名でなく、「野菜類」や「果樹類」などと記載されている場合があります。この場合は、該当するグループに含まれているなら、その薬剤が使えるということになります。花であれば、「観葉植物」「樹木類」などのグループ名の登録で探すことができます。

農薬の植物に対する指定は、散布試験により決められています。なぜ、そのような試験をするのかというと、植物によって、葉、茎、花などの器官の表面の構造、薬剤の浸透度が異なるからです。それらの特徴は、植物が含まれる科（キク科、バラ科、ラン科など）や属（バラ属、サクラ属、オランダイチゴ属など）ごとに異なってきます。この特性の違いにより、同じ薬剤を使用しても、効果や薬害に差異が出てくるのです。

以上のような理由により、植物ごとに効果がある薬剤が異なってくるのです。

ラベルで安全な使い方を確認する

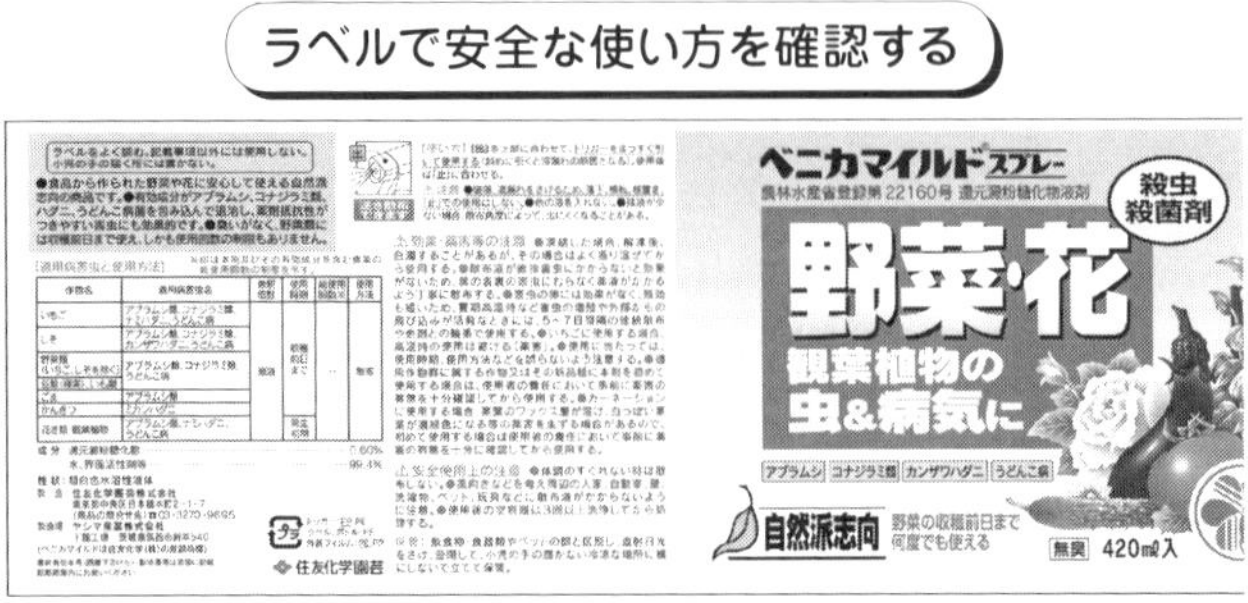

農薬は何種類も混ぜてよいのですか

草花 樹木

これがコツ！ 混ぜて散布できるものとできないものがあります。

農薬には、異なるものを混ぜてよい組み合わせと、いけない組み合わせがあります。まず、大切なのは、混ぜたい各農薬に散布したい植物の適用があることを確認してください。片方に適用があっても、もう一方に適用がなければ、混ぜて使うことはできません。

まず、混ぜてよいかどうかは、農薬のラベルをよく見てください。他の農薬と混ぜてよいかどうか、どういう農薬とならよいかが書かれています。**混ぜてはいけない組み合わせの農薬を使うと、植物に薬害が出たり、互いの成分が化学反応を起こして沈殿したり、新たな薬害を起こす化合物ができることもあります。**

なかでも、カルシウムを含んだ薬剤（石灰ボルドーや石灰硫黄合剤など）はカルシウムと他の成分が反応して沈殿ができることが多いようです。沈殿ができると、薬効成分が減ってしまいます。

このように農薬には混ぜてはいけない組み合わせがあります。よく調べてから使いましょう。

農薬の正しい混ぜ方

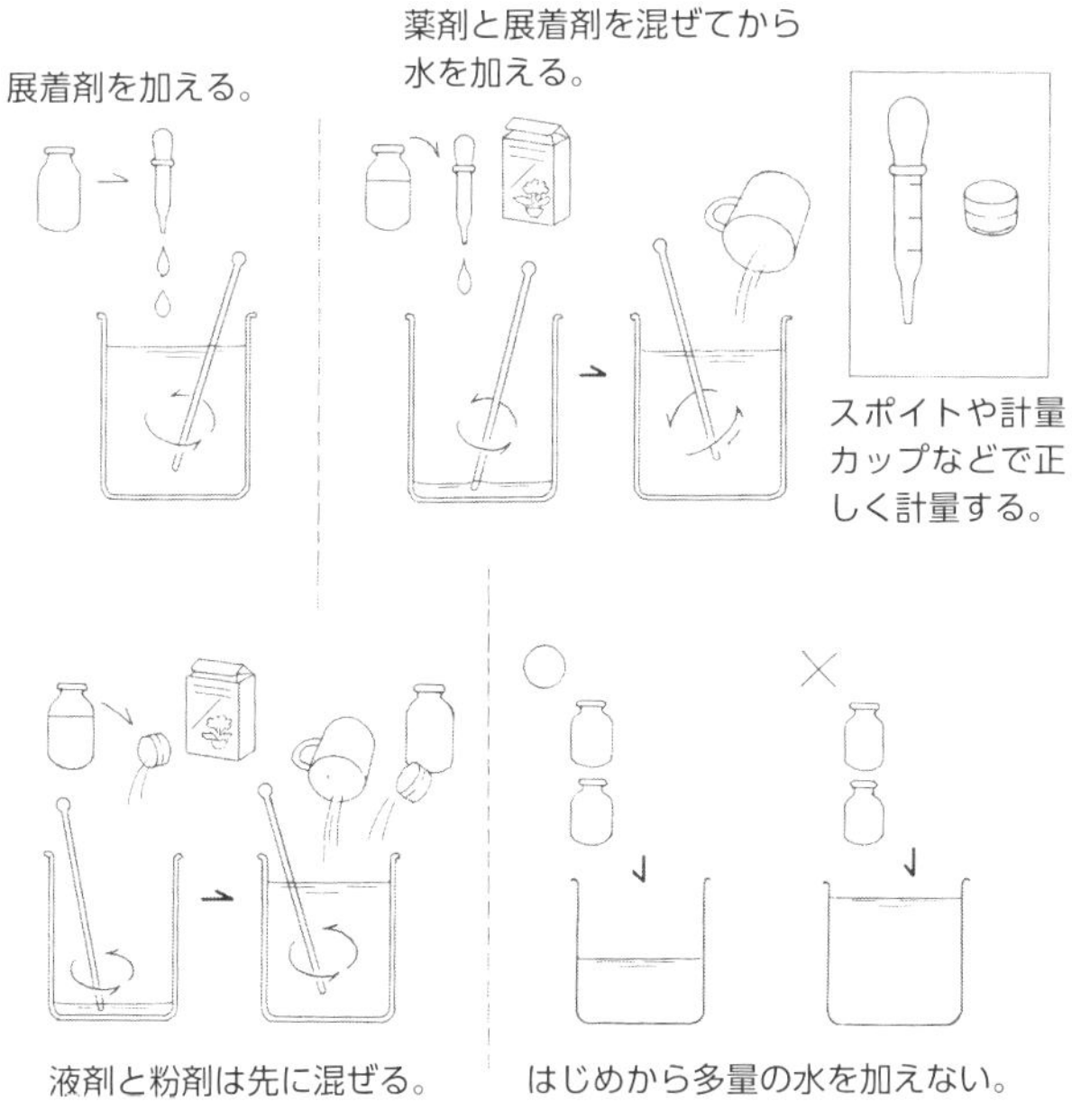
展着剤を加える。
薬剤と展着剤を混ぜてから水を加える。
スポイトや計量カップなどで正しく計量する。
○
×
液剤と粉剤は先に混ぜる。
はじめから多量の水を加えない。

日中に薬剤散布をしてはいけないのですか

草花　樹木

これがコツ！

昼間に薬剤散布をすると、しみや白っぽく変化して余計にひどい姿にしてしまうことがあります。

薬剤散布は通常、朝か夕方に行います。朝はまだ気温が低く、夕方は気温が次第に低くなる時間帯を選びます。

このぐらいの時間帯の薬剤散布では、散布した農薬の濃度（希釈倍率）が水分蒸発で濃くなることがありません。そのため、薬剤散布による薬害が出ることもありません。

ところが、この**薬剤散布を日中に行うと、日照も強くしかも気温も高いため、散布した農薬の濃度が高くなり、まだやわらかい新芽や若い葉が薬害を受けることがあります。**とくに**梅雨明け以降の強い日差しの時期に行うと、短時間でも茶色く枯れたようになり、かえって醜い姿にしてしまうことがあります。**散布時間を選び、近隣にも迷惑がかからないように注意します。

また、気温が高いと植物も呼吸を活発に行い、細胞の活性も高いため、同じ濃度で薬剤を散布してもより強く効いてきます。したがって、薬剤は気温が低い時間帯に散布します。

濃縮された薬剤で、葉がやけど状態になった

葉の縁が茶色くなって縮みあがり、全体に褐色の斑点ができる。

雨の前に薬剤散布をしたら効果はないのですか

草花 樹木

これがコツ！ **雨の直前に薬剤を散布しても、一定の効果はあります。**

「せっかく薬剤散布をしたのに、その後に雨が降ったので、植物に付着した農薬が流れて無駄になってしまった」というのはよくあることです。それでは、雨の前に薬剤散布をしても効果はないのでしょうか。

雨はけっしてきれいなものではありません。空中に浮遊しているほこりや微生物もいっしょに含んでいます。微生物は病原体かもしれません。また、雨は土を跳ね上げ、土壌中の病原体を葉裏や茎に付着させます。

雨の前に散布することにより葉に農薬の皮膜をつくるか殺菌剤が浸透し、雨に含まれていたり泥の跳ね返りで侵入しようとする病原体を防ぐことができるのです。さらに、泥の跳ね返りで病原体が葉裏から侵入することを知っていると、葉裏にも薬剤をかけることで、雨後の病原体の侵入を最小限度に抑えられます。

このように雨の前に薬剤散布をすることはけっして無駄なことではないのです。いつも雨の前に薬剤散布を行う必要はありませんが、ちゃんと効果もあることは知っておきたいものです。

このことからもわかるように、雨のあとにもしっかりと薬剤散布をしたいものです。雨による泥の跳ね返り、雨により運ばれる病原体、風雨により折れたり、傷がついたところからの病原体の侵入などがあり、雨のあとはできる限り早く薬剤散布によって病害の防除と予防を行います。

泥跳ね防止の対策

ピートモスやバークチップなどでマルチングし、水やりはハス口を手で押さえるなどして水流の勢いをやわらげ、やさしく鉢土に与える。

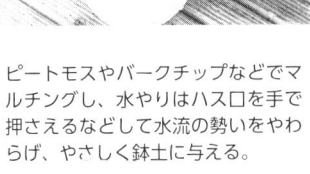

効果的な薬剤の散布方法はありますか

これがコツ！ 被害を最小限で食い止め、病害虫を確実に駆除するには、被害が大きくなる前に薬剤散布することです。

草花●樹木●

病害虫の駆除は、まず、植物の状態をしっかり観察して被害の原因を見つけ、その病害虫に効果のある薬剤を選ぶことから始まります。

栄養または生理的障害である場合は、農薬を散布していてもまったく効果はありません。また、間違った判断をしてしまったときは、被害を受けている病害虫に効果のない薬剤を散布してしまうこともあります。

被害の原因が、病気か害虫であるかで、大きく農薬の種類が変わってきます。病気の場合は殺菌剤、害虫の場合は殺虫剤を使います。また、病気・害虫に効果のある殺虫殺菌剤もあります。

同じ農薬を使い続けると、病害虫側にその農薬への耐性ができることがあります。耐性は、病害虫の子孫の中から農薬に強いもののみが生き残って繁殖するということでもあります。そのため、薬剤散布では、いくつか複数の農薬を用意しておき、それらの間でローテーションを考え、組み合わせて使用します。病害虫

の被害がひどいからといって薬剤の希釈倍率を濃くすると、逆に病害虫の耐性を強くしてしまう場合があります。決められた希釈倍率でうまく農薬の種類を組み合わせて使用しましょう。

どの部分に発生しているのかを見極め、ピンポイントで病気や害虫を駆逐すると、確実に被害を軽減できます。たとえば、べと病は葉の裏側にしか発生しないので、薬剤散布のときには葉裏に薬剤がかかるように散布します。

もっとも重要なことですが、病害虫による被害がひどくなる前に、少しでも病気の兆候が見られたり、小さな害虫の幼虫を見つけたら、早めに薬剤を散布することです。特にチョウやガの幼虫は老齢まで大きくなると、たった1匹が草花や野菜を丸坊主にすることもあります。早めの対策が効果的です。

また、冬の間にしっかり薬剤散布をしておけば、春の被害を軽減できます。

使用上の注意を守り、発生箇所にしっかり散布

使用上の注意をよく読んでから作業する。

葉の裏と表にまんべんなく散布する。

効果的な病害虫駆除に重要な冬の薬剤散布

冬の間にしっかりと防除のための薬剤散布をしておくと、春からの手入れを軽減できる。

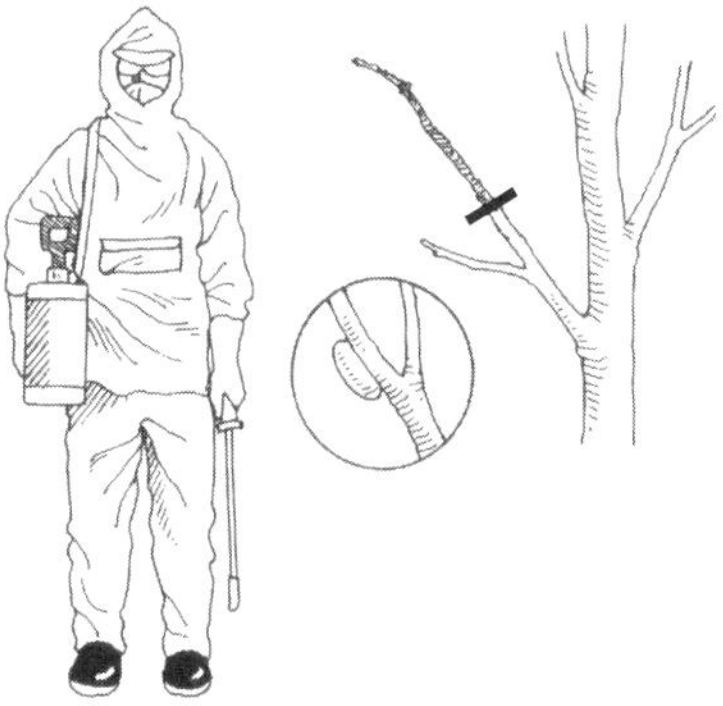

害虫のさなぎや卵を取り除いておくと、春以降に被害を抑えられる。

なぜ農薬は薬剤の種類を変えて使うのですか

これがコツ！

同じ植物の同じ病気に使える農薬は、何種類かを交互に使うと効果が上がります。

草花　樹木

同じ農薬を繰り返し使うと、病原体や害虫の中で、その農薬に強いものが生き残ります。やがて生き残った病害虫に、いわゆる耐性ができることになります。

これは病害虫が子孫を残す際に、いろいろな遺伝子の組み合わせをもったものができ、それらの中でその生育環境に耐えられる能力をもったものだけが生き残っていくからです。すべての生き物は、そのようにして環境の変化に適応しながら進化してきたのです。ですから、**同じ種類の農薬ばかりを使っていると、効かなくなってくるだけでなく、強靭な病害虫が繁殖してしまう可能性があります。**

特定の農薬に対する耐性ができる前に、異なる農薬を使って防除すると、病害虫が耐性を得るほどの世代交代の時間がありません。

したがって、**いくつかの農薬を準備しておき、それらの農薬を交互に使用していくと、農薬が効かなくなることがないというわけです。たとえば同じ殺菌剤でも、A剤とB剤を10日おきに交互に使うと、耐性がつかずに、適切な効きめが表れます。**

農薬には、その作用方法や防除効果により以下のような違いがあります。

殺虫剤では、接触剤（害虫に薬剤がつくことによったり、薬剤のついた茎葉に害虫が接触することによる）、浸透移行性殺虫剤（あらかじめ株もとや植物に散布しておき、植物体を移行した有効成分が食害した害虫に効く）、食毒剤（薬剤の付着した茎葉を害虫が食べて退治）、誘殺剤（害虫が好む餌に殺虫剤を混ぜて誘引し、食べさせ退治）があります。

殺菌剤では、保護殺菌剤（病気を予測し、薬剤を散布して植物体を覆い、病原菌の侵入を防ぐ）、直接殺菌剤（植物体に侵入した病原菌を浸透、移行した有効成分が組織内部の病原菌に作用）などがあります。

これらを効果も考慮してうまく組み合わせ、農薬を使用したいものです。

薬剤の種類別特性と用途

殺虫剤	作用性により①接触剤　②浸透移行性殺虫剤　③食毒剤　④誘殺剤の４つに分けられます。

①**接触剤**―害虫の体に薬剤を接触させたり、散布した葉や茎と触れることで退治。
②**浸透移行性殺虫剤**―あらかじめ散布しておき、有効成分を葉や根から吸収させ、植物体に移行した成分を害虫が食べたり汁を吸って退治。
③**食毒剤**―薬剤が付着した葉や茎を食べさせて退治。
④**誘殺剤**―害虫の好む餌などに殺虫剤を混ぜて誘引し、食べさせて退治。

殺菌剤	病原菌の細胞をつくる成分の合成や酵素の合成を阻害して繁殖を抑えます。①保護殺菌剤②直接殺菌剤③浸透移行性殺菌剤④拮抗菌剤の4つに分けられます。

①**保護殺菌剤**―あらかじめ薬剤を散布して植物体を覆い、病原菌の侵入を防ぐ。
②**直接殺菌剤**―葉や茎についた病原菌に直接散布する。
③**浸透移行性殺菌剤**―植物体の隅々までは行き渡らないが、体内の病原菌の生育を阻害する。
④**拮抗菌剤**―菌の働きを利用して病原体の活動を抑える。

殺虫殺菌剤	殺虫成分と殺菌成分を合成した薬剤。

Column 散布液の希釈便利表

薬剤にはそのまま使えるものと、水で薄めて使うものがあります。薄めた薬剤は保存できないので、無駄のない量を調べ、規定濃度を守って使いましょう。

希釈倍率の早見表

希釈倍率	水量						
	500mℓ	1ℓ	2ℓ	3ℓ	4ℓ	5ℓ	10ℓ
100倍	5.0	10.0	20.0	30.0	40.0	50.0	100.0
250倍	2.0	4.0	8.0	12.0	16.0	20.0	40.0
500倍	1.0	2.0	4.0	6.0	8.0	10.0	20.0
1000倍	0.5	1.0	2.0	3.0	4.0	5.0	10.0
1500倍	0.3	0.7	1.3	2.0	2.7	3.3	6.7
2000倍	0.25	0.5	1.0	1.5	2.0	2.5	5.0

(単位=乳剤はmℓ、水和剤はg)

例として、1000倍の薬剤を２ℓつくる場合、乳剤2.0mℓまたは水和剤2.0gを、２ℓの水に溶かします。

なぜコンパニオンプランツは効果があるのですか

草花 樹木

これがコツ！

一緒に植えると相性がよく、病害虫にかかりにくくなったり、生育がよくなります。

言葉の意味からすると、コンパニオン＝伴侶や同伴という意味から、ある植物の隣に異なる植物を植えることです。**異なる植物を植えることにより、病害虫により植物が全滅することを避けたり、天敵をふやしたり温存することができます。**

野生の状態では単一の植物だけで生きているわけではなく、いろいろな植物と共存・共栄して群落をつくっています。この野生植物の生きる知恵を栽培に生かそうというのが、コンパニオンプランツの考え方です。

病害虫の被害を避けることだけでなく、植物どうしの栄養の競合、根圏の競合、光の競合などが生じないような植物の組み合わせがあります。

たとえば、ホウレンソウは葉ネギと組み合わせると生育がよく、その理由として以下のようなことがあげられます。

①組み合わせる植物が双子葉植物（ホウレンソウ）と単子葉植物（ネギ）で遠縁であるため、根圏微生物がまったく異なることにより、微生物相が豊かになります。また、それぞれの根圏微生物がもう一方の植物の土壌に由来する病害を抑えることができます。さらに、根に関わることとしては、ホウレンソウは根が深く、葉ネギは浅いため、根圏の競合は生じません。

②ホウレンソウは硝酸系肥料を好み、葉ネギはアンモニア系肥料を好むため、肥料の競合がなく、無駄なく利用されます。

③ホウレンソウは日陰を好み、葉ネギは日当たりが好きなため、光への競合も生じません。

④ホウレンソウの害虫は葉ネギを嫌い、葉ネギの害虫はホウレンソウを嫌うため、害虫があまり近寄りません。

イネ科のソルガムは牧草や緑肥として、また、雑穀として栽培される作物で、ナスの周囲に植えると吸汁性の害虫のアブラムシ、スリップス（アザミウマ）、ハダニを食べるヒメハナカメムシや、クサカゲロウなどの天敵をふやしてくれます。とくにこのような目的で植えられる植物をバンカープランツ（天敵温存植物）ともいいます。

また、異なった観点から一緒に植える植物として、害虫への忌避効果を利用したものもあり、その一つとして、クレオメの仲間があります。アフリカ原産で、現地では家畜につくダニよけに使われています。

この植物の葉からは、アセトニトリルなどのダニに毒性のある成分を発散します。一度、クレオメの葉に触れてみてください。なんともいえない異臭がします。この異臭の主要な成分にダニへの忌避効果があるのです。このような害虫への忌避効果がある植物としては、ラベンダー、ミント、バジルなどのハーブ類があります。

このように、**コンパニオンプランツは植えられた場所の環境条件の競合を避け、お互い補い合うことができます。ひいては、農薬に頼らない天敵利用や忌避効果を利用した害虫防除法としても効果があるのです。**

病害虫が少なくなるコンパニオンプランツのおもな組み合わせ

コンパニオンプランツ			効果
キュウリ、カボチャ、スイカ、メロン	&	ネギ、ニンニク、ユリ、チャイブ	ウリ科のつる割病を防ぐ。虫よけになる。
トマト、ナス	&	ネギ、ニンニク、ユリ、チャイブ	ナス科の立枯病を防ぐ。虫よけになる。
イチゴ、ホウレンソウ	&	ネギ、ニンニク、タマネギ、チャイブ	ナメクジの食害防止。
キャベツ、カリフラワー	&	セロリ、トウガラシ、タイム、ミント	アオムシの食害防止。
バラ、ラズベリー	&	ニンニク	マメコガネの食害防止。
トマト、ナス、ウリ類	&	マリーゴールド	ネマトーダ（ネコブセンチュウ）の増殖防止。
キュウリ、ラディッシュ	&	ナスタチウム	アブラムシを寄せつけない。

観葉植物のほこりはとったほうがよいのですか

これがコツ！

葉のほこりを取り除くとつやや元気がでて、病害虫にかかりにくくなります。

草花 樹木

観葉植物は園芸植物の中でも、葉を観賞することを主とする植物です。ですから、葉の表面にほこりがついていたり、葉や茎の分岐部分にたまっていると観賞価値も落ちてしまいます。そのためにもほこりはとっておき、いつもきれいな状態で楽しみたいものです。

また、ほこりの中には病原体としてのカビなど、微生物が含まれていることもあります。ハダニやスリップス（アザミウマ）のような微細な害虫がほこりに紛れているかもしれません。

したがって、**病害虫を防除するために、また、観賞価値を保つためにも観葉植物の茎葉についたほこりは取り除いておきたいものです。**

一方で、植物自体が活発に生育しており、健全な状態であれば、目立ってほこりがつくことは少なく、美観も保たれるものです。

Column 原発ゼロを目指した国からの発信

東日本大震災による福島原発の事故を経て、世界でいち早く原発に頼らない社会を目指すことを宣言したドイツでは、花でもそれに対応した品種開発が進められています。

ドイツで開催されたバラの国際会議でのことです。バラの育種会社を訪問し、そこで現在進められていたのは、露地栽培や無加温栽培で生産できる切り花用バラ品種の開発でした。じつは、この国際会議で飾られていたバラは、どれも丸弁カップ咲きで、つぼみの表面に出ている花弁の裏が日に焼けていたのです。露地で栽培すれば、当然このような切り花になります。

おそらく、ドイツではこのようなバラでも国民が受け入れられるような社会になっているのではないでしょうか。環境にやさしい省エネルギー社会を目指している環境先進国ドイツならではのことです。まだまだ剣弁高芯の花形にこだわる日本では、国民の理解も得て、このようになるのはまだ先のことだろうと思われます。

Ⅷ章

園芸トラブルなど

植物がうまく育たない場合、原因が一つではないこともあります。また、栽培する環境はそれぞれで、複数の要素が複雑に作用することが多いものです。原因を探し、根本からひも解いていくことが、解決につながります。

なぜ1年以内に枯れる植物と、1年以上生きる植物があるのですか

草花 樹木

これがコツ！ **植物には1年以内に一生を終える一年草と、複数年生き残る多年生植物があります。**

タネが発芽し、1年以内に開花、結実し枯れる植物を一年草といいます。一年草は、植物が生育するのに厳しい低温、高温や乾燥などの環境を生き残るための手段としてタネで厳しい環境を乗り越えます。

それに対し、地下茎または根で生き残り、翌シーズンにまた萌芽し、生育を繰り返すものを多年生植物といいます。この地下部が球状に肥大するものが球根植物、それ以外のものが宿根草になります。

草本性《そうほん》植物では上記のようになりますが、厳しい環境でも地上部は枯れず、木化して生長を続ける植物が樹木などの木本性《もくほん》植物ということになります。木本性の植物で温帯より北部に分布するものは、冬の厳しい期間には葉を落とし、休眠芽をつけて休眠することによって冬を乗り越えます。このように**植物は生育する環境に適応し、このような生活型を獲得してきたのです。**

一年草の起源は、アフリカや地中海沿岸地域、西アジアの乾燥地だと思われます。乾燥化への**生き残りの手段として、一年草化したのです。**また、**チューリップやスイセンのように地下部に肥大する茎（りん茎）を発達させて球根植物に進化したものもあります。**

多年生植物のうち、草本性植物と木本性植物の大きな違いは、二次生長が持続する期間です。つまり、草本性植物の茎は、ある程度大きくなると肥大生長しなくなりますが、木本性植物では茎や根が肥大し続け、容積のほとんどを木部が占めるようになります。**木本性植物は大型となり、多年にわたって繰り返し開花・結実しながら、茎を肥大生長させます。一方で草本性植物は小型で、開花・結実したのち、多くのものは地上部が枯れます。**

このように四季の気候変化に適応しながら、一年草から多年生植物へと多用な姿に進化してきたのです。

植物のおもな分類とライフサイクル

月
1
2
3
4
5
6
7
8
9
10
11
12
秋まき一年草
生育
開花
結実
枯死
（種子）
発芽
春まき一年草
（種子）
発芽
生育
開花
結実
枯死
多年草（秋咲き）
（根株）
発芽
生育
開花
休眠
（地上部が枯れる）
秋植え球根
生育
開花
休眠
（地上部が枯れる）
（球根）
発芽
花木①タイプ
（休眠）
開花
枝葉生育
花芽分化
花木②タイプ
（休眠）
枝葉生育
花芽分化
開花

植物が徒長してしまう原因はなんですか

草花　樹木

これがコツ！
原因には、「光量不足」「水の与えすぎ」「わい化剤の効果切れ」などが考えられます。

植物が不自然にひょろひょろと伸びて節間があき、脆弱《ぜいじゃく》に伸びることを徒長といいます。

原因として最初に疑わしいのは、光量不足で、日当りを好む植物であるのに、十分な日光が当たらなかったことが考えられます。

植物は重力の向きと反対に光を求めて太陽の向きに伸長していきます。光が不足すると当然、より高いところに行こうとして植物は徒長します。このような場合、植物を植栽したり、おく場合に広めの間隔をとることにより、徒長を防ぐことができます。

次に考えられる原因は、水の与えすぎです。植物の縦への伸長にはより多くの水分を必要するので、灌水量が多いと植物が多くの水分を吸収し、徒長します。

最後に考えられるのが、わい化剤の影響です。一般の園芸愛好家でもわかりにくい原因がこれで、開花鉢を購入した場合や、ミニバラなどの開花状態にあるポット苗に多いケースです。

鉢物生産者は商品を市場でできるだけ高価に取引してもらうため、よりコンパクトで形の整った締まった鉢物を生産しなければなりません。そのため、生産者は植物が徒長しないよう化学的な薬剤を利用します。このような植物の生長を抑える薬剤をわい化剤と呼びます。わい化剤の中には、茎の伸長促進作用をもつジベレリンという植物ホルモンの生合成を阻害する化合物があります。**この薬剤成分の生育抑制効果はいつまでも持続するわけではなく効果は時間とともに切れていきます。効果が切れれば、当然、枝や茎が本来の長さに戻ります。**そうなると、適切な日当たり、水やりで、健全な株を栽培管理していくほかはありません。

上記のような原因を想定して、**徒長を防ぐ方法としては、「その植物に合った日当たりを確保する」、「土が乾いてから適量を水やりする」などを心がけます。**

過剰な肥料やりは生育のバランスを崩す

窒素の過剰吸収
土中に窒素が多すぎると、根がどんどん吸収してしまい、軟弱に徒長する。

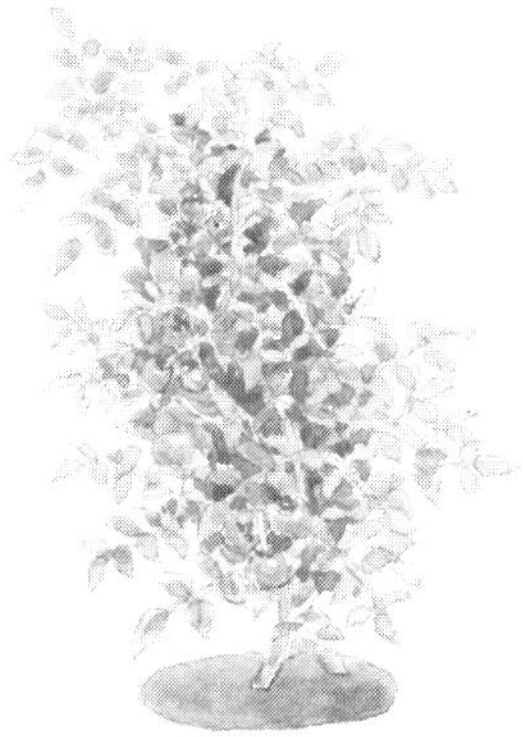

総合的な肥料過剰
肥料が全般的に多すぎると、枝葉が茂りすぎて風通しや日当たりが悪くなる。

徒長したシクラメンのケア

中心部に日が当たらず、葉のバランスが崩れて花も咲かなくなってくる。

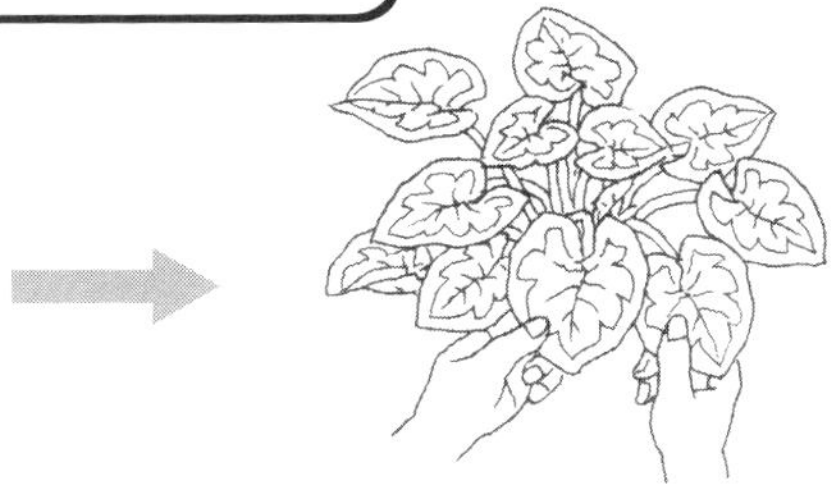

茎が伸びすぎたり、大きくなりすぎた葉を根もとから抜く。

中心部によく日が当たり、風通しもよくなって、新しくバランスのよい葉が伸びる。

葉が黄化する原因はなんですか

草花 樹木

これがコツ！ **おもな原因には、水切れ、病害虫による被害、日照量の不足・過剰、肥料不足、土壌pHの影響が考えられます。**

植物の葉が緑色に見えるのは、葉の細胞中の葉緑体の中にクロロフィルという色素があるからです。この葉緑体の中では光合成が行われ、炭水化物が生産されています。

クロロフィルは光合成のために青と赤の光を吸収し、それ以外の光を透過または反射しています。ものの色は透過光または反射光を見ていますので、葉の色は青と赤以外の光が混合され、緑に見えているのです。このような緑の葉が黄色くなるのには以下のいくつかの原因があります。

①**水切れ**：水が切れると当然、地上部が枯れてきます。通常、**植物はより生長活性が強いほうに優先的に養分と水分が流れるので、より古い葉から黄色くなっていきます。**

②**病害虫**：葉に小さな斑点がたくさんあり、葉全体が黄白色になっているのを見たことがありますか？ その場合、葉の裏を見てください。小さな黄緑色や暗赤色の小さな虫が見つかったら、それはハダニです。**ハダニは植物の汁液を吸って生きているので、吸われた部分が白くなっているのです。**

同様の被害を与える害虫にはグンバイムシ類がいます。

病気では炭そ病やウイルスによるモザイク病でも、**葉が斑点状に黄色くなります。**バラの重要な病気である**黒星病では、葉に黒褐色のしみ状の斑点が出ますが、最終的に黄変して落葉します。**

③**日照量不足・過剰**：植物は光エネルギーを使って、炭酸ガスと水から炭水化物と酸素をつくり出しますが、**日照量が不足すると光合成能力が低下し、それに伴って葉緑体の発達が抑えられてしまいます。**すると、葉緑体中のクロロフィル量も少なくなり、葉全体も黄色くなってしまいます。

その反対に、**日陰に適応してきた観葉植物では、あまり強い光に当たると、葉焼けを起こしてしまい、葉が黄色くなってしまいます。**

④肥料不足：葉肥《はごえ》といわれる必須多量要素、窒素が土壌中に多く存在すると、葉色は濃い緑になります。そのため、**この窒素が不足すると葉は黄色くなります。**

一方、**クロロフィルを構成しているマグネシウムやその形成に関係している鉄のような微量要素も、不足するとクロロフィルの量が減るので、葉は黄色くなります。**

⑤土壌pH：土壌pHがアルカリ性になると植物は鉄を吸収できなくなります。これは鉄の溶解度がpH上昇とともに急激に減るからです。**鉄が植物体に不足し、クロロフィルができなくなり、やがて黄化するのです。**

このように葉が黄化するのには、いろいろな原因があります。似たような症状もありますが、それぞれに特徴もあるので、よく観察したいものです。

葉の汁液を吸うグンバイムシ類

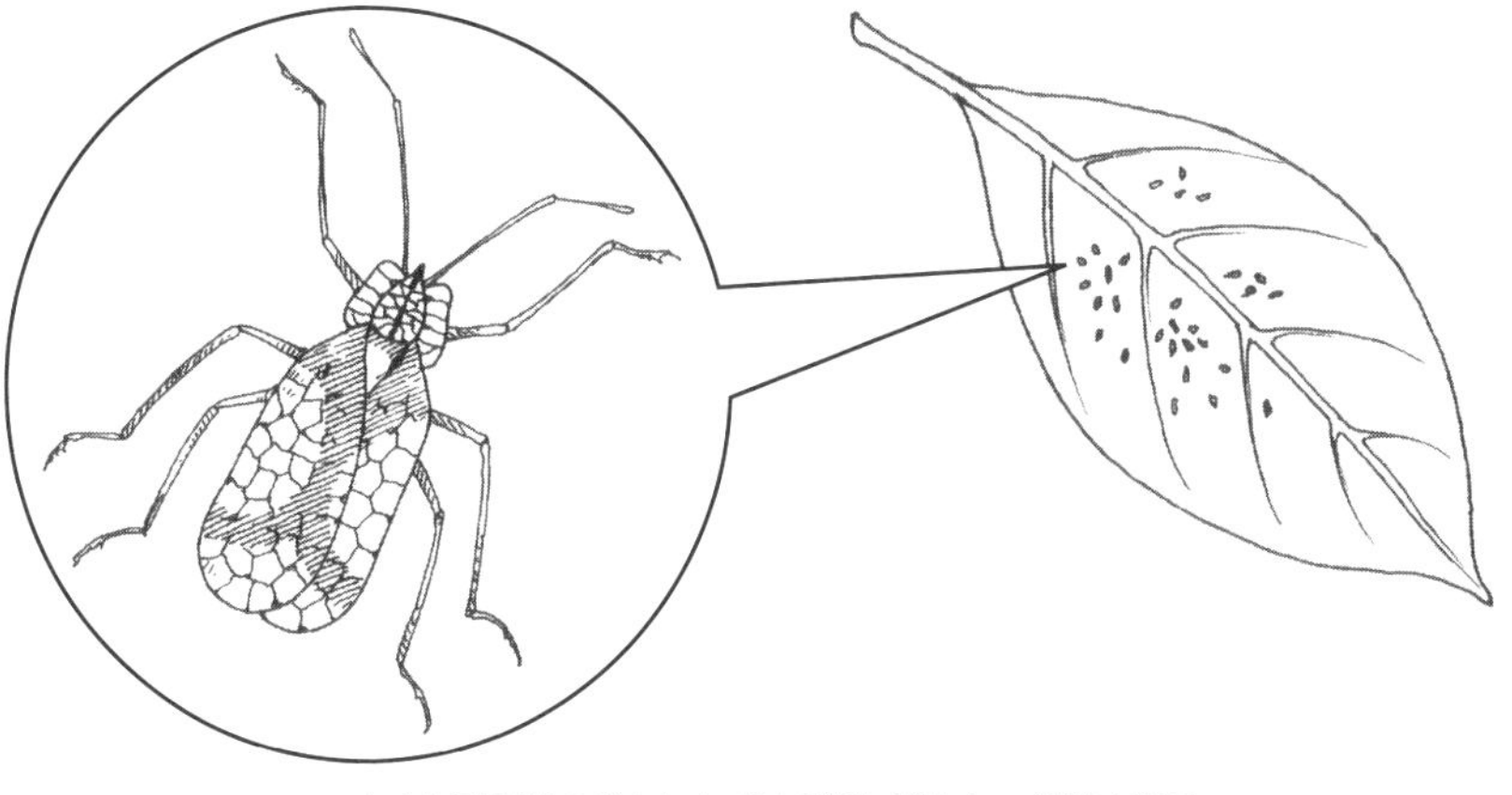

小さな軍配状の形をした成虫が葉に群生し、汁液を吸う。
小さな穴があいて葉がかすり状になり、やがて黄変して枯れる。

自家増殖は自由に行うと問題ですか

これがコツ！

種苗法により、品種登録されている植物は、育成者以外の増殖が禁じられています。

草花　樹木

新しい品種が作出された場合、作出者はその品種にこれまでなかった有望な特徴がある場合、種苗法に基づき品種登録ができます。

だれでも品種登録はできますが、出願に際し、また登録されたあとも毎年、お金を支払わなければなりませんので、品種登録することにより収入が得られる見込みがある場合しか登録されていません。品種が登録されると、その品種を育成・登録した人に与えられる育成者権の存続期間は、草本性植物で25年、木本性植物で30年となっています。他人がこの期間内にその品種を増殖したい場合は、育成者の許可が必要です。ちなみに、出願から登録されるまでには、植物の特性についての実地調査などがあり、通常は2~3年程度かかります。

実際には、品種登録を認めてもらう（審査）ための出願料として1品種につき、4万7200円を、登録された品種についての権利を保障してもらうために登録料を毎年、支払わなければなりません。登録料は最初の3年までは年間6000円ですが、その後は年数がたつほど上がっていきます（平成25年11月現在）。

したがって、今、出回っている新品種にも登録されていない品種はたくさんあります。それらは法律で保護されていないため、だれが増殖しても罰せられることはありません。しかし、**登録されている品種では、新品種を育成した人に育成者権があり、育成者に無断で種苗を増殖することは禁止されています。**

また、農業者が次の作付けのため、種子や挿し穂を採取し利用すること（農業者の自家増殖）については、原則として育成者権は及びませんが、**自家増殖を制限する契約を結んだ場合や自家増殖が禁止されている栄養繁殖植物については育成者権が及びます。**自家増殖が禁止されている栄養繁殖性の植物には、草花類53種類、観賞樹19種類があり（平成21年4月1日現在）、さらに今後はこの種類が拡大される予定ですので、ほとんどの栄養繁殖性の植物は自家増殖できないと考えたほうがよいと思われます。栄養繁殖とは、挿し木、接ぎ木、取り木など、植物体の一部を用いて繁殖する方法で、繁殖された植物体は親とまったく同じ遺伝子をもったものになります。一般にクローン植物と呼ばれているものが繁殖された個体をさしています。つま**り、かんたんに挿し木などでふやせる植物は、違法増殖に対して、より厳しい制限があるということです。**

個人の趣味家による栽培では、農業や販売を目的としたものではないため、ふやすことは禁止されていませんが、ふやしたものを他人に譲渡した場合は、育成者権を侵害したことになります。たとえば、園芸の講習会などで、登録されている品種を自分でふやして配布した場合は、この種苗法で罰せられるということになります。

結論は、自家増殖にもいろいろな制限があるということです。また、たとえ、自分で楽しむためでも、新品種を挿し木や接ぎ木などにより増殖することはやめておいたほうがよいでしょう。

増殖が禁止されているバラ

1
‘パット・オースチン’
花径約10cmで花弁の内側がオレンジ色、外側が黄色のカップ咲き。作出／1995年 イギリス デビッド・オースチン

2
‘ジェントル・ハーマイオニー’
花径約10cm、淡いピンク色のカップ咲きで大変花つきがよい。作出／2005年 イギリス デビッド・オースチン

3
‘ブランシュ・カスカード’
花径約3cmで、白とピンクのポンポン咲きの花を房状に咲かせる。作出／1999年 フランス ジョルジュ・デルバール

株が元気なのに、花が咲かないことがあるのはなぜですか

草花　樹木

これがコツ！　**花が咲かない原因には、「窒素過剰」「日長・日照不足」「低温の不足」などが考えられます。**

植物そのものはちゃんと育っているのに、いつまでたっても花が咲かないというのはよくあることです。これには以下のようないくつかの原因が考えられます。

①**加齢**：「桃、栗3年、柿8年」といいます。これは、タネをまいて発芽してから花が咲くまでに、モモとクリでは3年、カキでは8年かかるということです。**よく育っていても、子孫を残せるようになる（成熟し花をつけるようになる）のに最低でもこのくらいの期間が必要だということです。このことを専門的には齢を加えると書き、「加齢」といいます。**

ただ、人でも早く大人っぽくなる人といつまでも幼く見える人がいるように、個体によって異なってきます。また、この成熟期を早めるためにいろいろな方法があります。接ぎ木で繁殖すると、早く成熟、開花させることができます。また、シャクナゲでは、わい化剤（丈を低くする化学物質）を散布することにより開花を早めることができます。

②**養分バランス**：①で取り上げた「加齢」は植物体の体内養分バランスとも関係があり、C／N比というのがよく用いられます。

これは、植物体内の炭素（C）と窒素（N）を示し、C／N比が高いということは窒素より炭素が多いことを示し、逆にC／N比が低い場合は、炭素より窒素が多いということになります。一般にC／N比が高い（炭素が多い）と生殖生長（花を咲かせる生長）に、C／N比が低い（窒素が多い）と栄養生長（茎、葉が茂る生長）が促進されることがわかっています。

植物体を大きくするには窒素肥料を施し、花を咲かせるには窒素肥料を控えるというのは、このC／N比のバランスによります。したがって、**植物に窒素肥料を施用しすぎると、いつまでも栄養生長が盛んで花が**

咲かないということになります。

③**日長：**植物が開花するには環境条件が大きく左右しますが、その中でも**日の長さは大きな開花要因です。**キクやポインセチアのように日が短くなると開花する植物を短日植物といい、ペチュニアのように日が長くなると開花する植物を長日植物といいます。

たとえば、購入したポインセチアを室内で栽培すると翌年、まったく苞葉が色づいてこないことがあります。室内は遅くまで起きていたりするので、照明のため、日が長くなっていて、ポインセチアのような短日植物はいつまでたっても色づいてこないのです。

この夜間照明を開花制御に利用しているのが、電照ギクです。切り花ギクの生産では、実際には夜の途中で電照する（光中断）により長日とし、開花を遅らせています。

④**日照：花を咲かせるにはエネルギーをたくさん必要とします。**光が足りず、十分な光合成が行われないと蕾ができなかったり、蕾はできても開花までに至らなかったりすることがあります。実際の切り花生産の現場では、冬の日照の少ない期間や曇天の多い地域で、温室内に高圧ナトリウムランプなどによる補光を利用した開花促進が行われています。

⑤**温度：**植物の開花に温度が関わることも多く、特に低温が開花に大きく影響することがあります。

たとえば、ストックではある一定の温度以下の低温に何日かあわないと花芽ができず、開花しません。同様にデンドロビウムのノビル種も低温にあうことにより花芽をつけます。

温帯性の植物で冬を経過し、春に開花する植物にはこのような低温の不足が開花しない要因になっているものが多くあります。

以上のように、開花するための体内バランスや外部環境などは、植物それぞれに異なり、その条件が満たされないと開花しないので、植物が元気なのに花が咲かないということになります。

短日植物

ポインセチア

キク

なぜ開花せずに蕾が落ちることがあるのですか

草花　樹木

これがコツ！　**蕾が落ちる原因には、「温度」「光」「乾燥」が適切ではないことが考えられます。**

植物は通常、蕾をつければ咲くものと思ってしまいますが、せっかく蕾をつけたのに咲かないで落下してしまうこともあります。その原因にはいくつか考えられ、①温度、②光、③乾燥などがあります。

温度によるものとしては、温度不足、急激な温度変化によるストレスなどがあります。たとえば、熱帯を原生地とするランの仲間では、原生地の乾期である冬に咲く種類が多いものです。ですから日本のような緯度では、熱帯の冬のように十分な気温を確保するのは難しくなります。室内で管理しても夜間や早朝の温度は低くなってしまい、せっかくの蕾も開かずに落下してしまいます。

逆に、**温帯産の比較的低温性の植物が高温に遭遇して蕾が落下してしまうこともあります。**また、**高温から低温に、低温から高温にと急激な温度変化も植物にストレスを与えてしまい、蕾が落下する原因となることもあります。**

光は光合成により炭水化物をつくるエネルギー源になります。この光が不足すると植物体に養分を蓄積することができなくなります。**花を咲かせるには大きなエネルギーを必要とし、そのエネルギー源となる炭水化物や糖が不足すると、当然、せっかくできた蕾が開花までに至らず、落下するのです。**

植物はタネから苗となり、栄養生長（茎葉の生長、繁茂）から生殖生長（開花、結実）へと生育するには常に水分を必要とします。**この生育段階でいちばん大事な水分が不足すると、生育を停止したり、枯れたりします。蕾から開花までにも植物体の中では、大きな生理的、形態的変化が起こります。この段階で乾燥すると、大きなストレスがかかり、これらの変化が停止してしまい、開花せずに蕾が落下することがあります。**

蕾は一輪でも多く咲いてほしいものです。

【おもな用語解説】

あ

浅植え（あさうえ）：苗や球根を植えつけるとき、標準的な位置よりも浅めに植えつけること。

油かす（あぶらかす）：ナタネ、落花生、大豆などから油脂分を絞り取った残存物。熟成させて窒素分を補う有機質肥料として使われる。

育種（いくしゅ）：交配や選抜などによって新しい品種をつくりだすこと。品種改良ともいう。

育苗（いくびょう）：タネまきや挿し木、挿し芽などで苗を育てること。

一本立ち（いっぽんだち）：苗や株を間引いて、よいものを1本残すこと。

忌地（いやち）：同じ場所で同じ種類や系統の植物を栽培すると、生育不良になることがある。これを「連作障害」と呼ぶが、その原因のひとつ。野菜の栽培ではとくに注意が必要。

腋芽（えきが）：茎の先端の芽（頂芽）に対して、葉のつけ根から出る芽。わき芽ともいう。

ウオーターベース：鉢植えなどで水やりのときに一時的に水をためる、鉢の上縁から2～3㎝のスペース。

晩生（おくて）：タネまきや植えつけから開花や収穫までの期間が比較的長い品種。早いものを「早生（わせ）」、中くらいのものは「中生（なかて）」という。

遅霜（おそじも）：春から初夏にかけて降りる霜。春に植えたばかりの苗の新芽や、伸びたばかりの新梢が被害にあうことが多い。

親株（おやかぶ）：挿し木をする場合、挿し穂をとるもとの株のこと。

お礼肥（おれいごえ）：花を咲かせた植物に、開花後の樹勢や草勢の回復を図るために与える肥料。一年草には必要ない。

か

学名（がくめい）：生物の種につけられた世界共通の名前。ラテン語で属名と種名を表記する。

化成肥料（かせいひりょう）：化学工業的に製造される化学肥料の中で、窒素、リン酸、カリのうち、2つ以上の成分が含まれるもの。

活着（かっちゃく）：植えつけた苗が花壇などに根づくこと。根づいて生長を開始すること。

株間（かぶま）：花壇などに苗を植える際の、株と株の間隔。

株分け（かぶわけ）：多年草などの大きくなった株を2つ以上に分けること。繁殖方法のひとつ。株の若返りを図る効果もある。

花柄（かへい）：枝から伸びて先端に花をひとつつける、茎のような部分。

花房（かぼう）：1ヵ所にたくさんの花がついた、花の房。

カリ：肥料の三大要素のひとつ。カリウム。根や茎を丈夫にするので「根肥（ねごえ）」とも呼ばれる。

緩効性肥料（かんこうせいひりょう）：ゆっくり、長時間にわたって効きめが持続する肥料。根を傷める心配が少ない。

完熟堆肥（かんじゅくたいひ）：原料の有機質が完全に分解され、熟成が進んだ堆肥。

寒冷紗（かんれいしゃ）：光線量を調整するための網目状になった布。また、寒さから保護するために使うこともある。

休眠（きゅうみん）：生長に適さない環境下で、植物が一時的に生長を休むこと。

休眠期（きゅうみんき）：冬の寒さや夏の暑さなど生育しにくい時季は生育を停止する。一年草はタネで、宿根草は根株で、球根は球根で、落葉樹は葉を落として休眠する。

苦土（くど）：マグネシウムのこと。葉の光合成の働きを補助する要素で、不足すると葉色が悪くなる。

苦土石灰（くどせっかい）：苦土（マグネシウム）が含まれ石灰資材。土の酸度（pH）調整に用いる。マグネシウム（苦土）とカルシウム（石灰）により。土壌をアルカリ性寄りに調整する。

嫌光性種子（けんこうせいしゅし）：光が当たると発芽しにくくなるタネ。光を嫌うタネ。タネまき後はタネの大きさの2～3倍くらいの土をかけておく。暗発芽種子ともいう。

光合成（こうごうせい）：植物が光エネルギーを使って、水と二酸化炭素を原料に糖やデンプンなどを合成すること。

好光性種子（こうこうせいしゅし）：光が当たらないと発芽しにくくなるタネ。タネまき後の覆土はしないか、ごく薄めにする。光発芽種子、明発芽種子ともいう。

こぼれダネ：栽培していた植物の結実したタネが自然に落ちたもの。

コンテナ（container）：植物を植える容器。日本では一般に大型のものを指す。小さいものは鉢、プランターなどと呼ぶ。

コンパニオンプランツ：近くに植えたり、混植したりすることで、よい影響を与え合う組み合わせの植物。

根粒菌（こんりゅうきん）：マメ科の植物などの根にすみつき、根瘤を形成する微生物。マメ科の根粒菌は、空気中の窒素を固定して植物が利用できるようにする働きがある。

さ

挿し木（さしき）：木の枝を土に挿して発根、発芽させ、新しい株をつくること。

挿し芽（さしめ）：草本性植物の茎を土に挿して発根、発芽させ、新しい株をつくること。

山野草（さんやそう）：野山や野原に自生する草花を指す。最近は実生や挿し芽などでふやされた栽培品が多く出回っている。

三大要素（さんだいようそ）：肥料の三大要素。植物が特に多く必要とする、葉肥といわれる窒素、実肥といわれるリン酸、根肥といわれるカリの3つの栄養素。

自家受粉（じかじゅふん）：一つの花や同じ木の花の花粉で受粉すること。

じかまき：花壇やプランターなど、植物を育てたい場所に直接タネをまくこと。

四季咲き性（しきざきせい）：開花期がほぼ春から秋にわたり繰り返し咲くこと（冬にも咲くものもある）。

自根苗（じこんなえ）：接ぎ木苗に対する用語で、実生や挿し木などでつくられた、自らの根によって養分を吸収している苗。

子房（しぼう）：雌しべの基部のふくらんだところ。子房が肥大して果実になる。

遮光（しゃこう）：寒冷紗などを張って光を遮ること。暑さに弱い植物は、真夏は遮光して涼しくするとよい。

宿根草（しゅっこんそう）：休眠期に地上部が枯れるが、土の中の根や茎、芽などが活動期になると再び生長する植物。多年草の一種。

雌雄異花（しゆういか）：雌しべが発達した雌花と、雄しべが発達した雄花の区別があること。キュウリやカボチャなど。

雌雄異株（しゆういしゅ）：雌花だけが咲く雌株と、雄花だけが咲く雄株の区別があること。イチョウやアオキなど。

受粉樹（じゅふんじゅ）：雌株や自分の花の花粉では受粉しない木に、花粉を提供する木。ナシなど。

子葉（しよう）：タネが芽を出したときに、最初に出てくる葉。双子葉植物の場合は、双葉とも呼ぶ。

条間（じょうかん）：タネをすじまきしたときの、スジ（条）とスジの間隔。

スジまき：スジ状にタネをまく、タネまき方法の一つ。まっすぐなまき溝をつくり、タネをまく。条まきとも呼ぶ。

素焼き鉢（すやきばち）：700～800℃で焼いた陶製の鉢。多孔質で排水性、通気性がよい。

整枝（せいし）：樹形を整えるために行う剪定や摘芯（ピンチ）、腋芽を摘み取るわき芽摘みなどで木の姿を整える作業。風通しや日当たりをよくする効果などもある。

生理障害（せいりしょうがい）：肥料や水分、あるいは日照不足などの環境条件などが原因で起こる生育障害。

剪定（せんてい）：枝やつるを切ること。枝の更新、風通しや日当りの改善、養分を集中させて花つきをよくしたりする。

草木灰（そうもくばい、そうもっかい）：草や木を燃やした灰。カリを多く含む有機質肥料として利用される。アルカリ性が強い。

速効性肥料（そっこうせいひりょう）：与えるとすぐに植物に吸収されて効果が表れる肥料。液肥など。

た

耐寒性（たいかんせい）：寒さに耐えられる性質。寒さに強いものを「耐寒性がある」という。耐寒性植物は、0度以下に耐えられ、冬でも屋外で育てられる。

台木（だいぎ）：接ぎ木を行うときに、接がれるほうの木。土台になる植物。樹勢が強く、病気にかかりにくい種類などを選んで用いる。

耐暑性（たいしょせい）：暑さに耐えられる性質。その強弱の度合い。

堆肥（たいひ）：わらや樹皮などに家畜のふんなどを加えて堆積し、腐熟させた土壌改良材。土の通気性をよくし、肥料もちをよくする。

耐病性（たいびょうせい）：病気になりにくい性質。

多年草（たねんそう）：同じ株が何年も生長を続ける草花。宿根草や球根植物、常緑の植物など。

短日植物（たんじつしょくぶつ）：日が短くなるとともに、花芽をつけて花を咲かせる植物。

単粒構造（たんりゅうこうぞう）：土の小さな粒がそれぞれ独立している構造。粘土は細かい粒の単粒構造で排水性が悪い。砂は荒い粒の単粒構造で保水性がない。

窒素（ちっそ）：肥料の三大要素のひとつ。葉をつくるために必要で「葉肥」とも呼ばれる。不足すると葉が小ぶりになり、葉色が悪くなる。元素記号はN。

中耕（ちゅうこう）：栽培の途中で、株の間やまわりの土の表面を軽く耕し、水や空気の通りをよくすること。

頂芽（ちょうが）：茎の先端にある芽のこと。芽には頂芽と葉のつけ根につく腋芽があり、頂芽のほうがよく発達し、腋芽の伸長を抑えている。これを頂芽優勢という。頂芽を摘芯すると腋芽が伸びる。

長日植物（ちょうじつしょくぶつ）：春になり、日が長くなるとともに花芽をつくって花を咲かせる植物。

直根（ちょっこん）：地上部の主幹と正反対に、真下へ長く太く伸びた根。

追肥（ついひ）：タネまきや植えつけ後に施す肥料。追い肥（おいごえ）ともいう。

接ぎ木苗（つぎきなえ）：丈夫な品種や生長力旺盛な品種を台木にして接ぎ木した苗。

土寄せ（つちよせ）：小さな苗や株の根もとに土を寄せて盛り上げること。株の倒状を防ぎ、根張りをよくする。

つるぼけ：つるや枝葉ばかりが茂り、花つき、実つきが悪くなること。窒素肥料が多すぎると起こりやすい。

定植（ていしょく）：苗を栽培地に植えつけること。

摘芯（てきしん）：脇芽を出させたり枝の伸びを抑えたりするためなどに、先端部を摘んだり、切ったりすること。ピンチともいう。

摘蕾（てきらい）：蕾を摘み取ること。養分の分散を防ぎ、よい花や実を得るために行う。

天地返し（てんちがえし）：表層の土を下層の土と入れ替えること。

展着剤（てんちゃくざい）：殺虫剤や殺菌剤を葉などに付着させる働きをする薬剤。

点まき（てんまき）：タネのまき方のひとつ。一定の間隔で、1カ所に数粒ずつタネをまくこと。

土壌改良材（どじょうかいりょうざい）：植物の生育に好適な土壌にするために、土に混ぜ込むもの。堆肥、腐葉土などが使われる。

土壌酸度（どじょうさんど）：土壌の酸性の強度。pHで表される。中性の値はpH7、これより小さい場合は酸性、大きい場合はアルカリ性。

徒長（とちょう）：茎や枝がひょろひょろ伸びること。光量不足、密植、水分や窒素過多、高温などが原因で起こる。

採りまき：実からタネを取り出し、保存せずにすぐまくこと。

な

二年草（にねんそう）：発芽してから開花、結実するまで1年以上、（2年以内）かかり、一度結実すると枯れてしまう草花。春にタネをまいて発芽しても、その年はあまり大きくならず、冬を越して翌年の春から夏に大きく育って花を咲かせるものが多い。

根腐れ（ねぐされ）：根づまりや過湿、高温、低温、肥料過多などにより、根が腐ってしまうこと。

根づまり（ねづまり）：鉢いっぱいに根が伸びてつまり、通気性、排水性、養分の吸収能力が衰えた状態。

根鉢（ねばち）：根が張って固まった状態をいう。

根巻き苗（ねまきなえ）：根鉢がわらや麻布（こも）などに包んだ苗。そのまま植えることができる。

は

箱まき（はこまき）：移植を前提にして育苗箱などにタネをまくこと。

発芽適温（はつがてきおん）：タネが芽を出すのに適した温度。植物の種類により異なる。

発根促進剤（はっこんそくしんざい）：挿し木をするとき、発根を促すために挿し穂の切り口につけるホルモン剤の一種。

花がら（はながら）：咲きおわった花や、枯れたり、しおれた花。

花芽（はなめ・かが）：花が咲く芽。生長すると蕾をつけ、花を咲かせる枝になる芽。

花芽分化（はなめぶんか・かがぶんか）：植物に花芽ができること。植物の種類によって分化する条件、時期が異なる。

葉水（はみず）：葉に水をかけること。ほこりやハダニを洗い落とす、植物の温度を下げる、空中湿度を高めるなどの目的で行われる。

葉芽（はめ・ようが）：生長しても蕾をつけない芽。葉や枝が出る芽。

葉焼け（はやけ）：強い直射日光に当たって、葉が傷むこと。褐色に変色したりして元に戻らなくなる。

春まき（はるまき）：春にタネをまいて育てる栽培方法。

半耐寒性植物（はんたいかんせいしょくぶつ）：0度近くの低温に耐え、霜に当たらなければ屋外で冬越しできる植物。

半日陰（はんひかげ）：木もれ日などが当たる場所。寒冷紗などで遮光した場所。あるいは1日3～4時間くらい日が当たる場所。

バーク（bark）：モミなどの樹皮をくだいたもの。マルチングなどに使うほか、発酵させて用土や堆肥の材料などにも使われる。

パーゴラ（pergola）：ツタやバラなどのつるを絡ませたりするための、木材などを格子状に組んだ棚。

非耐寒性植物（ひたいかんせいしょくぶつ）：寒さに弱く、屋外では越冬できない植物。

肥沃（ひよく）：土が有機質に富んで肥えていること。

肥料やけ（ひりょうやけ）：肥料を与えすぎたり濃度の濃すぎる肥料を与えたりしたときに起こる生理障害。

輻射熱（ふくしゃねつ）：太陽の光を受けて暑くなった床面や壁などから放射する熱。

覆土（ふくど）：タネまきのあとに土をかけること。

不織布（ふしょくふ）：化学繊維を織らずに布状にしたもの。保温、保湿の効果があり軽いので、花壇やベランダなどの防寒用被覆材などに使われる。

腐葉土（ふようど）：堆積した広葉樹などの落ち葉を腐熟させた土壌改良材。培養土の団粒化を進め、通気性などをよくする。

プラグ苗（ぷらぐなえ）：プラスティック製の小さなセル状のトレイで育てられた小型の苗。

プランダー：長方形の大きめの鉢。丸形や正方形のものはコンテナということが多い。

分枝（ぶんし）：腋芽が伸びて枝分かれすること。

ボーダー（boeder）：生け垣や壁に沿ってつくられた帯状の細長い花壇。ボーダー花壇ともいう。

保護剤（ほござい）：樹木の太い枝を剪定した場合、腐敗菌の侵入を防ぎ、切り口を保護するために塗布する薬剤。

ポットまき：ビニールポットやポリポットなどにタネをまくこと。移植を嫌う植物に行われる栽培方法。

匍匐性（ほふくせい）：地面を這うように植物が生長する性質。

本葉（ほんば）：タネから最初に出る子葉（双

葉）に対し、その後に出る葉。子葉とは形が違う場合が多い。

ま

間引き（まびき）：育苗では、苗が混み合わないよう、生育良好なものを残し適度な間隔を確保すること。多すぎる枝を整理し、よい枝を残すときなどにも使われる。

マルチング：土の水分蒸発の抑制、雑草防止や防寒のために、株のまわりの土の表面を腐葉土や堆肥、ビニールなどで覆うこと。マルチともいう

実生（みしょう）：タネから育てられた植物のこと。

無機質肥料（むきしつひりょう）：化学的に三大要素や微量要素を合成してつくられた肥料。

木酢液（もくさくえき）：炭焼きのときに出る茶褐色の液体。

元肥（もとごえ）：植物を植えつけるときに施す肥料。

や

誘引（ゆういん）：茎や枝やつるを、支柱やネットなどにところどころ固定して形をつくること。

有機質肥料（ゆうきしつひりょう）：油かすや骨粉、鶏ふんなど、動物性や植物性の肥料。微量要素を含む。

ら

落葉樹（らくようじゅ）：秋に落葉して冬には葉がなくなる樹木。

ランナー：親の株から地表面に伸びた茎で、発根して子株をつくる。走出枝、ストロンなどともいう。

リン酸（りんさん）：肥料の三大要素のひとつ。花や実をつけるのに必要で、実肥ともいわれる。不足すると花つき、実つきが悪くなる。

レイズドベッド（raised bed）：レンガなどを積み上げ、土面を高くした花壇。

連作障害（れんさくしょうがい）：同じ場所で、同じ作物を繰り返し作付けすることで起きる、生育不良などの障害。特定養分の欠乏や過剰、自家中毒を起こす成分の蓄積、病害虫の増殖などが原因とされる。

わ

矮性（わいせい）：小さいこと。草丈が低いこと。

わき芽（わきめ）：茎の先端の芽（頂芽）に対し、葉のつけ根から出る芽。腋芽（えきが）。

早生（わせ）：タネまきから開花までの期間が短い品種。長いものは晩生（おくて）、中くらいのものは中生（なかて）。

［参考文献］

『園芸入門 これだけは知っておきたい栽培の基礎知識』 NHK出版
『よくわかる 土・肥料・鉢』 NHK出版
『土と堆肥と有機物』 松崎敏英 家の光協会
『作物の栄養生理最前線 ミネラルの働きと作物、人間の健康』 渡辺和彦 農村漁村文化協会
『ビジュアル版 庭師の知恵袋』 日本造園組合連合会編 講談社
『ひと目でわかる！ 庭木の剪定 庭に植えたい樹木80種の剪定を紹介』 村越匡芳監修 池田書店
『図解でハッキリわかる落葉樹・常緑樹の整枝と剪定』 川原田邦彦 永岡書店
『切るナビ！ 庭木の剪定がわかる本』 上条祐一郎 NHK出版
『ビジュアル版 わかる・防ぐ・治す 人にもやさしい病害虫防除』 草間祐輔 講談社
『植物の病気と害虫 防ぎ方・なおし方 よく効く薬と防除法がすぐわかる！』 草間祐輔 主婦の友社
『バラを美しく咲かせるとっておきの栽培テクニック』 鈴木満男 NHK出版

［スタッフ］
装幀：日高慶太（モノストア）
本文組版：ジェイヴイ コミュニケーションズ
写真提供：谷山真一郎、講談社資料センター
イラスト：角慎作、水沼マキコ、梶原由加利、五嶋直美
編集協力：澤泉ブレインズオフィス（澤泉美智子、網野千代美）

【著者紹介】

上田善弘（うえだよしひろ）岐阜県立国際園芸アカデミー前学長（客員教授）

1956年（昭和31年）、滋賀県生まれ。千葉大学園芸学部卒、大阪府立大学大学院修士課程修了。農学博士。千葉大学園芸学部助教授の後、2005年より岐阜県立国際園芸アカデミー教授、学長を経て、客員教授。ぎふワールド・ローズガーデン理事、NPO法人バラ文化研究所理事。専門は、花き園芸学、植物育種学、園芸文化論など。

長年にわたりバラの分類、遺伝育種に関する研究に取り組んでおり、日本を代表するバラ研究家として、「ぎふ国際ローズコンテスト」、「国際香りのばら新品種コンクール」（国営越後丘陵公園）の審査委員長を務めている。

主な著書に『もっと咲かせる 園芸「コツ」の科学 育てることがうれしくなる』（講談社）、『バラ大図鑑（共著）』（NHK出版）、『園芸学（共著）』『観賞園芸学（共著）』（文永堂出版）、『栽培植物の自然史Ⅱ（共著）』（北海道大学出版会）、監修書に『花図鑑 薔薇』（草土出版）などがある。

園芸《えんげい》「コツ」の科学《かがく》 **植物栽培《しょくぶつさいばい》の「なぜ」がわかる**

2013年12月16日　第１刷発行
2023年３月10日　第10刷発行

著　者　上田善弘《うえだよしひろ》
発行者　鈴木章一
発行所　株式会社 講談社　KODANSHA
　　　　〒112-8001　東京都文京区音羽2-12-21
販　売　☎03-5395-3606
業　務　☎03-5395-3615
編　集　株式会社講談社エディトリアル
　　　　代表　堺 公江
　　　　〒112-0013　東京都文京区音羽1-17-18　護国寺SIAビル6F
編集部　☎03-5319-2171
印刷所　株式会社新藤慶昌堂
製本所　株式会社国宝社

定価はカバーに表示してあります。

本書のコピー、スキャン、デジタル化等の無断複製は、著作権法上の例外を除き禁じられています。

本書を代行業者等の第三者に依頼してスキャンやデジタル化することは、たとえ個人や家庭内の利用でも著作権法違反です。

落丁本・乱丁本は購入書店名を明記のうえ、講談社業務あてにお送りください。

送料は講談社負担にてお取り替えいたします。

なお、この本の内容についてのお問い合わせは、講談社エディトリアルあてにお願いいたします。

N.D.C.627　191p　21cm

©Yoshihiro Ueda, 2013, Printed in Japan

ISBN978-4-06-218725-1